# 无霸主的世界经济

## THE LEADERLESS ECONOMY

### 世界经济体系的崩溃和重建

［英］彼得·特明（Peter Temin）［澳］戴维·瓦因斯（David Vines）著

李丹莉 韩微 马春媛 译

中信出版集团｜北京

**图书在版编目（CIP）数据**

无霸主的世界经济：世界经济体系的崩溃和重建 /
(英) 彼得·特明, (澳) 戴维·瓦因斯著；李丹莉, 韩
微, 马春媛译. -- 北京：中信出版社，2019.4 (2019.7重印)

书名原文：The Leaderless Economy

ISBN 978-7-5086-8771-1

Ⅰ.①无… Ⅱ.①彼… ②戴… ③李… ④韩… ⑤马
… Ⅲ.①国际金融—国际合作—研究 Ⅳ.①F831.6

中国版本图书馆CIP数据核字(2018)第052246号

无霸主的世界经济——世界经济体系的崩溃和重建

著　　者：［英］彼得·特明　［澳］戴维·瓦因斯
译　　者：李丹莉　韩微　马春媛
出版发行：中信出版集团股份有限公司
　　　　　（北京市朝阳区惠新东街甲4号富盛大厦2座　邮编　100029）
承 印 者：北京通州皇家印刷厂

开　　本：787mm×1092mm　1/16　　印　张：19.5　　字　数：250千字
版　　次：2019年4月第1版　　　　印　次：2019年7月第2次印刷
京权图字：01-2013-3985　　　　　广告经营许可证：京朝工商广字第8087号
书　　号：ISBN 978-7-5086-8771-1
定　　价：58.00元

为我们的子孙而写

希望他们很快会看到世界回归繁荣

致彼得的家人：伊丽莎白、梅勒妮、科林、扎迦利和以利亚

致戴维的家人：山姆、亚历山大、路易斯、卢克和汤姆

# 目 录

# 序

对本书的讨论始于冰岛埃亚菲亚德拉火山喷发后，当时彼得在伦敦参加完 2010 年的一次会议后滞留在伦敦。戴维邀请他在牛津大学等待天空放晴，于是促成了对本书主题为期四天的讨论。2011 年春，彼得在牛津大学度过的那一周，我们对要论述的问题达成了明确的一致意见，并形成本书的写作大纲。当戴维 2011 年秋访问麻省理工学院，参加麻省理工学院——贝利奥尔（Balliol）的项目期间我们开始着手写作。（我们 20 年前第一次见面，当时戴维因为同一个项目在贝利奥尔学院接待彼得，从此建立了联系。）

过去几年，我们一直针对这些主题开设讲座并撰写相关论文，我们认为完整地介绍这一主题及其历史背景有助于当前的政策研究。我们写作本书是面向所有对世界经济感兴趣，并对大众媒体的不甚了了感到苦恼的人。正如我们在正文中所述，我们只使用了简单的经济模型，而把关于模型的讨论（而不是历史和分析）放到了附录中。

我们感谢下列读者的反馈，他们来自美国艺术与科学院，巴黎、首尔和东京亚欧经济论坛，澳大利亚国立大学，拉蒙·阿列塞斯基金会（Fundación Ramón Areces，马德里），麻省理工学院，牛津大学，澳大利亚储备银行，斯沃斯莫尔学院，加州大学伯克利分校，维克弗里斯特大学。我们要感谢克里斯托弗·亚当（Christopher

Adam）、克里斯托弗·奥尔索普（Christopher Allsopp）、罗斯·加诺特（Ross Garnaut）以及马克斯·沃森（Max Watson）在写作过程中为我们阐述的深刻见解。

我们感谢贝利奥尔学院和纳菲尔德学院为我们在牛津大学和贝利奥尔学院的会面提供方便，感谢麻省理工学院为我们在马萨诸塞州坎布里奇的会面提供方便。

# 第一章　世界经济分崩离析

　　显然，当今的世界经济已陷入困境。从 2008 年秋崩溃至今，世界经济经历了三个不同的发展阶段。2007—2009 年，世界经济缩水 6 个百分点。2009—2010 年，经济反弹，但总产出只提升了 4 个百分点，相比之前的缩水并未完全复苏。在这之后，复苏趋势停止，一些国家再次经历经济衰退，尽管衰退的趋势缓于 2007—2009 年。

　　过去几年经济衰退造成的损失巨大。如果 2007 年之后世界经济可以持续平稳增长，那么经济总值将高于目前 10 个百分点。失业率亦随之急剧上升。许多发达国家的经济状况依然未能恢复到 2007 年的水平。不仅如此，在美国和欧洲，尽管各国经济水平有所恢复，失业率却下降缓慢。如果要失业率明显下降，就必须恢复全球经济的增长速度。但依照目前的经济政策，似乎不大可能。2008 年世界经济崩溃的五年后，中国和印度的经济增长速度亦开始下降。

　　事实上，当今世界经济增长面临的威胁因素相当多，首先是欧洲经济危机带来的威胁，媒体更是将其报道得好似《宝林历险记》。消费者和整个金融体系现在都希望去杠杆。公共部门压力倍增，急于减少政府赤字、偿还公共债务。人们越来越担心出现类似德国和南欧国家之间的国际贸易失衡问题，许多人开始担忧南欧国家巨额的政府负债。美国和包括中国在内的东亚国家之间的贸易失衡也令人担忧，人们开始担心中国以外汇储备形式持有的美国债务的稳定性。面对一系列不确定因素，生产性投资者不愿意大规模投资。面对严重的不稳定局面，许多生产商认为投资是不明智的，而消费者认为节约才是明智之举。

面对这么多令人不安的迹象，决策者应该如何恢复经济增长并降低失业率呢？不可否认，居高不下的失业率以及巨额债务，标志着我们的经济状况一片混乱。在美国和欧洲的许多国家都能看到这些经济困难症状，但这只是问题的一部分；或者说这些国家的内部问题都是国际性问题的组成部分，这实际上是一个全球性问题。

我们认为，一系列国家内部问题只有在理顺世界经济问题后才能得到解决。国际（外部）问题不解决，国内（内部）经济问题就不可能解决。除非主要国家之间的贸易失衡有所改善，那些不幸的国家的债务额度能够为投资者接受，否则各国自身的经济将难以恢复。无论是对于欧洲各国还是对于工业化国家之间的全球贸易，情况都是如此。

接下来我们将进一步论证，现代世界经济不时出现的崩溃现象是由于缺乏国际领导者导致的。一个霸主国家的存在有助于促进各国之间的相互合作，维护甚至是恢复经济繁荣。当没有国家作为霸主存在时，全球就会爆发经济危机。大英帝国霸权的瓦解以及美国未能及时接手导致了大萧条；美国世界影响力的流失及其在世界舞台上接班人的缺失导致世界经济自 2008 年全球金融危机后复苏乏力，未来威胁因素众多。[①]

将目前的经济危机同大萧条做比较，有助于我们理解目前存在的问题。两者之间有着惊人的相似度，我们希望通过对两者的比较得到一些经验教训，加快恢复经济繁荣。其中的教训之一是，要理解大规模的全球经济危机不是件容易的事；凯恩斯以及其他学者花了很多年去理解 20 世纪 30 年代发生的一切。如果本书能帮助政治家和经济学家对当前的状况提出正确的问题，或许可以加快我们走出目前经济困境的步伐。

本书解释了国内问题和国外问题（本书一般分别称之为内部问题和外部问题）之间的关联，以及如何制定经济政策来解决这两个领域的问题。我们通过历史向大家展示，忽视某一个问题将如何导致经济灾难；我们利用简单的经济学工具来阐释如何统筹看待这些问题。可悲的是，很少有人会回顾那段历史并利用这些简单的经济学工具来应对当前的情况，希望本书可以唤醒读者对这些工具的使用意识。

所有国家都是世界经济的一部分。有些国家可能比其他国家在世界舞台上更活跃，但很少有国家可以不与其他国家来往并开展贸易活动。外部交往的需要使每个国家都有义务参与到世界经济的一般模式中。当某一国家的国内或国外出现问题时，它就需要做出内部调整以适应新形势。这些调整就会改变该国的对外关系，从而迫使其他国家也做出相应的调整。换言之，国内经济形势和国际经济形势是交织在一起的。

我们着重考虑固定汇率问题：金本位制、欧元以及美元与人民币之间的钉住汇率。早在两百多年前大卫·休谟就提出了关于金本位制国家之间关系的基本理论。他提出的"物价—现金流动机制"（price - specie - flow mechanism）被教授给一代又一代的学生，但这一机制并未充分考虑在如今的工业化世界里如何运行（或根本不适用）。凯恩斯在1930年面对政府的一个委员会〔即我们熟知的麦克米伦委员会（Macmillan Committee）〕的质询时曾试图解答这个问题。但当时凯恩斯的思路不够清晰，未能说服任何人相信他的观点。之后，凯恩斯一直努力想解决他在委员会面前没有回答出来的问题。我们跟他的想法一致。我们认为，今天的决策者已经忘记我们过去在理解固定汇率运行机制方面取得的成就：那些凯恩斯以痛苦的代价换来的学识。我们会将历史和理论结合在一起，来解释如何把我们自己从世界经济危机的深渊中解救出来。

我们需要对这一复杂的工程做出解释。我们在本章会介绍经济大背景，从国内经济问题开始，逐步扩展到世界经济问题。本章是对当今经济形势的描述，那些有助于理解国际失衡影响的历史背景介绍则放在后面几章。我们认为国际失衡是我们今天面临的世界经济问题的根本所在，即使目前这些失衡表征并不明显。只有通过审视一些晦涩的数据，如国际收支平衡，才可能观察出全球经济的动态，当然经济危机时期除外。

目前困境的主要源头是未给求职者提供充分就业机会造成的资源浪费。衡量失业情况最明了的方式就是失业率。美国的失业率大约为8%，且下降趋势缓慢。在2008年和2009年，美国失业率急剧上升，之后一直保持高位（见图1.1）。这一比率仍远远高于经济学家此前估计的5%或6%，这个数字在他们看来足以解释劳动力市场摩擦（即当条件改变时，寻找更好工作和换工作的过程）。这一失业率表明又增加了大约500万有工作意愿的失业者。此外，还有500万左右的就业者认为自己并没有充分就业。

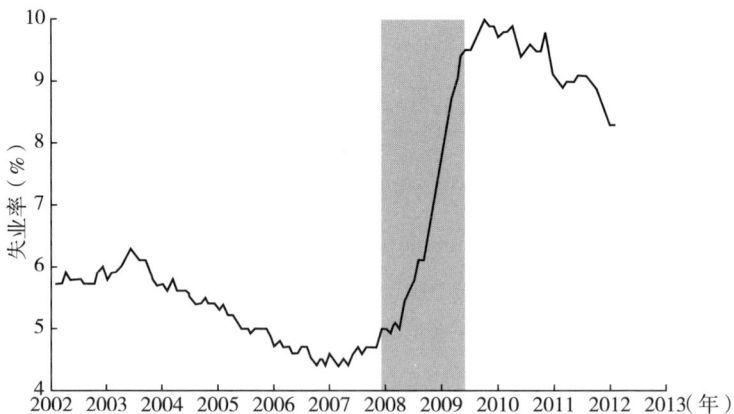

**图1.1　美国失业率**

注：阴影部分代表美国的经济衰退。
资料来源：美国劳工部，劳动统计局。网址为 http://research.stlouisfed.org/fred2/。

　　然而，失业率统计其实只包含了那些积极寻找工作的失业者。随着经济衰退的持续，会有越来越多的失业者变得沮丧继而停止寻找工作。他们会从失业者名单中消失，但并不是因为找到了工作。避免这种统计误差的方式之一是检验就业人口占总人口的比例。而这一比率在2008—2009年由原来的大约63%下降了5个百分点。就失业率而言，这种变化似乎是持久的，当然我们希望它不是永久的。数据参见图1.2。

　　这种新"常态"存在很多问题。首先，数以百万的劳动力成为失业者造成的资源浪费。我们目前还没有数据可以量化这些不被使用和未被充分利用的资本，但闲置劳动力表明我们正在将大把的美元扔在人行道上。我们没有理由忽视数以百万计的求职者。工作是人生的重要属性，就像英语中许多姓氏显示的那样：姓氏米勒（Miller）意为碾磨工，曼森（Mason）意为泥瓦匠，库珀（Cooper）意为制桶工，泰勒（Taylor/tailor）意为裁缝，韦弗（Weaver）意为织布工。英国作家奥威尔（Orwell）对20世纪30年代英国长期存在大量失业的评论值得我们回味："极糟之处在于，你拥有的钱越少，你就越

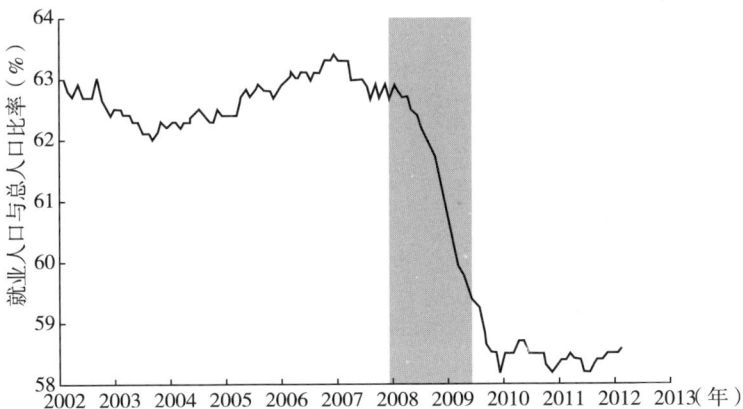

**图1.2　美国就业人口与总人口比率**

注：阴影部分代表美国经济衰退。

资料来源：美国劳工部，劳动统计局。网址为http：//research. stlouisfed. org/fred2/。

不会把钱花在购买健康食品上……总是有那么一些便宜又好吃的东西在诱惑你……失业是永无休止的痛苦，必须不断得到舒缓，尤其是用茶——这个英国人的鸦片——来舒缓。"[②]

除了情绪沮丧，失业工人同时会失去他们的技能。它们就像冰块一样，一旦被存放起来，就会融化或蒸发得无影无踪。随着技能的下降，找工作也变得越来越难，再次融入社会工作环境的希望也被瓦解。对于刚刚加入劳动大军的年轻人更是如此。如果不能找到一份好工作来开启自己的职业生涯，他们很可能就一辈子错过了这个机会，因为比他们更年轻的人随后会抓住机会。在美国，医疗保险是与就业挂钩的，从这个意义上讲，有人可能最终死于失业。允许失业继续，就等同于在破坏知识和技能储备，而这恰恰是长期经济增长的关键资源。

最终，沮丧的失业工人会将挫败感诉诸政治。他们会愤怒并有可能对所有未能修复经济的在位者投反对票。他们很容易受极端观点的影响，极易受到那些对复杂问题提出简单解决方案的政客的蛊惑。1931—1932 年，德国的失业率上升，与此同时纳粹在德国的投票支持率显著增加；希腊 2011 年秋季发生的骚乱以及 2012 年的选举模式，无不显示出当今极端立场的吸引力。我们只能希望这样的狂热不会体现在任何一国的国家政策上。

在欧洲，失业也同样盛行，但同美国的失业情况有所不同，这正是我们要讨论的重要方面。有美利坚合众国，但并不存在欧洲合众国。尽管欧洲与美国领土面积大致相同，但它是由大约 30 个独立国家组成的。尽管这些国家之间存在着很多共同的组织，但它们在这些组织中并没有放弃国家主权。欧洲货币联盟的成员国通用一种货币欧元。我们会在第五章对这些组织做更充分的描述，但其与美国的主要区别我们要在此说明。

1789 年，由于各个独立州发现他们之间组织松散的联盟极易受到威胁，因此建立了美利坚合众国。新的宪法赋予联邦政府权力可以对从前独立的各州公民征税。乔治·华盛顿的财政部长亚历山大·汉密尔顿（Alexander Hamilton），在 1790 年让联邦财政部以票面价值平价购买了各州所有的债务。从短期来看，他被指责奖励了那些折价购买州债券的投机者，但从长期来看，他被认为是美利坚合众国信贷的创立者，而这恰恰是美国后来经济繁荣的关键组成部分。这种合众国联盟只在 19 世纪 60 年代南北战争中面临过一次挑战，最终在两百多年来关于纳税本质和程度的争论中幸存下来。

欧洲货币联盟建立了统一的货币欧元，但欧元区内的每个国家仍然保持着自己的独立主权。货币决策权集中在一个新的欧洲中央银行手里，但财政政策的制定权依然留给各成员国。虽然会有一些统一的指导方针，但并不强制执行。各成员国发行自己的债券，也独自承担风险。换言之，欧洲货币联盟虽然采用单一货币，但并未实行集中的财政控制。

欧盟以及欧元区的失业率在 2009 年同美国一起急剧上升，但表征并不像美国那么明显，主要是由于欧洲各国在 2008 年金融危机之前就有普遍较高的失业率，且各成员国之间差异较大。自那次经济崩溃以后，大多数欧洲国家采用的是紧缩的经济政策，失业率也因此持续上升。图 1.3 显示了一些欧洲国家的失业率，从中可以清楚地看出德国和西班牙之间的巨大差异。我们将在第五章详细分析这一差异。

劳动力的供需失衡也表现在金融市场上。钱币似乎随处可见，表现为美国政府证券的回报率基本为零，普通市民可以在当地银行购买各种不同的资产。但是，如果有人为个人或商业用途试图借贷时，就会发现借款相当困难，并且需要支付超过政府利率的大幅溢价。这个差异部分来自借款人或他的企业存在无法偿还贷款的风险

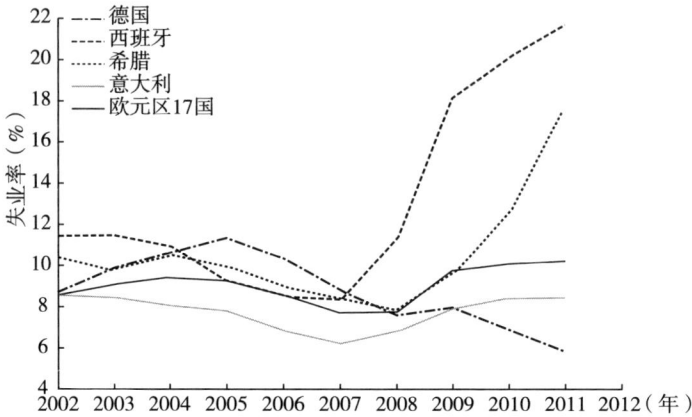

**图 1.3　部分欧洲国家失业率**

资料来源：欧盟统计局的数据集"就业和失业的（劳动力调查）"中的"失业率、年平均值，按性别和年龄组（％）"数据，2012 年 4 月 2 日更新。http：//appsso. eurostat. ec. europa. eu/nui/show. do。

（称为风险溢价）。巨额债务非常普遍，其融资成本的高低取决于预期的违约风险。拥有自己资产的潜在借款人发现，他们的资源减少了，因此他们的抵押品也就减少了。在这个很多资源都未被启用的不确定时期，银行很难评估单个企业的风险。因此，银行只借款给最安全的客户，且需要很长时间才能决定谁是最值得信赖的客户，结果是许多利率都高于零。

还有另外两个更令人担忧的原因导致 2008 年的全球金融危机三年后借贷利率仍然保持在高位。第一个原因是，银行资产价值在危机中有所损失。危机前看似接近票面价值的各种债券如今即使能卖出去，也要以低得多的折扣价格出售。银行一直不愿意承认它们的资产负债表并不如表面看起来那样光鲜，而监管机构也不愿再给它们施加压力。不管对公众的说辞如何，银行似乎已经缺乏足够的资金。它们限制放贷并收取高利率，以客户的利益为代价重建其资本。

第二个原因是，同私有资产一样，公共债券也遭到猛烈的抨击。美国的信誉在全世界范围内广受好评，尽管美国政府在 2011 年夏天的标准普尔评级中丢掉了 AAA 级别。美国政府的债券价值一直都很高，利率在零附近徘徊。与之相反，各种欧洲债券的价值已经下跌，投资者担心这些债券可能无法以票面价值被赎回。这些债券价值的下降，给其持有者欧洲银行和美国银行的资产负债表带来了额外的压力。

当然，债务有许多种类，在前几段的论述中我们是把各类债务作为一个整体看待的。要理解这些债务之间的关系，方法之一就是调用宏观经济学中的最基本理论：投资等于储蓄。后者包括金融资产和负债，可以分为三个部分。个人储蓄，如果消费小于收入，就是个人储蓄，而如果消费大于收入形成负储蓄，就是个人债务。政府运行有盈余时就会产生储蓄，而当政府有预算赤字时就会产生负储蓄，进而增加政府负债。当一国从外国进口的商品多于出口到国外的商品时，其他国家会增加储蓄。当其他国家从该国家购买的出口商品多于该国家从国外购买的进口商品时，外国储蓄就会减少。因此国内投资相当于个人储蓄、政府储蓄和外国储蓄的总和。

这是对宏观经济学基本等式的一个简单解释。如果我们在其中加入时间变换引起的量变，这一解释会更生动。在这一阶段，为简单起见，我们先假设投资保持不变，再来看看各种不同的储蓄。一种储蓄的变化必须被另一种储蓄的变化抵消才能保证等式的两边相等。例如，如果一个政府出现了大量赤字而减少了储蓄，那么，要么国内储蓄必须增加，要么外国储蓄必须增加（在这种情况下，国家会增加对外赤字）。对于大多数国家来说，抵消都来自外国储蓄，这是我们写本书的目的所在。日本政府赤字是由国内储蓄抵消，它的做法告诉我们，结果会因为三种不同的储蓄而有所不同。本书第六章将在世界范围内考虑这一问题。

我们认为，目前世界经济处于失衡状态，表现为国家之间大而不稳的资本流动。资本流动本身不是问题，资本流入促进了全世界经济的发展。但当资本流入用于消费而非投资时，接收国并未创造出偿还贷款的能力。投资者受到惊吓，危机便随之而来。

以目前的数据看，在所有国家中，中国拥有最大的顺差，2011年超过3 000亿美元。第二是德国和日本，少于2 000亿美元。其他国家中顺差超过1 000亿美元的是石油输出国沙特阿拉伯和俄罗斯。最大的逆差国家是美国，赤字接近5 000亿美元，远远高于其他逆差国家。其他国家的逆差均低于1 000亿美元。在欧洲，德国是目前最大的顺差国家，其后是荷兰，不过盈余相对较小。意大利、法国和西班牙是逆差最大的国家。这种失衡已经持续了很长时间，导致顺差国家的巨额资产和逆差国家的巨额负债。美国约有16万亿美元的外债，相当于欧盟债务总和。中国拥有最大的外汇储备，2012年高达3万亿美元。[3]

国际借贷本身没有任何问题，但巨额债务可能会突然失控。如果借贷的资源是被消耗掉而非用于投资，借款国可能不会产生足够的盈余来偿还贷款。国内住房应被认为是一种耐用消费品而非投资，因为住房不能在国际市场上交易。住房三个最重要的特点是位置、位置，还是位置，而国内住房水平的增长并不能提升一个国家偿还外债的能力。如果放款人怀疑逆差国已经消耗了通过借贷获得的资源，他们可能向借款国收取更多的续贷费用。随着巨额贷款成本的增加，借款国的负担随之增加。而接下来我们会看到，这个负担被认为是不可持续的。如同个人层面的风险溢价一样，国家层面的风险溢价会上升并带来麻烦。

我们可以从2008年秋雷曼兄弟的破产中对这种危机窥见一斑。我们在第四章将进一步讨论，美国根据风险程度的不同对私人债务做了进一步分档。计算这些风险时，没有人预见到雷曼兄弟会破产。而当雷曼兄弟破产时，先前所有的风险评估开始被质疑。因为许多资产的承诺价值都是基于这些风险计算的，投资者随即对资产价值产生了怀疑。有毒资产（toxic asset）的卖家增多，买家却寥寥无几。

雷曼兄弟破产之前，只有最低档的高风险资产被看作有毒资产。雷曼兄弟破产的后果是使所有的资产看起来一样，都变成有毒资产。因为卖家数量远远超过买家数量，人们急于抛售资产，价格随之急剧下降。无法找到合适的买家，市场开始变得疯狂，资产交易停滞。直到价格崩溃，投资者才摆脱最初的恐慌，市场才恢复运作。但资产价格与雷曼兄弟破产之前不可同日而语。

欧洲在2011年秋也经历了同样的恐慌。一切源于人们开始意识到希腊国债远比想象的巨大，希腊并没有能力偿还。如同2008年夏季的美国，欧洲并没有及时采取任何措施减轻投资者的担忧。投资者通常对欧洲各国是区别看待的，但货币联盟却使他们相信许多国家都跟希腊一样。希腊其实并没有破产，也并没有出现像雷曼兄弟破产那样的灾难性信号，但恐慌已经开始蔓延。更多的投资者不是想要购买欧洲国家的债券而是要出售它们，债券价格出现下跌。

幸运的是，最终并未发展成抛售态势。2012年初，欧洲央行接受将国家债券作为放款的抵押物。对投资者来说，这一政策就像摆在银行窗口明晃晃的一袋黄金，一个告诉他们这些债券不会违约的信号。债券价格得以上升，利率下降。欧元区恢复了平静。但引发恐慌的问题并没有得到解决。希腊的债务仍然难以支撑，其他国家也有大量债务。本书第五章将对此过程的复杂性进行描述，而在这里我们断言，大量的债务，包含国内债务和国外债务，同庞大的失业率一样，是世界经济混乱的信号。

我们已经讨论了目前困境的两个指标，即失业和巨额债务，有人可能会想问这两者之间是否有什么联系。答案当然是肯定的。不幸的是，两者是表兄弟而非亲兄弟，所以需要稍做解释。我们需要带你到厨房看看世界经济这道菜是如何做出来的。像所有的厨房一样，这个厨房有着明亮的灯光、尖角以及烫手的器具。我们希望你能长时间忍受这些不便，以便窥见各个独立的事件是如何连接在一起形成一个统一体的。

失业和金融危机都是宏观经济机能失调的表征，是经济崩溃的结果，因此经济学家针对正常运行的经济所建的模型并没有考虑这些。要了解它们之间的关系，我们需要借助更为古老的、专门分析这些失调的经济学思想。这种思想的主体部分通常被称为凯恩斯主义，因为它回答了凯恩斯在之前的霸权解体危机（end - of - regime crisis）时期，即大萧条时期，提出的问题。这一理论的重要意义在于它为非平常时期的经济政策制定提出了建议。（详情参见附录的最后部分。）

我们先从失业说起。我们将就业充分和价格稳定的国家视为处于均衡状态。我们将这一均衡称为内部均衡，因为它与一个国家的内部条件有关。如果劳动力供大于求，就会有人找不到工作。失业人群通常是指那些积极寻找工作但未能找到工作的人。当失业率很高时，我们会用非自愿失业来区分寻找工作的失业者和并未寻找工作的失业者：这些人可能由于退休、对现状感到沮丧，或是本身愿意闲散生活而失业在家。

如果劳动力供不应求，那么我们可以预见雇主会提高工资以吸引其他工作的从业者，积极与其他雇主争抢工人。工资会上升，物价也会随之提高，导致通货膨胀。失业是经济失衡的衡量标准之一，通货膨胀则是另外一个衡量标准。从劳动力市场看，前者是需求不足导致，后者是需求过剩导致。

当许多国家都需求不足时，我们就会说世界经济陷入衰退。这并不意味着所有国家的衰退程度相同，有些国家甚至可能出现经济繁荣期。但是，在20世纪30年代的大萧条时期，许多国家都遭遇了经济衰退，这其中甚至有些不是世界经济的积极参与者。相比之下，全球通货膨胀的情况也时有发生，特别是在20世纪的下半叶，而且也波及所有国家。小国也有自己的困难，但大国，无论其是否有意，肯定会影响其他国家。

从表面上看，债务的原因同需求过高或过低的原因似乎不同，但其实二者相似。这里我们感兴趣的债务是国家债务，即一个国家欠另外一个国家的债务。这些债务不同于家庭债务、企业债务以及政府的公共债务。这些不同的债务都很重要，其相互关系我们将在之后讨论，但外债是我们这里讨论的重点。

如果一国出口的价值小于其进口的价值，这个国家就会陷入与其他国家的债务中。处于贸易平衡时，一个国家会利用自己的出口所得支付进口。如果出口短缺，就必须用另外的方式来部分支付其进口。一个选择，也是当今世界最流行的选择，是出口"白条"（IOU）。这些白条就是外债，我们接下来都采用这个较为正式的术语。在短期内，每个国家都喜欢用外债支付进口，因为借债很容易。然而，从长远来看，这些债务必须偿还，因此大多数国家会控制这种欲望来限制自身的债务额。

谁会购买这些债务？从对称角度讲，出口大于进口的国家会用一部分出口兑换其他国家的债务。这些顺差国家积累外债的同时，也积累了自身的国外资产。在短期内，各国可能都希望增加出口以促进自身的经济增长；相对于目前的消费水平（其中一部分由进口价值构成），它们可能会更看重经济增长的价值。从长远来看，这些国家必须决定它们将如何处理所有的国外资产。19世纪的英国出口商品到其附属地区和国家，从而积累了大量的国外资产（我们将在第二章对此进行讨论），而后将所有这些资产用于第一次世界大战。然而这属于历史上的特例。一般情况下，通过出口促进经济增长的国家都会拥有大量的国外资产，但却不知该如何处置。对于这个问题，我们将在第五章和第六章进一步讨论。

当一个国家增加或减少外债（即它打给其他国家的白条）的速

度不高于其国民收入增长的速度时，我们就认为这个国家处于外部平衡状态。当一个国家积累了更多外债时，我们说其处于逆差状态；当一个国家外债减少或国外资产增长时，我们说其处于顺差状态。外债或国外资产同国民收入的比率保持不变时，即认为该国处于外部平衡状态。

用一个简单的例子就能阐明这一概念。第一次世界大战之前国际贸易和投资的运行是在金本位制下，逆差国家用黄金支付贸易入超（excess import）。换言之，有大量黄金储备的国家有能力进口更多的商品和服务而不需要用其出口来支付。但当国家因为贸易入超用尽其黄金储备时，就会陷入困境。如果国家用尽了黄金储备，或者投资者认为其可能很快会用尽黄金储备，投资者可能会在该国黄金储备用完之前抛售货币，以尽可能多地换取黄金。这听起来像传统上的银行挤兑，随之而来的是货币危机。货币危机时期，各国可能会以某种方式放弃金本位制，我们将在第二章对此予以描述。

亚当·斯密的朋友大卫·休谟在其《论贸易平衡》（"Of the Balance of Trade"）一文中解释了国家如何在金币本位制下保持外部平衡（休谟将金币和银币统称为金币）。休谟的经济思维非常现代，其主要观点如下：

> 假设英国 4/5 的钱币一夜之间消失，国家的货币量再次回到英王哈利和爱德华统治的时期，这会产生什么后果呢？所有的劳动力和商品的价格是不是要同比例下降，商品的售价会不会低至那个时期的标准呢？这样的话，哪个国家敢与我们争夺国际市场，或是……以我们这样的低价（当然这个价格得保证能给我们带来足够的利润）销售工业产品？是不是用不了多长时间我们就可以把失去的货币挣回来，把自身的经济水平提高到邻国的水平？但如果这一切都实现了，我们也会立刻失去廉

价劳动力和廉价商品的优势，我们的富足会阻止货币的进一步
流入。

　　同样，假设英国所有钱币量一夜之间翻了 5 倍，结果是不
是会正好相反呢？……显而易见，如果意外发生了这些极度不
均衡的现象，那么纠正这些现象的因素必然会按事物的正常发
展趋势来阻止它的发生，最终必然会使所有邻国的货币与每个
国家的技艺和工业水平基本相称。④

　　我们可以以更现代的视角去看待休谟的模型。假设一个处于外
部平衡的国家出口额下降，所以不能再用出口支付进口。取而代之
的是它使用自己的货币（即金币和银币）来支付进口。由于国内资
金供应主要是硬通货，这种国际交易减少了国内资金存量。由于钱
越来越少，人们没有足够的现金以原有的价格购买商品和服务，物
价就要下跌以适应较低的货币存量。尽管由本国货币中的黄金和白
银含量决定的对外汇率没有变，但经济学家所称的实际汇率其实已
经发生了变化。国内商品的价格相对国外商品的价格较之前有所下
降，不是因为汇率有改变，而是因为价格已经改变（实际汇率是指
经过价格调整后的两国货币汇率）。对于潜在的外国买家，该国的
出口商品变得比以前便宜；而对于本国的潜在消费者，进口商品则
更加昂贵。出口上升，则进口下降。当进出口之间的平衡恢复时，
货币的流出也将暂停。这一简单的过程被称为物价—现金流动模型。

　　尽管这个模型很简单，但到 20 世纪初这两个半世纪以来，其深
刻内涵一直在激发经济学家的真知灼见，左右着经济政策的制定。
许多人将变换的背景因素考虑进去扩展了该理论模型，但其主要内
涵一直完整保留。在后面的章节里，我们会联系金融资产和利率来
讨论这一机制中价格的上涨或降低。但在我们讨论现代背景下该机
制的扩展版本之前，我们可以先在这里展示一些该模型中的见解。

　　第一个洞见是物价—现金流动模型与内外部平衡密切相关。该过程的开始可以描述为外部失衡，因为它是由于出口发生变化而进口并未相应变化导致的结果。而该过程的结果可以描述为内部失衡，因为资金存量的减少导致通货紧缩。外部和内部失衡之间的关系正是本书讨论的重点之一。事实上，我们的分析就是想要解释外部和内部平衡之间的关系。一些分析家强调孤立经济体内部平衡的重要性；其他一些人则强调国际贸易平衡，即外部平衡的重要性。我们认为，这种莫衷一是的分析阻碍了经济学家和其他人真正理解当今世界经济问题的复杂性。凯恩斯在 20 世纪 30 年代一直试图理解经济大萧条时期外部和内部平衡之间的关系。虽然 1930 年的时候他并没有找到答案，但 10 年后他对这一问题有了清晰的把握。

　　另外一个洞见涉及目前为止的讨论中包含的一个重要的不对称性概念。我们对于内部失衡的衡量，一方面可以通过通货膨胀，另一方面可以通过失业率。但在休谟的叙述中，物价—现金流动机制中的失衡会导致通货紧缩而非失业。休谟的观点是对称性的，即需求上升导致通货膨胀，需求下降导致通货紧缩。那么为什么我们在考虑内部失衡时要区分通货膨胀和失业率呢（我们的不对称）？1750 年之后到底发生了什么事自此破坏了休谟的对称性观点？答案是横亘在现在和休谟时代之间的工业革命。休谟生活在农业社会，而我们处在工业甚至是后工业时代。农业社会的物价和工资会随着劳动者、农作物以及牲畜的供求关系变化上升或下降。但在工业社会，物价的上涨远比下降容易。问题是，在工业经济中很难降低工资。

　　这种非对称性反映的转变发生于休谟时代与我们的时代之间的中间点，即 19 世纪末。大企业的成长（第四章的内容）导致大量的工人集中在工厂和城市中。产业工人欣然接受工资上涨，但抵制工资削减。这种不对称性早在工会权力加强之前就已经存在，甚至在工会影响力削弱后这种不对称性也继续有增无减。很明显，大萧条时期就存在这一不对称性，当时的经济学家和决策者都对它带来的后果做过研究。

我们可以很容易对物价—现金流动模型进行调整以适应这种改变。现代环境下，当出口相对于进口下降时，就业率随之下降。（根据我们接下来要详细讨论的机制）货币存量的下降导致工作量的减少，但工作报酬不会减少。那么恢复外部平衡的唯一途径就变成失业率而不是通货紧缩。今天的经济学家把这种不对称性称为凯恩斯主义，因为正是凯恩斯在其著作中强调了这一不对称性，但当时他称之为一个经验事实。他的这一著述早于1936年他最著名的《就业、利息和货币通论》（以下简称《通论》）的出版。凯恩斯在撰写出版于1930年的著作《货币论》（*A Treatise on Money*）时，假定的是充分就业，且采用的是物价—现金流动模型的对称形式。正是这种事实论据和理论之间的不一致导致凯恩斯在1930年面对麦克米伦委员会时的困境，促使他在之后完成了《通论》。在意识到他的假设应该基于20世纪的世界后，凯恩斯带着新的理解回答了他在1919年第一次世界大战后出版的著作《和平的经济后果》（*The Economic Consequences of the Peace*）中提出的国际贸易平衡问题。这次知识之旅及其带来的启示是本书第三章的主题，尽管我们可以看出凯恩斯未能给予这些问题完整的解释。这些启示的完整解释见于詹姆斯·米德（James Meade）1951年出版的著作以及特雷弗·斯旺（Trevor Swan）1955年发表的论文。更为完整的解释是借助附录中的斯旺曲线图完成的。[⑤]

在我们旅程的开始阶段，让我们先来了解一下世界经济是如何陷入远比当今危机更加混乱的大萧条时期的。当时，全球范围内普遍存在着内部和外部失衡的局面。一系列令人震惊的事件摧毁了当时的世界经济。在第二章我们会看到，这些事件及其造成的大萧条可以视为霸权解体危机。我们追忆那次危机是因为它与我们现在面临的问题有明显的相似之处。此外，那次危机为我们理解凯恩斯的思考之旅（详见第三章）提供了背景，而正是凯恩斯的思考之旅为本书最后几章中我们自己的观点奠定了基础。我们现在正在经历的霸权解体危机将在第四章论述。我们记录了最近发生的事件，并在第五章和第六章探寻这段历史如何能帮助制定当今世界的经济决策。

我们并不是第一个探究 2008 年全球金融危机造成的损失的学者。莱因哈特（Reinhart）和罗高夫（Rogoff）调查搜集了很多此次危机的数据，最终出版了标题颇具反讽意味的著作《这次不一样》（*This Time Is Different*）。他们的观点是，所有的危机都是相似的，这次的危机也不可能不同。他们主要是通过计算危机相关的各种指标的平均值得出了这种相似度。他们的推论是金融危机通常需要数年时间才能恢复，这确实是有益的警告。但这一推论意味着我们除了等待，对此无能为力。然而，平均数本身不能说明是否可以有效地将经济崩溃分成不同的类型。事实上，莱因哈特和罗高夫违反了他们的理论准则，对国内银行业危机与货币危机之间做了区分。但这是正确的分类吗？不同类型的危机是不是应该导致不同类型的结果，需要不同的政策加以应对呢？⑥

辜朝明（Richard Koo）在其谨慎命名的著作《大衰退：宏观经济学的圣杯》（*The Holy Grail of Macroeconomics*）中将经济崩溃分成两类。普通的经济衰退基本上不会影响资产价值，但如前所述，资产负债表衰退则足以影响资产价值。在被辜朝明称为资产负债表衰退的经济崩溃中，银行以及其他非金融企业为减债会在恢复过程中限制支出。换言之，按照其对资产价值的影响，经济衰退可有大小之分。这给我们一个警示：资产价值很重要。但可惜的是辜朝明并未阐明到底资产价值多大的变化才会使我们越过分水岭进入资产负债表衰退。[7]

我们也认为有两种金融危机。几乎所有的危机在我们看来都是普通危机，因此莱因哈特和罗高夫的研究是非常有价值的。但有些危机，偶尔才发生一次，却使世界经济陷入一片混乱。在本书中，我们认为这些都是霸权解体危机，不会经常发生，只有当统治世界经济的政权无法发挥必需的领导力时才会发生。我们认为在工业时代，存在霸权的世界经济是稳定的。事实上，我们将霸主国定义为一个可以促进各国之间合作的经济强国。霸主国可以延续几代，所以我们会说英国是 19 世纪的霸主，而美国是 20 世纪的霸主。霸主的更迭并非易事：旧霸主衰退后，常常需要一段时间才会出现新的霸主。其带来的结果就是大衰退（常常归名为萧条）标志着一个霸权的结束。20 世纪 30 年代的大萧条是一次霸权解体衰退，当前的世界危机是又一次霸权解体衰退。

英国引领了 19 世纪的世界走势。它在 19 世纪中期举办的水晶宫工业产品博览会（Crystal Palace exhibition of manufactures）为全世界树立了榜样，促进了很多国家的工业化进程。英格兰银行是 19 世纪末金本位制的监管人，工业化的进程以及低成本的海洋运输使各国积极发展国际贸易，而金本位也成为这些国家遵循的原则。凯恩斯将伦敦比作国际管弦乐队的总指挥。然而，在第一次世界大战后，英国失去了其促进各国合作的领导力，霸主地位不再。战后各国关系恶化，英国无法或也不愿做出努力促进各国合作、维护世界秩序。对 20 世纪 20 年代初法国对鲁尔区实施的惩罚性占领，英国无力对此施加任何影响，也无力在 30 年代初劝说英帝国以外的国家废除金本位。没有了指挥，国际乐队只能奏出刺耳的声音，世界经济陷入大萧条。[8]

美国是 20 世纪的霸主。它在两次世界大战后期的介入使战争僵局（或比僵局更糟的局势）转变为盟军的胜利。其二战后的领导力促进了参战各国之间的合作，这与第一次世界大战后的局势形成鲜明对比。其经济实力没有对手，成了所有其他经济体的标杆。美国在教育领域取得的成就成为其他国家追赶的目标。但是，同一个世纪之前的英国一样，美国唯我独尊的地位随着 20 世纪末其他国家的发展繁荣逐渐被削弱。伴随着 21 世纪第一个十年的繁荣与萧条，美国因为自己世界领导权的瓦解而变得士气低落、负债累累。如今，当各国坐在一起讨论政策制定以缓解当今世界问题时，美国已不再是乐队指挥，甚至连乐队首席都不是。当今世界没有一个可以引领世界经济走向繁荣、恢复平衡的霸主。

因此，本书以英国的世纪，即英国作为世界霸主的世纪，开始我们的论述。英国在 20 世纪初的动乱中失去其霸主地位，全世界进入大萧条时期，这是本书第二章的内容，为接下来所有的一切搭建了出场的舞台。第三章，我们跟随凯恩斯的思考之旅去理解这一过程。我们认为，凯恩斯对内部与外部平衡之间的关系这一课题的研究始于其 1919 出版的著作《和平的经济后果》，止于 20 世纪 40 年代初期他在布雷顿森林做出的努力。凯恩斯在其第一本广受欢迎的书中展示了他对这一问题的直观理解，但无法用他的直观理解说服其他人。最终，经过凯恩斯连同其他人的努力，对于结束第一次世界大战的《凡尔赛和约》才有了令人信服的结论性诠释，以及这一诠释在第二次世界大战之后的应用理解。

我们继而在第四章讨论美国的霸权时期，美国世纪始于大萧条之前，一直延续至 20 世纪末。在这一时期，美国在发展的同时也发生了变化，时至今日其霸主地位受到质疑。同大萧条一样，目前的经济困境暴露了现有霸主的局限性。在第五章，我们将分析目前欧洲货币联盟内部（即欧元区）的贸易失衡问题。继而在第六章讨论中国和美国之间的贸易失衡以及世界范围内的贸易失衡。我们在这里讨论的，第五章和第六章还将进一步探讨的内部与外部平衡之间的相互作用始终是指导我们分析的主线。

当今世界面临的选择，将决定如何纠正本书中分析的失衡问题，尽管想要理顺过去十几年里已经发展形成的各国国际地位可能需要很多年，但是如果能够找到合作解决方案，这个任务仍然是可行的。如果可以出现经济霸主来促进引导各国之间的合作，影响无疑是正面的。如果各国之间不能合作，那么世界可能会遭受不合作带来的令人沮丧的风险。我们在附录中用博弈论中的囚徒困境对这种合作选择进行了描述。最终结果有多糟我们无法预测，但第二章描述的大萧条后果无疑是所有人都不愿意看到的。

我们始终认为，历史可以为我们解决当前问题提供有益的借鉴。现在看来，马克思说的似乎是正确的：历史不断重演，先是悲剧，然后化为一场闹剧。我们现在还没有遭受第二次经济大萧条，很大程度上是因为自 20 世纪 30 年代以来已建成的安全网。然而，对于前次霸权解体危机的教训，现在的我们似乎集体失忆。目前的政策似乎正在让世界陷入第二次大萧条，而非坚定地领导我们走出困境。希望本书能帮助人们记住相关的历史教训，并在其指导下将世界经济重新带上正途。⑨

# 第二章　英国世纪和经济大萧条

现在，我们通过分析前一次的霸权解体危机，理解如何在最近的霸权解体危机后重新平衡世界经济，并解答上一章描述的问题。我们刚刚经历的危机标志着美国世纪的结束，而大萧条则标志着英国世纪的终结。把观测数量从一个扩大到两个，给我们提供了巨大的信息增益。虽然我们希望有更多的观测数据，但我们也必须感谢历史没有提供更多这种后果严重的罕见案例。

英国世纪的准备阶段始于18世纪，其间发生了两次和平革命。18世纪前半叶的"财政革命"使英国政府建立了有效的税收体系，从而可以借贷大笔资金支持许多欧洲大陆战争。政府财政收入的增长加速了英国海军的壮大，使其在19世纪统治了海洋领域，并带来从帆船到轮船的转变。英国在蒸汽动力方面的至尊地位来自工业革命。18世纪下半叶随着电力被应用到工业生产，工业革命开始了。比较英国霸权的崛起与美国霸权的衰落（发动战争，税收降低），对比再清楚不过。[①]

工业革命始于18世纪末棉纺织业、铸铁业以及蒸汽发动机的革新。英国在不断扩大的大西洋贸易中占据的枢纽地位为其带来高工资水平，丰富的燃煤矿藏降低了英国的燃料成本，两个因素的独特结合造就了以上行业的革新。一些革新利用水力，而后是蒸汽动力，将棉线纺纱过程机械化。铁器制造商学会使用焦炭（用煤炼成）代替木炭冶炼铁矿石，降低了钢铁价格，扩大了钢铁产量。詹姆斯·瓦特（James Watt）的分离冷凝器在 1776 年获得了专利，使蒸汽机变成一种通用的动力源。加之一些其他方面的小创新，英国经济突飞猛进，在棉纺、煤炭、蒸汽机方面的领先地位使其成为世界霸主。[②]

大量的劳动力从农业转向工业成就了所有后续的工业化进程。英国之所以第一个开启工业化进程，是因为它早已完成了大部分脱离农业的转变。伦敦作为庞大贸易和殖民网的中心，成为当时世界上最大的城市。农村家庭离开农业生产，加入制造业（工业的最初含义），制作布料出口。英国在工业化的初始阶段，农业劳动力仅占 1/3，对于农业经济来讲这一比率"低得惊人"。[③]

1815 年拿破仑在滑铁卢的战败为欧洲带来长达一个世纪的和平（虽然偶有一些小规模战争），英国世纪随之开启。到 19 世纪中期，随着 1851 年伦敦万国工业博览会的召开，英国成为世界的生产车间。英国的船只航行于全球，带头实现了从帆船到蒸汽轮船的转变。英国工程师无处不在，引入螺纹标准使螺母和螺栓得以大规模生产，在美洲和亚洲也会看见他们在建造铁路。其他野心勃勃的国家纷纷追随英国进行棉纺织业的机械化生产，开始了工业化进程。

英国是第一个实行出口导向战略并实现繁荣的工业化国家。由于是最先开始工业化进程的国家，英国主要出口工业产品并取得巨大成功。最初，出口量最大的是棉纺织品，其后羊毛制品、钢铁、煤炭以及机械设备也开始大量出口。如果进口这些商品的国家无钱支付，英国会借给它们资金。这种利用国际收支盈余支付出口的模式使英国在 19 世纪持续其出口贸易，也使英国积累了巨大的国外资产。最终，伦敦统治了世界金融，成为国际乐队的指挥。[④]

英国在国际金融市场的统治地位来自其国际收支顺差，即出口额超过进口额，这种情况贯穿了 19 世纪的大部分时间。用我们第一章的话讲，英国愿意接受其他国家的"白条"以输出自己的商品和服务。到19世纪末，英国积累了大量的国外资产。英国能够取得这一优势地位是因为它将自己的工业产品出口到其他国家。用现代术语讲，它在工业化进程中采用了出口导向的战略。这并不是说英国的领导者或企业家当时是这样认知的。他们只是认为全球对棉线和布料都有需求，越来越多的国家对铁路产生无止境的需求，其他国家对于工业品和工程服务有需求，这些都是英国企业家能够满足并大把赚取利润的需求。

英国是第一个采用这种出口导向发展战略的国家，之后许多大大小小的其他国家开始追随其步伐。英国因为是第一个进入工业化的国家，因此在许多市场上占有优势，其公司企业也繁荣起来。持续的经常项目盈余使英国不断积累国外资产。将这些国外资产的一部分投资本国的项目建设进一步加强了其收支盈余。这个过程一旦开始便一再循环，使英国在第一次世界大战前夕所持财富剧增，1913年其国外资产高达40亿英镑。⑤

随着19世纪的不断推进，其他国家也在不断地追赶英国，到19世纪末，美国和德国的钢铁产量超过英国。这一时间点在当时被称为国家产钢"进程的交叉"（crossing of the courses）。英国坚持自由贸易，而当时的美国和德国则在高关税壁垒后推进自身的产业发展。这迫使英国将出口的重点转向工业化程度较低的国家，转而向这些国家出口其传统产品。所以说并不是英国在每一个行业都开始落后，而是英国经济并没有向新兴产业领域进军。英国经济的问题与其说是其做了什么、做得不够好，倒不如说是其在其他工业巨头不断发展壮大的时候没有做什么。⑥

随着两大经济竞争对手的成长，到19世纪末一个问题若隐若现，即谁将成为下一个霸主。然而，英国当时的军事对手只有一个。英国和德国开始了一场注定要以战争结束的军备竞赛。德国在

20 世纪初经过一系列外交上的逆转加强了海军建设。海军上将阿尔弗雷德·冯·提尔皮茨（Alfred von Tirpitz）想把德国海军的规模从英国海军的一半提高到 2/3。英国在 1906 年启用了"无畏战舰"（Dreadnought），该大型战舰由蒸汽涡轮机驱动并装有大型机枪。提尔皮茨眼见自己的追赶徒劳，在 1912 年申请到三艘新战舰的授权，筹款来源于糖和酿酒的税收。这种高度可见的海军军备竞赛点燃了英德双方的舆论，为即将到来的战争搭建了舞台。

1914 年 8 月，德国军队在进军法国的路上进驻比利时。眼见自己的经济、军事和外交诸多方面的对手进攻法国，争夺霸权，英国无法再坐视不理。无论多么措手不及，英国不得不还击。曾经有一位修正主义历史学家认为，英国应该静待战争结束，使自己免于遭受第一次世界大战带来的创伤，因为德国最终还是在第二次世界大战后成为欧洲的霸主。⑦放弃世界霸权不是当时的英国会做出的选择，相反当时的英国正在努力维护其霸主地位。此外，我们都知道德国最后并没有在这场竞逐中获胜成为下一个霸主。我们将在第五章讨论欧洲大陆和世界其他地区之间的重要差异。

第一次世界大战陷入僵局。德国曾试图在欧洲施展自己的力量，却受到来自英国和法国的阻挠。但英法两国无法击败德国，最终直到 1917 年美国参战，战争才得以结束。此时的美国已经显示出它强大的力量，但还没有做好成为国际霸主的准备。威尔逊总统带着建立国际联盟（League of Nations）的计划，到凡尔赛参加谈判，却无法说服其在美国国内的对手认同这个联盟的价值。谈判后不久，威尔逊总统中风，身体不断衰弱，国际联盟在没有美国参与的情况下成立。

《凡尔赛和约》第 231 条认定德国对战争负责，从而建立了赔偿的法律依据。这些赔偿意在弥补与战争相关的损失。"损失"的定义是模糊的：重建的成本无疑应该包含在内，但对于个人损失的补偿（主要是丧偶寡妇和残疾士兵的抚恤金）是否应该包含其中则存在争议。一位英国外交办公室的官员（后来成为著名的历史学家）后来评论道，"《凡尔赛和约》和以前的和平条约虽然都是由战败国向战胜国支付赔偿，但最大的不同是《凡尔赛和约》并没有规定固定的数目"。[8]战后不久，德国的黄金储备被一扫而空；大部分商船以及所有设备等对战胜国可能有用的东西被尽数拿走；煤炭也被要求用作赔偿。在接下来的几个月里，赔款初步计算完成，待最后结算。

从这里开始，我们就可以介绍凯恩斯了。在第一次世界大战末期，尽管凯恩斯当时只有三十五六岁，但已在英国财政部担任要职，负责英国在战略方面的一切国际问题。战后，他被派往巴黎，作为英国代表团的首席代表参与了最终形成《凡尔赛和约》的一系列谈判。但凯恩斯对于这些谈判中发生的一切感到愤懑，因此在1919年6月底黯然辞职。回到英国后，他悄悄来到乡下的一所房子，这是布鲁姆斯伯里团体（Bloomsbury group）艺术朋友的乡村静居处。在那里，用了短短的两个月，他写下了著名的作品《和平的经济后果》，抗议在凡尔赛发生的一切。

凯恩斯谴责条约中的赔偿条款在经济上是不理性的，在政治上是不明智的。他认为条约摧残德国经济的做法甚至不符合战胜国的最佳利益，因为欧洲在1914年之前的繁荣很大程度上依赖的是德国的经济增长。此外，凯恩斯考虑到战后国际资本市场的不确定性，预见到跨国界转让实物资源存在的困难。他的总体看法是赔偿条款旨在报复，疯狂至极，最终是行不通的。条约只会导致冲突的继续，不会带来和平。《和平的经济后果》成为畅销书，也使凯恩斯成为全球知名学者。同时也为凯恩斯的后续研究埋下伏笔，对此我们将在第三章论述。[9]

凯恩斯用两种方式阐释了他的结论。书中起始部分他单从经济层面论述：

> 可以肯定的是，德国若要在接下来的若干年中每年按时支付赔款就必须减少进口、增加出口，形成巨大的国际收支顺差。长远来看，德国只能用产品进行支付，无论这些产品是直接提供给协约国，还是卖给中立国从而使中立国的信贷高于协约国。[10]

而在最后他发出了强有力的心声：

> 赔偿条款将奴役德国整整一代人、降低数百万人的生活水平、剥夺整个民族的幸福，这种条款是可憎可恨的——即使这些赔偿有可能实现，即使它可以使我们自己富足，即使它没有让整个欧洲文明衰败，依然是令人深恶痛绝的。[11]

这些论述中表达了一个当前经济学家所说的"转移问题"。一个国家如何向另一个国家偿还债务（不管是经济赔款还是偿还主权债务）？只能通过转移产品，即只有通过放弃消费自身生产的产品。这是强制储蓄，如凯恩斯表达的那样，将会降低债务国的生活质量。凯恩斯对这个问题的明确声明说明他已经开始思考国际经济关系中的一个难题，他在接下来的25年里将继续钻研这一难题。这一难题也预见了当今世界面临的困境是源于欧洲货币联盟的结构以及日本与中国的出口导向型发展战略。当今的问题并非出于军事征战，但这并不意味着解决当前的转移问题要比20世纪20年代时容易，对此我们将在第五章及第六章讨论。

赔偿成为德国的外债。德国人或德国政府并没有向非德国人发行真实的债券，但其还款的属性同偿债是一样的，有支付的时间表。这一切就像德国的狂热消费是战争，赔款是其他国家对自己被迫使用自己的产品"制造"战争向德国发出的索取（当然，有些产品被送往德国军队）。这个类比也适合现在，现在的形势似乎同 20世纪 20 年代的赔偿安排如出一辙，如今都在呼吁希腊偿还债务，却不要求其债券持有人做出任何贡献。

凯恩斯当时已经预见德国对条约和赔偿的长期敌视和反对，也预见从前的参战国之间不会存在任何合作：

> 所有的影响势力……都希望延续目前的局面，而不是从中恢复。一个无效的、充满失业的、混乱的欧洲将呈现在我们面前，充斥着内部纷争和国际仇恨、战争冲突、饥饿、掠夺和谎言，整个欧洲四分五裂。这么一幅阴郁的画面又能带来什么可靠的保证呢？[12]

凯恩斯的悲剧预见分三幕得到应验。我们可以用第一章中提出的模型来理解这三幕。第一章的模型描述了一个经济体保持内部和外部平衡的必要性。第一幕的特点是国家内部以及国家间持续的冲突，使各国多年无法实现内部平衡。

不论《凡尔赛和约》有多么糟糕，魏玛共和国的内部政治只会更糟糕。德国最高统帅部拒绝承认其战败责任。这些高级将领反而试图指责他人为自己的失败负责。他们认为，德国是被抛弃君主制的共和党人在背后捅了刀子，这些共和党人因为签订了《凡尔赛和约》而被冠以"十一月罪犯"的名号。这个"背后捅刀的传说"（德语原文为 Dolchstosslegende，英文译文为 stab-in-the-back legend）成为魏玛共和国极右分子的口号。

这个传说与德国著名民间史诗《尼伯龙根之歌》（*Nibelungen-lied*）不谋而合，诗中的屠龙英雄齐格弗里德（Siegfried）就是背后被捅了一刀。神话与历史在德国最高统帅部中诡异地结合到一起。第一次世界大战的主战场是法国而非德国，这也为这种结合提供了肥沃的土壤。柏林距离西线战场遥远，同时尽管德国令人艳羡地开启了工业化进程，但农业依然在国家经济中占有很大比重。在柏林以及德国的乡村，人们很难相信德国军队竟然被打败了。

"背后捅刀的传说"对德国的政治和经济产生重要的影响。当时的一些共和党领导人是犹太人，这使这一传说很快成为反犹标语。在纳粹上台之前，恶毒的反犹主义就已初现端倪，很多德国进步政治家被暗杀。代表德国签订《凡尔赛和约》的马提亚·艾尔兹贝格（Matthias Erzberger）在 1921 年被暗杀。魏玛共和国的外交部部长拉特瑙（Walter Rathenau）于 1922 年被暗杀。一系列高调的刺杀行动持续演绎着"背后捅刀的传说"，同时也将与之相比程度较轻的反犹行为合法化。[13]

"背后捅刀的传说"是由保罗·冯·兴登堡（Paul von Hindenburg）将军的助手埃里希·弗里德里希·威廉·鲁登道夫（Erich Friedrich Wilhelm Ludendorff）将军制造出来的，当时兴登堡已经退休，但是被召回做了最高统帅部的元帅。命令来自统帅部最高层，成为德国军队的总纲领。1925 年兴登堡当选魏玛共和国总统。虽然战败，他依然很受欢迎，因为"传说"使民众坚信他在背后被捅了一刀。1932 年，在其 84 岁高龄时，他被说服再次参加竞选，他的对手正是德国人的新宠希特勒。兴登堡最终当选，但对于他的对手希特勒，竞选虽然惨败，却成了真正的赢家。兴登堡当选后立即解散了国会（Reichstag），并于 1933 年初任命希特勒为总理。连接德国第一次世界大战失败和纳粹德国发动第二次世界大战是一条再笔直不过的直线。

魏玛共和国的经济发展沿袭了其政治路线。它制定的政策针对的是英国和法国，旨在减少或消除赔款。这一负面旨意最终走了多远，德国的经济政策是否被坚定地执行，我们不得而知。然而可以肯定的是，德国领导人将终止赔款摆在了繁荣国内经济之前。

英国在战争伊始终止了金本位制，之后其物价翻了一番。这使英国金本位制的地位产生了问题。战后，英国财政部组建了货币与外汇委员会，由英格兰银行行长康里夫爵士（Lord Cunliffe）领导，负责对形势进行评估然后向英政府报告。该委员会 1918 年的报告预示了两次大战之间的经济发展历程。报告认为不稳定的最佳防御是金本位制，并调用了以往经济稳定的历史做出预测：类似的经济政策将保证未来的稳定。这些政策中最重要的是保证黄金可以以战前平价自由买卖。康里夫写道："在我们看来，我们有必要在战后重建有效的金本位制，且刻不容缓。我们很高兴地发现所有见证人对于这一问题的重要性看法没有任何分歧。"⑭

然而，尽管康里夫认为应该刻不容缓地重建金本位制，但他同时也意识到这是不可能的。因为通货膨胀，在战后立即将黄金恢复到战前平价绝无可能。因此，康里夫建议延迟几年。迫切需要与无法立刻实施之间的张力揭示了英国在世界经济中的模糊地位。一方面，英国仍然是世界经济和作为国际经济事务基石的金本位制的领导者。另一方面，它无法立即拿起指挥棒继续指挥国际乐团。当然，后来证明英国已经与这根指挥棒无缘。正如英国未能独自战胜德国一样，它已不可能以一己之力维持和平。

以上讨论揭示了"短期"的重要性。康里夫注意到，"短期"可以持续数年。长期均衡和眼前的情况相去甚远。在 20 世纪 20 年代初，连接两者的唯一路径似乎是一条直线。我们认为，对于短期的考虑可以为我们提供更多其他选择，从而避免可预测到的危险。20 世纪 20 年代的长期发展政策使国际经济不堪重负，最终不但没有达成长期目标，而且导致经济危机。

康里夫为我们讨论 2008 年经济危机带来的国家债务问题提供了

模型。然而，尽管考虑长期和长期制度很重要，我们同样有必要考虑短期政策的制定。康里夫对当时政策的陈述同目前很多鼓吹财政紧缩政策的中央银行家和国家政府无疑是一致的。但它与第二次世界大战后实施的"马歇尔计划"是相反的，同时也有悖于布雷顿森林谈判中恢复国际经济关系的双边努力，这些我们将在第四章再行讨论。

战后，工人阶级斗争和抗议活动频发，使 20 世纪 20 年代初的经济政策制定越来越复杂。战争爆发前几年，英国和欧洲大陆工人组建的工会组织越来越成功，而工会在英国已经成立了好几十年。战争促使这些组织更加发展壮大。要维护通过强制征兵建立起来的庞大军队的纪律和士气，肯定是压力和妥协并存，而妥协的内容之一就是承诺在敌对行动结束后给予民众更好的生活。战壕生活无疑也是新兴社会团体的强力催化剂：来自不同领域、不同行业的工人们，开始了解各自的需求和当地的优势；而同时，在工人阶级如此集中的地方进行社会主义宣传也更加有效。在国内，增产军用物资的迫切需求以及克服传统限制条款的需要，要求政府必须承认工会并做出让步。从 1916 年开始，英国、德国和法国的工会会员人数激增。俄国革命也给工人阶级运动带来相当大的影响，尽管这种影响有些模棱两可：对于好战的少数群体，它无疑提供了一个模板；但对于并不信仰这种意识形态的群体，它又无疑是一个相当严重的分裂因素。

战后各国经济的相对疲软程度以及战争中组建的政府的相对弱点都存在不同，社会发展对经济的影响也不尽相同。因此，在魏玛德国，当时的民主政府进行了一系列社会改革，尽管其中肯定有其政治信念的因素，但不可否认，其中的一个目的就是要瓦解工人阶级对革命运动的支持。采矿业和金属制造业实现社会化，也就是工会地位得到充分承认，开始了 8 小时工作制。随之而来的是政府赤字开支，其中一部分是用来应对物价的急剧上涨。然而其结果却是社会动荡明显缓解。到 1920 年初，因为罢工损失的工作时间已降至前一年的一半。

意大利试图效仿英国实行通货紧缩政策以挤入世界金融和经济强国的行列。战争期间的货币扩张导致通货膨胀。意大利总理在 1920—1921 年开出的治疗意大利战后问题的药方就是经典的金本位制：通货紧缩以及减少政府开支。他将"重点放在保证金融和货币的稳定方面，而非各党派的政治支持上"。⑮但创造恢复金本位的条件却复活了意大利的资本注入，墨索里尼正好利用了当时国内的这一紧张局势达成这个目标。在所谓"红色两年"（red biennium）期间，工人接管了很多公司的管理层；1921 年共产党的创立在工人阶级内部造成分裂，工人运动被削弱。意大利当时的政治结构还没有强大到足以承受其银根紧缩政策，矛盾激化最终导致 1922 年墨索里尼进军罗马，意大利陷入长达 20 年的法西斯独裁统治。

在法国和英国，1919 年发生的数次罢工影响了其工业产出和投资者预期。两国政府在 1920 年，通过严厉的镇压措施重新控制了局面。尽管法国工会运动严重受挫，但英国的社会冲突情况和结果却不同，主要是因为英国工会已经有了很坚实的根基，且 1918 年的选举产生了相对柔和的政府。

法国对于削减公共支出、平衡财政预算犹豫不决，而这恰恰是回到金本位制的先决条件。消除财政赤字意味着自己打脸，因为它声明法国要想重建经济就需要用德国的战争赔款。法国对于 1871 年德国的赔款事件耿耿于怀，因此坚持"方脑袋"（译者注：法国人称德国人为 Boche，源自法语 caboche dure，意为"方脑袋"）必须赔偿。正是这种坚持鼓励着一届又一届政府对如何分配重建成本，或者说如何稳定国家财政迟迟不做决策。⑯

如果说法国代表了硬币的一面，那么德国就是硬币的另一面。平衡预算、稳定货币意味着承认政府的义务没有超出其财政能力，也意味着帝国能负担得起战争赔款。魏玛政府的动机不甚明了，但其预算政策似乎代表了许多德国人的看法，他们认为自己的国家不应该在战争中落败，且终将取代英国成为世界霸主。国内的经济决策导致德国在 20 世纪 20 年代与周边国家冲突不断，有点像和战胜国打游击战。

德国未能兑现先前的部分赔偿条款导致法国和比利时军队于 1921 年 3 月占领了德国的杜塞尔多夫、杜伊斯堡以及莱茵河东岸的鲁尔区。显然，这一举动没有带来稳定的国际环境。仅一个月后，伦敦付款计划（London Schedule of Payments）首次阐明了德国的赔偿义务。德国继续蹒跚前行，而法国和比利时于 1923 年再次进入其领土，占领了鲁尔矿区。

由于《凡尔赛和约》设定的开放式赔偿条款，早在法国和比利时入侵鲁尔地区前德国已经开始了通货膨胀，但外国军队占领德国的工业腹地使德国有理由全速运转印钞机。恶性通货膨胀，尽管是与巴黎的外交战中的有效武器，却也正在不断地蚕食德国的经济，相对价格已经不能再指导商品采购。不断发行纸币，在 1922 年尚可刺激对德国产品的需求，到 1923 年开始越来越具有破坏性。之前依靠固定收入生活的体面人群变得穷困潦倒，而那些生活在经济边缘的人开始变得富有。经济报酬的逆转重创了德国的思想和文化；今天的德国人更多指责的是 1923 年的恶性通货膨胀，而非 1933 年纳粹的上台掌权。⑰

随着通货膨胀的失控，加重了消费者的不确定心理，打击了士气。工业生产持续下降，而有影响力的企业家的意见开始倾向妥协、容忍和汇率稳定。1924 年，这些态度上的转变使经济得以在"道威斯计划"（Dawes Plan）的指导下恢复稳定。该计划以一位美国谈判代表的名字命名，计划的关键是在美国巨额借款的帮助下使马克恢复到战前平价。

20 世纪 20 年代初期的经济混乱以及偶发的军事动乱显示了英国风雨飘摇中的霸权的无能为力。第一次世界大战重创了英国的海外贸易，自此一蹶不振。1920 年英国的总出口额与 1913 年相比下降了大约 30%。即使是在 1929 年，其出口额仍然低于战前水平近 20 个百分点。英国所有的工业产品出口在所有市场上的份额都急剧萎缩。

战前，英国的工业产品出口比例比欧洲其他任何国家都要大。但第一次世界大战期间英国被迫退出国际市场，加速了进口替代品的增长，进口商开始到别处寻求棉布、机械、海洋运输等商品和服务。非交战国得以在理想条件下扩大生产，并将原本应该很漫长的发展过程压缩至几年内完成。英国的工业已经很难或者不可能找到满意的答案来应对这种挑战。⑱

英国的经济增长在 19 世纪末开始出现疲软，这一时期被称为英国的"更年期"。虽然英国在将劳动力从农业和农村转移到工业城市方面领先于其他国家，但 19 世纪末在引入新技术和新产品方面落后了。美国远远早于英国出现了主导工业发展的大型管理公司。德国率先发展了化工产业；化工产业其实是焦炭生产的衍生，却一直被英国忽视。当美国和德国将重点放在钢铁和化工产品这些新产品上时，英国继续依赖棉花和煤炭生产。最近的时间序列分析对当时英国的国民经济增长速度是否确实下降提出质疑，但英国在工业社会的领导地位正在下滑却不存在争议。⑲

英国的棉纺工业是其工业化进程的旗舰，其棉纺业在 19 世纪末繁荣发展并大量出口。但英国当时的棉纺业是基于传统的骡机技术，而非其他国家已开始采用的更为先进的环锭纺纱技术。英国棉纺工人的技术是最熟练的，比 19 世纪末其他国家的工人绝对具有竞争力。其他国家技能相对较低的棉纺工人工资较低，这很大程度上反映了这些国家发展过程中的劳动生产率。英国工人在享用高技能带来的高工资的同时，其传统的骡机技术正在输给环锭纺纱技术。

第一次世界大战标志着从骡机技术到环锭技术的过渡，尽管这一过程持续了若干年。战后，英国的棉纺业不再具有竞争力，这是该行业在战前绝对没有想到的。[20]

因为无法立即回到金本位制，英国无力在停战后继续与德国角力。英国仍然是资本输出国，但它在国家资本流动中已不再具有主导地位。英国为第一次世界大战出售了大量海外资本，而美国逐渐显露成为霸主的潜力。直到 1924 年，美国的"道威斯贷款"才基本稳定了国际收支体系，使私有资本得以流入德国。这使赔款可以被和平地转移到法国（法国的赔款额占总赔款的一半以上）、英国、意大利、比利时及其他非主要协约国。这些协约国拿到赔款后又用它偿还对美国的战争债务。美国借给魏玛德国的钱兜了一圈，最终又回到自己的手里。道威斯贷款只不过是其中最不隐晦的方式之一。

关于如何分摊稳定局势的成本，在英国从未停止过争论，1924年工党竞选失利后更是激烈。工党采用的是社会主义方案，包括最低工资标准以及按照工人对战争的贡献为其发放家庭补助。煤炭行业的工资问题争议最大，简直成了劳工行动主义（labor activism）的温床。由于法国占领鲁尔区使煤的供应中断，煤炭需求在1923—1924 年大幅增加。这种局面对矿工有利，他们通过谈判得到最低工资的保证。但当欧洲大陆的冲突得到缓解，英国煤炭的需求量下降时，协议便作废了。

英国当时负责煤炭业的皇家委员会坚持认为必须降低工资。其带来的结果不仅是煤炭业罢工，更在 1926 年发生了大罢工。大罢工以工人失败告终，但这使工会更加反对金本位制的束缚。这种反对最终既削弱了保守党政府，又损伤了英国对金本位制的坚持；保守党在 1929 年的竞选中落败，英国在 1931 年放弃了金本位制。英国财政部在 20 世纪 20 年代后期曾试图化解这一冲突，认为削减人工成本的更好方法是产业的合理化，而不是降低工资，但金本位制产

生的降低成本的要求仍然很强烈。㉑

20 世纪 20 年代凯恩斯悲剧的第二幕是稳定与繁荣。德国重新建立了内部平衡，美国经济强劲增长。法国稳固了其预算实况，货币贬值，正在通过出口增长恢复经济。英国虽然失业率较高，但它故意选择放弃内部平衡以顺应金本位制的修正措施。

第一幕中的紧张态势隐藏在了稳定、繁荣的表面之下。虽然无论是在美国还是在魏玛德国和法国，繁荣都是座右铭，但国际金融仍不稳定。整个欧洲以及欧洲与美国之间都存在外部失衡，导致大量国际资本流动。当时的评论家对这种国际失衡及其导致的债务和资产积累不敏感，这种表面上的平静似乎跟欧元推行的第一个十年的情况非常相似。我们将在第五章论述最近的危机造成的严重破坏，这应该会让我们联想到 20 世纪 20 年代的那段经历。

战后的金融发展和政策带来巨大的资金流动，破坏了表面的平衡。20 世纪 20 年代初期不断发生货币外逃，如德国马克、法国法郎以及意大利里拉，人们把金融资产转移到他们认为比较安全的货币上。因为捍卫英镑而采用的高利率，使伦敦成为备受青睐的避风港。但当人们对法郎和其他欧洲货币以及国家金融恢复信心后，新的平价依法建立。为了赚取资金收益，投机资金再次回流。在 1927 年 12 月强制稳定里拉的前一年，大量的资金流入意大利。

法郎恢复稳定后外逃资金（flight capital）涌入法国带来的黄金损失始终是人们口诛笔伐的造成英国外部金融地位弱化的主要原因。法国选择将法郎稳定在战前价值的 1/5，英国受到制约只能将英镑恢复到战前平价。这被视为造成各国间国际收支失衡的主要原因。尽管法国储备急剧增加，先是外汇而后是黄金，但当局并未相应增加货币供应。当时如果增加货币供应，刺激物价上涨，会有助于恢复平衡。

1928 年 6 月法国的黄金储备仅为 290 亿法郎，到 1932 年底，增加了530亿，但同期的纸币流通量仅增加了260亿法郎。返回法国的资金主要被私营部门或由储蓄额增加的商业银行用于购买政府债券。这样一来，政府能够向法兰西银行偿还相当一部分债务。结果，中央银行黄金和外币持有量的大幅增加被冲销。[22]

金本位制并没有按照法国的规定运作，对其进行的必要调整也屡屡受挫。法国国外投资的超低水平加剧了这种形势。法国食利者1913年之前的资产基本上都随着第一次世界大战和俄国革命灰飞烟灭，他们非常不愿意再将自己的资本投放到外国政府和企业中。如果当时他们愿意进行国外投资，就会将黄金返还给世界其他国家，这将有助于恢复那里的消费，将其用于购买价格低廉的法国货。巴黎和伦敦的财政部以及中央银行官员就黄金流入法国的原因、应该或能采取何种措施扭转这种流动趋势、究竟谁应该采取纠正举措等问题展开了激烈的争论。即使最终人们意识到这种结果并不是法国故意制定了冲销流入黄金的政策，但仍被视为其制度的失败，导致国际黄金储备分布的严重不均。

美国作为20世纪20年代另外一个黄金储备大幅增加的国家，其政策也受到质疑。早在1919年，美元就恢复了其黄金兑换能力。美国银行当局认为，之后几年的黄金流入是欧洲战后状况异常所致。他们预计大部分黄金会在适当的时候返回欧洲，因此不能被看作创建国内信贷的基础。所以，美国制定的是审慎的中性政策，认为这样做有"合理的、令人信服的理由"。[23]

在随后的1925—1929年，美国一直对黄金储量的所有变化采取中性的做法，尽管规模有所减小。在1928年和1929年，联邦储备委员会启动了利率的渐进式提高以防止其认为的证券交易投机的骇人增长，却全然没有意识到国际稳定局面的要求。英国等当时国际收支处于赤字的国家很可能更需要美国采取一项更积极的信贷扩张政策，这样美国的物价水平和收入水平都将上涨。这种通货膨胀有助于满足外国对美元的需求，缓解外汇以及 20 世纪 20 年代后期普遍的通货紧缩压力。尽管美国的黄金储备远多于法国，但两国的黄金流入量基本持平，而这两个国家对流入黄金的冲销带来的后果是全世界的高度通货紧缩。[24]

英国霸主地位的削弱可以从表 2.1 中 1924—1930 年每个欧洲借款人和贷款人的国际收支统计数字中看出。数字表明，债务人的净流入量高达 78 亿美元，平均每年超过 10 亿美元。资本的流动主要是外国向德国的贷款，超过 40 亿美元，占欧洲总资金流动量的 50% 以上。资金的绝大部分来自美国，曾经有一段时间，美国的货币发行机构和投资者对德国债券的胃口似乎永不满足，没人在意贷款的目的。此外，投资者还喜欢在德国银行进行短期投资以赚取利息。资金流动的另外两大目的地（尽管远落后于德国）分别是奥地利和意大利，两国一起获得了约 18 亿美元的资金流入。大约 13 亿美元投资于东欧，特别是罗马尼亚、波兰以及匈牙利。这些资金相对于其接收国的国民经济来讲相当大，使外资对这些国家在两次世界大战之间的经济和政治产生重要的影响。

美国的财力已经把自己推上霸主地位。但如果测量霸主的标准是确保各国在经济政策上合作，那么美国惨败无疑。它甚至都没做尝试。在这段空位期，德国再次竞逐世界霸主地位。但它选择的不是合作，而是继续抵制《凡尔赛和约》：德国战败是由于著名的背后捅刀神话。美国 1924 年超额认购道威斯贷款、支持恢复金本位制的努力，使德国得以追求它的霸主目标。魏玛共和国经济上表面的平静令外界观察者欣慰，但他们忽略了深层正在酝酿的更强大的德国，甚至在纳粹上台前就已再次显现。

1928 年，德国的资金流入达到顶峰，为 10 亿美元；之后急剧下降。1927 年开始攀升的华尔街股票价格，1928 年飙升，吸引更多美国投资者将目光从海外贷款移回国内，以求快速致富。美国国内

**表 2.1　欧洲债权人和债务人的经常项目、黄金和外币余额，**
**1924—1930 年以及 1931—1937 年**　　　　　　　　　　　（单位：百万美元）

| | 1924—1930<br>（1） | 1931—1937<br>（2） | 1924—1937<br>（3） |
|---|---|---|---|
| 欧洲：债权人 | | | |
| 英国 | 1 300 | − 4 000 | − 2 700 |
| 法国ᵃ | 1 340 | − 690 | 650 |
| 荷兰 | 380 | − 290 | 90 |
| 瑞士 | 370 | − 340 | 30 |
| 瑞典 | 180 | − 20 | 160 |
| 欧洲：债务人 | | | |
| 德国 | − 4 190 | 1 010 | − 3 180 |
| 法国ᵃ | — | 2 190 | 2 190 |
| 奥地利 | − 860 | − 150 | − 1 010 |
| 意大利 | − 710 | − 50 | − 760 |
| 其他国家 | − 2 030 | 180 | − 1 850 |
| 欧洲合计 | − 3 970 | − 2 070 | − 6 040 |

注：价值几乎是 1 000 万美元。正值代表净资本出口；负值代表净资本进口。

a：包括 1924—1932 年的债权人和 1933—1937 年的债务人；估值涵盖了法国 1924—1930 年的海外领土，不包括印度支那。

资料来源：Feinstein and Watson（1995）。

对快速扩张的德国外部债务以及部分外资的非生产性用途也开始产生越来越多的疑问，其中一部分质疑来自德国内部人士对不断增加的国家债务的担忧。1930 年德国总理海因里希·布吕宁（Heinrich Brüning）就职以及采用的紧缩银根政策加速了经济的衰退。同年 9 月的大选中，国家社会党（National Socialists）的获胜增加了人们的政治危机感，这为外资的进一步发展设置了主要障碍。

20 世纪 20 年代末，德国陷入空前严重的经济衰退。真正的国产产品在 1929—1932 年下降了 16 个百分点，工业生产下降高达 40 个百分点，出口价值下降接近 60 个百分点。失业人数从 1927 年的 130 万人（占全国劳动力不到 4%）猛升到 1932 年的 560 万人（占全国劳动力 17% 以上）。美国突然收缩对德资金输出以往通常被看作引发这场灾难的关键因素。然而，最近的学术研究表明，当时德国经济困境的根源主要来自国内。[25]

国内的情况可以通过名义短期利率的变化得知。这一利率在 1928 年下半年一直保持平稳，在 1929 年的第一季度开始下降，只在第二季度稍有回升。如果经济衰退真的是由国外因素导致，那么国外资金流入一旦切断，这一利率应该随即大幅上升。而我们看到的情况说明德国在美国资金流入干涸前就已经陷入经济衰退状态。

德国的工业生产在经历了 1925—1926 年的衰退后在 1927 年强劲反弹，但在之后的 1928—1929 年几乎没有任何增长。同样，失业率在 1927 年的冬天下降，然后相应地在 1928 年急剧提高。同样的模式也表现在投资数据上。按当年价格计算，公共部门（政府和铁路）的总固定投资在 1927 年之前持续扩大，其他部门的投资则多持续了一年时间，在 1928 年达到最高点，尽管最高点时投资比例仍然低于战前水平。此外，投资意向的信息表明，非住宅建筑许可以及新的国内机械订单，在 1927 年底或 1928 年初，即在外国贷款停止前已经开始减少。

有一种观点认为，投资水平低以及早期的投资下降主要是因为国内资本持续严重短缺。该观点认为，这为固定投资的下降提供了一个内生性解释。还有一种观点虽然也认为德国经济萧条的根源在国内，但同时认为这个根源是（相对于生产率增长）过度增长的工资。这种观点聚焦在第一次世界大战后出现的分配冲突上。[26]

尽管美国进口资本的停止以及随后的净资本流出并不是德国经济萧条的根源，但这一因素无疑加重了摆在德国决策者面前的问题，促使这些决策者采取了加速经济下降的措施。总体来说，他们当时只有两种选择：一种选择是放弃金本位制，让马克贬值从而推动经济恢复；另一种选择是像英国一样遵循正统的紧缩政策，减少进口，通过紧缩经济来扩大出口。

虽然 1930 年时实施了"扬格计划"（Young Plan）来代替 1924 年执行的"道威斯计划"以维持经济稳定，但 1929 年后已经不再有长期的美国资金来维持德国的财政赤字了。对于德国的投资者来说，1922—1923 年的通货膨胀经历仍然历历在目，因此不愿意购买长期国债。这样一来，政府和德意志帝国银行被迫求助短期借贷，导致恶性循环，如同 2011 年希腊的经济一样。随着短期债务的增加，对稳定的威胁也在增长，国内外资产持有者更加积极地从德国收回自己的资金。不断加重的经济萧条导致政治形势的恶化，加之对增税的抵制，这一切加深了人们对货币的不信任。

资金逃离德国的第一波浪潮发生在 1929 年春，之后 1930 年末黄金和外汇大量流失，1931 年流失规模加大。当局被迫采取紧缩政策，而此时正是经济迫切需要反周期措施刺激复苏的时期。1929 年第二季度，短期利率上调，联邦政府以及各州各市采取了一系列的疯狂举措来增加收入、限制消费。从 1930 年底至 1931 年全年，布吕宁颁布了一系列财政紧缩法令，直接和间接征税越来越苛刻，公务员薪酬及国家福利下降。经济下降不断累积，最终带来灾难性的后果。

1929 年之后，美国不再像过去一样出手阔绰，为欧洲提供资金，实际上在 1931 年后美国成为长期资本的净接收者。另外唯一一个有着强大金融地位的国家是法国，吸引了大量黄金和外汇，规模前所未有。但美国和法国这两个国家当局都拒绝采取任何措施缓解其他工业国家不断累积的信任危机和资金流动危机。在欧洲，法国是唯一可能给处于困境的德国政府提供资金的国家。各国的货币和银行体系被无情地拖入险境。

德国显然无法成为当时的霸主，20 世纪 20 年代末的德国基本上挣扎在生存的边缘。德国没有放弃自己的霸主梦，但这一梦想的实现被推迟了。美国有资源行使霸权，却不愿意这样做。合作只限于中央银行家互相咨询该怎么办。如果我们把这种急救措施同"马歇尔计划"（第四章讨论的内容）做个对比，就会痛苦地发现在先前的这次危机中，世界没有霸主。"不再是伦敦，也还不是纽约"，美国著名经济学家金德尔伯格（Kindleberger）一语中的。㉗

凯恩斯在 1919 年预见到的悲剧的第三幕开始于 1931 年，不断累积的国际收支失衡和国际债务导致一系列货币危机。最终给整个中欧货币和经济造成破坏的危机始于 1929 年的维也纳，当时奥地利第二大银行波登信用社经营失败。在政府的压力下，奥地利最大的银行罗斯柴尔德家族的安斯塔特信贷银行（Credit Anstalt）同意合并波登信用社，但施救银行本身都难以维持，合并并不是长久之计。在 20 世纪 20 年代，安斯塔特信贷银行的经营方式非常不明智，似乎没有意识到哈布斯堡帝国已经解体。维也纳各银行在原来的工业基础中的很大一部分份额被削减，尤其是在捷克斯洛伐克的市场份额。它们在 20 年代的业务基础并不理想，过分地致力于盈利差的行业意味着失败和损失已不可避免。

1931 年 5 月，审计报告披露了该行的真实情况，安斯塔特信贷银行被迫重组，在接受国际信贷帮助的同时中止与外国债权人的部分协议。该行的这一危机迅速蔓延至奥地利先令。为了维持金本位制，政府很快用完了外汇储备，却未见成效；之后政府进行外汇管制，但为时已晚。

虽然奥地利在 1931 年第一个陷入金融危机，但实际并不是它引起了随后的德国以及其他国家的危机。相反，德国同年 7 月的危机完全源自其自身原因。奥地利的危机预示了德国的危机，却不是造成德国经济崩溃的根源。德国银行和德国马克在 1931 年夏的崩溃，最终蔓延至英镑以及美元。传统观点认为，德国的危机同之前的奥地利危机相似：是银行系统出了问题，银行由于过度借贷造成货币贬值，最终导致危机。但事实上，是魏玛共和国的预算问题导致货币的贬值以及随之而来的德国银行系统的崩溃。[28]

　　同年5月，德国银行还没有出现挤兑现象。到了6月，尽管大型纺织公司诺德纺织（Nordwolle）经营失败（一般被视为德国银行倒闭的根源），但其投资的达纳特银行（Danatbank）的周内可用存款基本保持不变。银行没有要求贷款，活期存款也没有发生挤兑，只有定期存款在6月时有所下降。承兑汇票（包括许多伦敦承兑机构以及其他外国人持有的承兑汇票）一直在上升。表2.2区分了可以立即被利用的存款以及不能立即获得的存款。"活期存款"是在一周甚至更短时间内都可以获得的；"定期存款"是在一周至三个月内可以获得的。活期存款在危机中根本没有下降，表明储户在6月时对国内各大银行并没有产生恐慌。定期存款在5月底之前也没有明显的下降。

**表2.2　以获取速度计算的银行存款总额**　　　　　（单位：百万德国马克）

| | 日期（1931） | | | | | |
|---|---|---|---|---|---|---|
| | 2/28 | 3/31 | 4/30 | 5/31 | 6/30 | 7/31 |
| **部分负债** | | | | | | |
| 活期存款[a] | 3 756 | 3 819 | 3 657 | 3 626 | 3 626 | 3 891 |
| 定期存款[b] | 4 627 | 4 666 | 4 801 | 4 632 | 3 519 | 2 370 |
| **部分资产** | | | | | | |
| 支票、汇票 | 2 497 | 2 530 | 2 528 | 2 547 | 1 914 | 1 280 |
| 偿付贷款 | 2 006 | 1 894 | 1 828 | 1 781 | 1 748 | 1 599 |
| **短期信贷合计** | 5 896 | 5 890 | 5 834 | 5 734 | 5 668 | 5 484 |

a：可用时间短于一周。

b：可用时间一周以上。

资料来源：Ferguson and Temin（2003），表5和表6。

到 1931 年，魏玛政府的财政预算已严重失衡。税收收入下降，失业费用上升。政府内部对预算已经不可能达成一致，总理布吕宁只有通过法令进行管理。从美国和法国的贷款弥补了 1931 年初的预算赤字。但布吕宁之后要捍卫与奥地利的关税同盟，这使人开始怀疑德国支付赔款的承诺。他的讲话加剧了第一次世界大战后的紧张局势，同时也终止了法国向德国的贷款。德意志帝国银行的黄金储备以及德国其他大型银行的存款一直支撑到布吕宁在 6 月上旬声明不再赔款。黄金储备和银行存款之后快速蒸发。

图 2.1 显示了从 1931 年 4 月 7 日到 6 月 30 日 "扬格计划" 债券在巴黎的每日价格以及德意志帝国银行的每周黄金储备情况。[29] 这些数据为我们了解 1931 年春季和夏季投资者的情绪变化提供了很好的指标。经历了年初的反弹后，债券价格在 3 月至 5 月基本保持不变，而后在 5 月 27 日那一周骤降。图中显示，德意志帝国银行的黄金储备在 6 月之前也基本保持不变，而后在 6 月初开始下降。5 月下旬时还没有关于德国银行的新闻报道，但在 5 月 25 日，德国报纸

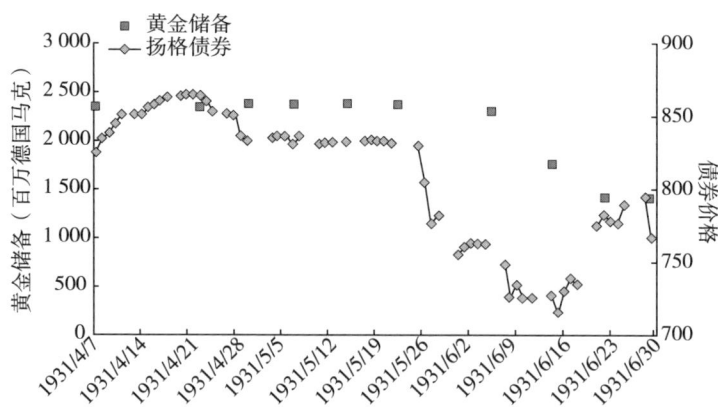

**图 2.1　1931 年 4 月 7 日到 6 月 30 日德国银行的黄金储备**
**和巴黎扬格计划债券价格**

注：债券价格是票面价值的折扣。价格序列的中断表明没有报价（比如周末）。
资料来源：Ferguson and Temin（2003，2004）。

开始讨论关于布吕宁可能要申请赔偿救济的传闻，6 月初传闻变成现实。这并不是虚假提款，在银行最需要储备来稳定国内经济的关键时刻，一系列最终导致德意志帝国银行瘫痪的货币危机开始了。这个案例向我们展示了外部失衡，即赔款债务和过度的国外贷款一起造成的多年伤口溃烂，最终如何破坏了国家维护国内平衡的能力。[30]

各家银行，尤其是在诺德纺织公司投入巨资的达纳特银行，都开始向德意志帝国银行求助。但德意志帝国银行随着自身黄金储备的减少，早已没有资产去为其他银行注入资金。尽管从其他中央银行得到一些信贷，但德意志帝国银行的储备金到 7 月初已经跌破法定的 40% 储备金率，无法借到更多贷款。到 7 月中旬，德意志帝国银行已经不可能再为柏林各银行买单了。

德意志帝国银行曾试图通过国际贷款补充储备，但布吕宁巩固其国内支持率的活动终止了一切国际资本流动。法国人的资金帮助捆绑了对德国人来说不可接受的政治条款，而美国人则拒绝从长远角度考虑德国的银行危机。总统胡佛只是在 1931 年 6 月提议将战争债务延期一年。国际贷款没有希望，充分显示了国际合作的缺失，因为没有国际霸主充当最后借款人。英国无法领导世界，其他国家更不能。这就是霸权解体危机。

德国在 1931 年的七八月份放弃了金本位制，为保证马克币值而颁布的一系列法令，以及进行的多次谈判，却终止了黄金和马克的自由流动。这是放弃金本位制的一种方法，即打破以规定的比率自由买卖黄金的限制。同贬值一样，货币控制复苏了国内货币政策。历史上巨大的讽刺之一是，总理布吕宁竟然没有利用这一没有国际约束的自由扩大经济。他继续德国在金本位制下的紧缩政策，让我们见证了思想意识的力量：即使世界经济已崩溃，像布吕宁这样的领导人仍然会固守正统。他在放弃金本位制后，却继续提倡金本位政策。他破坏了德国经济，摧毁了德国的民主，只为一劳永逸地证明德国无法偿还赔款。[31]

由于德国的禁令，外国存款被禁止提取，外国短期信贷的巨额款项被冻结。当其他国家意识到自己将无法变现这些资产时，它们又被迫限制自己的信贷。欧洲许多其他国家在 7 月发生了银行挤兑和货币危机，尤其是匈牙利，因为它的银行与奥地利银行捆绑紧密。英国商业银行基本上毫发无损，主要是由于其强大的分支结构以及一直以来在工业投资方面的谨慎策略。

然而，伦敦各商人银行却受到德国危机的严重影响。他们手中握有柏林很多银行的承兑汇票，这些汇票在 1931 年春季时还在飞涨。这些承兑汇票是促进英国贸易的汇票网络的一部分，它们为账单提供保险，因此不需要大量的储备金。当德国的承兑汇票流动性不足时，英国商人银行就有了大麻烦。英格兰银行介入，承认德国承兑汇票可以作为向银行贷款的抵押品，对商人银行进行支持。观察者因此得出结论：英镑已不再可靠。7 月 14 日以后英镑抛售持续增加，英格兰银行在 7 月 22 日提高了银行利率。1931 年 9 月的中止协议冻结了约 7 000 万英镑的英国银行贷款以及承兑机构的对德贷款，英国的危机加剧了。美国国际集团（American International Group，AIG）在 2008 年持有的信用违约掉期（credit default swap）与 1931 年的承兑汇票极为相似。[32]

尽管欧洲大陆的货币危机加剧了英国的危机，同时引发了脱离英镑的货币外逃，冻结了英国的外国短期资产，但实际上，英国经常项目和资本账户上极为脆弱的国际收支状况才是其无法维持金本位制的根本原因。英国战后的煤炭、棉花以及其他主要产品出口市场的突然崩溃破坏了其外部金融状况。美国为提供第一次世界大战的费用，被迫出售了相当大一部分海外投资，这减少了英国的选择，如同 20 世纪 20 年代末农产品价格的大幅度下降对英帝国和拉丁美洲市场造成的不利影响一样。

英国曾试图维持其在 1914 年以前对发展中国家长期资本出口的角色，但是在 20 年代已不可能再通过经常项目盈余来实现这一目标，而是不得不从国外大量借款作为资本。被吸引到伦敦的大部分资金都是短期的，这使英国极易受到对英镑丧失信心可能带来的影响。澳大利亚以及其他主要农产品生产国经常项目赤字不断增加，而它们通常在伦敦持有大量的储备金，这迫使它们在困难时期动用这些结余，从而进一步恶化了英国的经济情况。英国已变成一个银行，存款是短期的而贷款却是长期的，这是一个危险的期限错配。

英国的黄金和外汇储备在 30 年代中期达到 1.75 亿英镑，其他流动资产约为 1.5 亿英镑。因为相应的短期负债总额约为 7.5 亿英镑，在人们对英镑抱有相当的信心时，这一储备还可以应对取款需求。当 1931 年夏天人们对英镑的信心消失之时，英国当局意识到英镑很难再维持平价。在七八月从法国和美国借贷了外汇储备后，英国在 9 月 20 日放弃了金本位制。

历史进程对两次世界大战之间金融发展的影响是至关重要的。随着 1931 年 7 月"梅氏报告"（Report of the May Committee）的发表，国外对英国预算赤字规模的关注剧增，这是导致对英镑信心最终崩溃的最直接原因。当时的赤字数目似乎并不巨大，我们很难在事后理解人们为什么对它如此痴迷：

> 答案也许在于……人们对 20 年代初期货币失调的记忆中，毕竟仅仅过去不到十年。在那段麻烦的时期，人们似乎已达成共识：错误的预算赤字是货币供应被迫增加以及货币贬值的根源，这种贬值几乎完全无法控制。这种观点并不是单纯的学术崇拜：它弥漫在所有金融市场的上空……（英格兰）银行在给复苏中的欧洲各国中央银行提供建议时，年复一年宣讲着福

音。因此丝毫不应惊讶的是，在 1931 年的时候，医生被期望可以治愈自己——如果他不愿意这样做，那么就自生自灭吧。㉝

在最初推迟重建其黄金储备后，英格兰银行在 1932 年大幅降低利率。同德国一样，英国货币当局在被迫退出金本位制之后有一段时间仍然主张金本位政策。正如霍特里（Hawtrey）所说，他们喊着"着火了，挪亚方舟在洪水中着火了"。虽然这种思想意识同德国一样在英国货币贬值时还占据人心，但六个月后，面对詹姆斯·米德等人的公开批评，这种思想消失了。英国的经济政策被货币贬值释放，货币政策在 1932 年初变得具有扩张性。㉞

英国的货币贬值并不能成为国际合作的基础。英国人没有寻求扮演国际领导者，他们没有将自己的政策作为霸权政策来捍卫。相反，他们缩进贬值的保护壳中，声称他们没有其他选择。一直以来担任英格兰银行行长之职的蒙塔古·诺曼（Montagu Norman）甚至精神崩溃。尽管许多小国追随英国的政策，但主要的金融中心却寻求保护自己免受英国政策的影响。英国的货币贬值政策是一项很好的政策，它打破了金本位制对经济政策令人窒息的束缚，却没有将世界经济引向国际合作。

英国政府放弃了其战前的国际金本位管家的角色。更恰当地说，它在 1931 年承认自己的领导地位难以为继，虽然承认的方式拐弯抹角。相对于国内减少的资源，国内的成本已经变得过于巨大。如果国际经济管弦乐队需要一个指挥，也只有到伦敦以外的地方去寻求了，当然这个地方大概是美国。基于英国霸权的世界秩序陷入一片混乱。

金融恐慌在 1931 年 9 月迅速飞越大西洋，从英国蔓延到美国。不断有银行倒闭，美联储不断损失黄金。这里既有内部枯竭，也有外部枯竭。糟糕的货币政策演绎了历史上最为生动的一幕，美联储在 10 月大幅提高利率以期在有史以来最严重的一次世界大萧条中保护美元。这并不是一个技术性的错误或是简单的愚蠢行为，美联储的反应是金本位制下的中央银行的标准做法。它表明了金本位的思想意识在当时是如何传播和加剧了经济大萧条的。

美国财政部长安德鲁·梅隆（Andrew Mellon）建议总统胡佛，恢复经济可持续发展的唯一方法就是"清算劳动力，清算股票，清算农场主，清算房地产……洗去系统中所有的沉疴"。梅隆坚称："人们会更加努力，过上更有道德的生活。"[35]随着失业率的增长，那些清教徒式的金本位制拥护者的声音变得愈加尖锐。胡佛认为金本位制稍稍欠缺了一个神圣的公式。法国经济学家查尔斯·李斯特（Charles Rist）认为此前的人造繁荣是导致经济衰退的直接原因：

> 产量增加后，如果不是之前各方面采取的人为措施来刺激消费，并将消费水平维持在高于实际收入对应的消费水平之上，那么之前就会发生价格的普遍下降。在我们看来，这正是寻求当前危机具体起源的切入点。[36]

由于黄金货币的供应缺乏弹性，为了应对不断增长的国内和国际交易，价格和成本必须相应下降。如果没有各中央银行操纵利率、人为地刺激消费，节俭——这个维多利亚时代金本位制的本征内涵，就可以带来这一结果。面对当今的（第一章中提到的）经济问题，这一观点仍然回响在美国和欧洲大陆上。

这种在经济快速下滑时采取的紧缩政策是中央银行对金本位制危机做出的经典反应。弗里德曼（Friedman）和施瓦茨（Schwartz）在描述美国的收缩政策时承认了金本位制的这种力量：

> 美联储对外部枯竭迅速做出了积极的反应，这在之前应对

内部枯竭时是未曾见到的。纽约联邦储备银行10月9日将再贴现率提升到2.5%，10月16日再次提升到3.5%——有史以来短时期内最急剧的上升……维持金本位制被认为是公共目标，各个领域的人都在为其摇旗呐喊。[37]

即使在最紧张的压力下，似乎也没有一个国家领导人跳出他们一直以来的思维定式。布吕宁和胡佛在任期间一直在维护通缩政策，甚至在下台后仍然在捍卫这一思想意识。1932年大选落败后，胡佛仍然努力试图说服自己的下任支持金本位制。甚至到了1933年2月，他也曾试图强迫罗斯福承诺支持美元的黄金价格，声称货币贬值会导致"一次经济上的世界大战，无论在国内还是国外，都会造成彻底的破坏"。[38]20年后，胡佛再次发表了他在1932年时的主张，声称维护金本位制对当时的美国是有好处的。当布吕宁说他降到目标以下100米处，他的意思是德国将不再赔款，而不是恢复就业。他坚定不移地相信，正确的政策必须符合金本位制的措辞、在金本位制的框架下，即使他的德国已经放弃了自由兑换。

美元的压力有所缓解，但美国经济却加速衰落，悲剧性地证明了外部失衡和内部失衡的联系。美联储选择将国际稳定摆在国内繁荣之上，这是英格兰银行没有做出的选择。结果是通货紧缩加剧，经济下滑加速。与英国在1932年止住下滑趋势不同，美国不得不痛苦地再多等一年。这一延迟不仅对美国来说代价高昂，同时也加剧了欧洲的通货紧缩，延缓了欧洲的经济复苏，对魏玛政府脆弱的政治制度施加了压力。如果说有一个决定最终将30年代初期的经济衰退变成经济大萧条，那么这个决定就是美联储决定保持美元的黄金价值，而不是促进国内经济繁荣。

金本位制的思想发端于19世纪以及20世纪初期经济的繁荣期。它经历了第一次世界大战的洗礼，成为在狂风暴雨的社会、政治以及经济海洋中饱受蹂躏的国家航船的避风港。但是，一旦这些船只开始渗水，黄金就变成沉重的货物。黄金的重量不会帮助经济的航船漂浮于水面，而是加速其下沉。大多数专家认为，世界经济是具有自我纠错能力的。当经济活动下降时，它会反弹。只有持续的糟糕政策才能推动其远离这条道路，失去复苏能力。只有占统治地位的思想意识才能使领导人坚持这样的反生产（counterproductive）政策。

金本位制正是提供了这样一种思想，加之道义的支撑。它的文辞主导着大萧条前几年中公共政策的讨论，它支撑着中央银行家和政治领导人向普通人民施加越来越高的成本。即使在最紧迫的经济环境下，金本位制的心态也可以抵御住改变。一位当代专家分析道，"令人惊奇的是金本位制心态的非凡支持率，特别是在世界各国中央银行高层中的支持率。金本位制已经成为欧洲大陆各国中央银行董事会的一种宗教信仰，这种狂热的信仰使他们无法对其他方案做出公正、客观的判断"。⑨

金本位制被普遍认为是国际稳定、国际贸易与经济增长以及经济繁荣最好的保证，然而这种观点在 1932 年中期被粉碎。只有美国以及欧洲的法国、比利时、荷兰、瑞士、意大利、波兰和立陶宛仍然坚持金本位制。其中，只有前四个欧洲国家真正致力于其精神，不强加外汇控制，允许黄金相对自由流动。两战之间金本位制不能成功运行被广泛认为是失败的象征，虽然贬值的结果对实体经济是非常有利的。那些坚持金本位制的国家随后的表现远不及放弃金本位制的国家。30 年代初，只有坚持金本位制的国家经历了银行危机。⑩

20 世纪 30 年代，尽管收入有所增长，失业率却居高不下。欧洲国家的官方失业率在 1930—1938 年从 15% 至 25% 不等，平均约为 20%。这一比率肯定还没有包括许多工业化程度不是很高的国家的失业工人，也没有考虑劳动力的退出问题。乔治·奥威尔（George Orwell）在 30 年代中期被委派调查英国北部的工人情况，他前往靠近曼彻斯特的维根小镇。他报告说那里到处都比伦敦贫穷和破旧，尽管那里没有大城市那么多的乞丐和无家可归的人。这种小社区中的集群性生活使失业者能够集中资源、勉强度日，但单身的失业人员不能整天待在沉闷的房间里。冬天，他们主要关心的是出去时如何保暖。电影院、图书馆，甚至演讲的教室都被看成可以躲避寒冷的避难所。奥威尔说他曾被带去听了一场"有生以来听到的最愚蠢、最糟糕的演讲"。但当他在演讲中间逃离时，大厅里仍然坐满了失业的工人。[41]

最近的一些作者放大了这些细节，同时也描述了当时其他国家的失业情况，但模式是大体相同的。技术不熟练的工人比技术熟练的工人待遇要差很多。懒惰和气馁并存。失业救济通常成为可以过上类似以前的生活和突然变穷困之间的分界线。

30 年代的失业率引起如此大的关注主要有两个原因。可以肯定，产量、投资以及价格下跌的幅度前所未有。19 世纪的经济萧条，没有哪一次产生如此之多"没有工作的"人。同时，最先进的工业化国家的劳动力市场在过去 50 年间发生了巨大的变化，大多数变化都是发生在 1914 年以后。我们可以简单看一下新的劳动力市场情况，以便更好地了解失业对个人及社区日常生活的冲击；同时可以看出西欧和北美的失业与非发达国家、通常都是农业社会国家的失业有何不同。

在 19 世纪的不同时期，很多国家发生了从农业社会向工业社会的转变。劳动力市场也随之发生变化。劳动力的需求一直有较强的季节性因素（当然需求量逐年下降）。对于大量的工人，被雇用还是下岗主要取决于农业活动的忙闲。在空闲时，工人通常会认为自己是"没有工作"了而不是"失业"。这个差异不仅仅是语义上的，更重要的是社会学和心理学层面上的。工人，尤其是非技术工人，知道自己每年有数周的时间是没有工作的，但在他们的期望中，时间一过自己还是会被再次雇用。

在商业周期的下降阶段，非自愿失业的时间要长于周期的扩张阶段，但重新上岗的期望却没有变。人们的生活在这段时期也会相应地做出调整，一般是使用之前的积蓄度过没有工作的日子，或是依靠家庭内部或家庭之间的相互支持（家庭之间的相互支持可以看作非正式的保险）。有进取心的人可能会在没有离家较近的正常工作的时候长途跋涉寻求工作机会。意大利南部的农民甚至会利用不同采收季节，在冬季采收期暂时移居阿根廷。之后造出的"未充分就业"（underemployment）这个词指的是一年中，甚至整个生命周期内不能参加全职工作的情况。

19 世纪确实存在一些无业游民。然而，这些人被整个社会看轻，人们在同情怜悯他们的同时，在道德层面上认为他们是懒惰的、邪恶的以及完全无能的。对于这种长期失业问题中无可救药的个案，一般不是由政府而是由教会和慈善机构解决。但在 19 世纪的后几十年，随着就业模式的转变、阶级斗争以及之后工人团体（以工会等形式）的出现，情况发生了改变。而这些因素又被战争催化。大型工厂越来越多，用以大规模生产武器、车辆以及军服，而战壕更是成为工人阶级宣传的好阵地。

世界其他地方的失业并非如此明显。日本和中国情况完全不同。日本 1931 年 12 月发生货币贬值，之后同 1933 年的纳粹一样利用军事支出刺激经济复苏。而当西方的大萧条到来时，中国正在努力建立共和国。1937 年被日本入侵后，中国经济发展极不平衡。日本侵占了北京、上海，以及当时的首府南京，并在南京杀害了 30 万中国人，制造了震惊中外的"南京大屠杀"。持续的侵略和战争注定了"中华民国"的灭亡。相反，日本通过货币贬值以及之后的军事侵略，在很大程度上避开了经济大萧条。

在欧洲和北美以外的地区，30 年代的失业通常表现为未充分就业问题的加剧，不过这方面还没有相关的统计数据可用。未充分就业问题加剧有几个因素：产出的构成、经济衰退的严重程度以及政府为此采取的经济政策。在印度，谷物和大米的价格下降，导致1930—1931年农村地区大面积的社会动荡，这说明农民的生活条件已经恶化到濒临崩溃，而且未充分就业问题很可能正在加剧。之后对小麦征收（但不对大米征收）的进口关税只给农民提供了有限的临时救济。中国有些特殊，经济衰退和未充分就业问题直到1933年才出现，这可能是由之前无意为之的以银圆为基础的货币贬值造成的。30年代的日本，失业率被早期的货币贬值、战争以及军国主义政府的支出遏制。在拉丁美洲，特别是在阿根廷和巴西，主要出口商品价格的下降，导致农村地区的未充分就业大幅上升。[42]

美国的紧缩政策在罗斯福1933年3月就任后才得以扭转。罗斯福被迫关闭银行以避免其崩溃。此外，他放弃金本位制，并开启一系列的立法变革。这些变革被统称为"新政"，标志着美国进入一个新的政策体制。摆脱了金本位制的束缚，消除了把财政紧缩当作治疗所有经济弊病的方法的思想，美国经济开始快速增长。就业上升，但不可能吸收所有在长期紧缩政策下失去工作的劳动力，失业率仍然很高。[43]

在金本位制瓦解的同时，随着经济状况的进一步恶化以及1930年美国通过《霍利—斯姆特关税法案》，关税战再一次打响。英国最终在1931年底放弃了长期以来的自由贸易，许多其他国家提高关税，拼命保护自己免受不断深化的经济衰退以及国际合作崩溃的影响。根据国际联盟的判断，"可能从来没有这样的历史时期，贸易受到如此广泛且频繁变动的关税壁垒的影响……货币不稳定导致一系列新的贸易保护主义政策，私人交易的主动权普遍让位给行政控制"。[44]

德国总理布吕宁在1932年5月末被弗朗茨·冯·帕彭（Franz von Papen）接替。1932年6月的洛桑会议真正结束了赔款，扫清了德国发展道路上的主要政治障碍。布吕宁的通货紧缩政策被帕彭的经济扩张政策代替。布吕宁虽然开启了一项小型就业项目，但在通货紧缩的政策体制下收效甚微。帕彭扩展了这一项目，辅以一些预算外的政府支出。此外，帕彭引入税款抵免和新就业补贴。这些努力方向是正确的，但并没有改变人们对政策体制的看法。它们似乎仍然是孤立的行为，而不是体制的转变。

新的政策措施（如美联储早些时候的公开市场业务政策）产生了一定的经济效应，这似乎对政治也产生了直接影响。纳粹党在1930年的选举中一跃成名，在国会中的席位从12个增加到107个。在之后1932年7月的选举中，又将席位翻倍。但这是他们在自由选举中的最高点。他们在1932年11月的第二次选举中失利，获得33%（以前高达37%）的选票，其在国会中的席位也相应地从230个减少到196个。如果经济能够得到进一步改善，纳粹的选票有可能进一步减少。如果帕彭治下开始的经济复苏可以继续，如果可以更有政治勇气地给予帕彭或者库尔特·冯·施莱谢尔（Kurt von Schleicher）政府多一点时间，那么无论德国还是世界可能都可以免受纳粹的恐怖蹂躏。德国，乃至全世界，在1933年初走在了刀锋上，生存在维持正常生活和纳粹巨大费用的夹缝中。[45]

然而，经济恢复的希望十分渺茫。政治上的不稳定，反映出德国经济的不稳定。政策体制还处在变化中，但没有明显的信号表明会发生美国1933年4月发生的那种货币贬值。也没人保证帕彭试探性的经济扩张措施会被执行下去。因此，1932年的经济复苏既不强烈也不普遍。尽管在一些数据中看到波谷，在其他的一系列数据中却可以看到经济在1933年再度下滑。在施莱谢尔的短期治下，经济下滑到低点，也宣告了帕彭经济恢复努力的失败。

如果想让纳粹主义变成德国历史的短暂偏差，那么当时的经济复苏必须至少持续至1933年初。这种复苏必须强势到足以修复大量失业带来的社会和政治影响对政治结构造成的损伤。之前已采取的扩张政策必须产生进一步的影响（这一点可能已经做到了），使美国的复苏蔓延到德国。这两个因素都是可能的，但并不是很强势，此外，后者在数月内无法实现。可以说，选举政府治下的德国经济如果进一步发展，纳粹党就会受到限制，使它处于少数席位，当然这并不意味着纳粹的支持率会迅速下降。

希特勒在1933年1月底被年迈的兴登堡任命为总理，兴登堡对德国在第一次世界大战中失败主张的是被人背后插刀的理论，而直到这时持续的经济复苏才开始。同美国一样，纳粹政府的出现预示一个新的政策体系的诞生。纳粹立即着手巩固自己的政权，破坏民主。他们远离自己的国际职责，着手恢复国内经济繁荣。他们抹去民主制度，把重点放在解决德国的大规模失业问题上。希特勒成功地进行了一次平衡。他安慰商人说自己不是一个挥金如土的极端分子，同时他扩大了前任的创造就业项目和税收减免政策。"第一个四年计划"（First Four Year Plan）出现了许多新措施，并将其突出作为一个新的政策方向。

新政策的结果是1933年就业率的迅速提高。新的支出需要时间才能充分显现其影响。因此，经济立即开始恢复是纳粹上台后预期改变的结果（预期的以及实际的政府行为所带来的结果）。虽然纳粹方案的具体细节当时还不甚明了（实际上形成细则是后来的事了），政策的方向却是明确的。我们现在可以比当时的人看得更清楚一些，纳粹的扩张政策从一开始就是以重新武装德国为出发点的。多年来，希特勒一直在批评他的前任采取的通货紧缩政策，而纳粹致力于充分就业是众所周知的。同美国一样，政策制度的变化足以让经济出现转机，虽然不一定会带来完全复苏。⑯

当时人们很难区分美国的新政府和德国的新政府之间的异同。不论是罗斯福还是希特勒，看起来都像是"新人"，从瘫痪的老管家手里接过管理权。但人们很快发现（虽然不是在一开始就发现）这两位领导人截然相反。罗斯福在经济危机中维护民主，而希特勒是要摧毁民主。纳粹政权的邪恶必须排在大萧条造成的所有破坏之首。[47]

纳粹统治欧洲乃至世界的目标是导致第一次世界大战的一系列政策的延续。德国没有放弃取代英国成为霸主的霸权梦。像以前一样，德国刚开始是想统治欧洲，但最初的军事胜利使其野心膨胀。我们将霸权定义在合作的背景下，而纳粹很大程度上依赖的是胁迫。希特勒越过皇帝直接寻求专制而非霸权。不过，虽然通常我们会区分纳粹德国和德国其他政府，但二者之间的共同元素同样重要。德国在 20 世纪初就开始了其争夺霸权的活动。它在战争与和平中追求着这一目标，直接导致第二个"三十年战争"（Thirty Years' War）。直到纳粹在 1945 年彻底战败，德国才放弃了赶超英国成为下一个霸主的努力。如第一章所述，直到那时美国才以霸主自居，在世人面前称雄。如第五章所述，但是现在的德国再次在欧洲货币联盟中活跃起来。[48]

英国、法国以及美国政府在 1936 年 9 月发布了《三方协议》（Tripartite Agreement）。宣言中的大部分内容旨在呼吁对和平、繁荣以及高品质生活的信仰，还有颇受法国人青睐的对真善美的追求。美国财政部长亨利·摩根索（Henry Morgenthau）认为，这一宣言会对恢复世界和平起到重要作用。宣言提及英国人希望的放宽配额和汇率管制，法国则没有太多提及，而法国在协议发布后也基本上未做太多降低贸易壁垒的努力。英国同意不对即将到来的法国货币贬值进行报复，但对利率问题没有做出任何承诺，因为英国拒绝限制国内政策。协议还呼吁加强各中央银行之间的合作以及提高三方力量的平衡基金（equalization fund）。协议避免了一轮货币贬值竞争，在之后几年的和平岁月里汇率变动一直比较温和。但如果这个协调贬值的协议能够在五年前英国放弃金本位制时达成，对整个欧洲可能会形成更积极的深远影响。

《三方协议》标志着依靠金本位制稳定国际经济彻底失败。这一最低合作程度的协议在谈判过程中经历的纠结，表明了国际组织的破碎。最低程度的部分合作虽然可能，但仍需承受巨大压力；更高程度的合作则遥不可及。德国和意大利对此不感兴趣，同时也不受国际论坛的欢迎。法国和英国太弱，无法提供有效的领导。罗斯福治下的美国转向国内，更是增加了合作的障碍，而非机遇。

荷兰和瑞士紧随法国在 1936 年 9 月放弃了金本位制，正式宣布成立了三年的金本位国家集团（gold bloc）解体。同比利时一样，这两个国家的经济迅速恢复。出口市场恢复，经济扩张政策得以贯彻实施。意大利政府以法郎贬值为借口贬值了里拉，同时减少了外汇管制，捷克斯洛伐克第二次贬值了克朗。法国对《三方协议》却反响较差，法国人普遍认为莱昂·布鲁姆（Léon Blum）政府违背了其货币不贬值的承诺，这个国际协议像一件赝品一样掩饰着法国的货币贬值。

美国的决策者们在这个时候做出判断，虽然失业率还始终保持在两位数，但 1933 年后经济的快速发展表明经济萧条已经结束。美联储认为商业银行超额准备金的增长会威胁其对通货膨胀的控制，因此将准备金要求提高了一倍。同时，罗斯福政府暂时搁置了被前几任总统否决但又被国会通过的退伍军人补偿金，同时开始征收新税，由此大幅削减了联邦赤字。比这两个变化更重要的是，美国开启了一项新的项目来冲销黄金流入。黄金流入一度增加了货币储备，促进了经济扩张；现在戛然而止，结果就是经济活动的急剧收缩，即 1937 年的经济衰退。这次经济衰退持续的时间不长，因为这只是美国的现象，并未蔓延至世界各地，且冲销计划在开始一年后被放弃。⑭

战争已经在中国肆虐，备战也主宰了德国经济。其他国家也正在备战，尽管开支无法跟德国相比。牢记第一次世界大战教训的法国人在临德边境建立了马其诺防线，那里有前次战争遗留的战壕。然而，德国人再一次横扫马其诺防线，侵入比利时和荷兰。他们成功将英国远征军搁浅在敦刻尔克，最终远征军通过海上撤回本土，同时也表明了英国在面对德国这个敌人时的准备不足。

德国不仅在战术上重演了第一次世界大战，还继续了利用军事力量争夺霸权地位的战略。政策的连续性从军事对立延伸到《凡尔赛和约》，具体体现在"背后捅刀"的理论，很大程度刺激了 20 世纪 20 年代末纳粹等极端政党的壮大。年迈的兴登堡将军采纳了这一理论，1933 年初任命希特勒为总理。残酷的纳粹政策及其致命的反犹太主义将德国拖出了历史的进程，但 20 世纪初期德国为争夺霸权而进行的努力又将纳粹政策同德国的主流目标捆在一起。

然而，德国人却无法达到他们的目标。最初，他们比第一次世界大战时更有效，成功避免了陷入阵地战。但他们无法聚集足够的力量迫使英国或俄国投降。美国由于日本对珍珠港的袭击在 1944 年底参战。同第一次世界大战一样，美国的加入扭转了局势，并使自己一跃成为世界霸主，这些我们将在第四章讨论。与第一次世界大战相比，由于诸多因素的存在，打败德国花费了更长的时间，但第二次世界大战的结果更具毁灭性。没有一个德国人可以与纳粹的罪恶绝缘，同盟国不屑与希特勒谈判。战争中的德国处于一片混乱之中，政府无法真正发挥作用。这样的德国很难成为霸主。

这一令人纠结的历史是否在第一次世界大战结束时就有预兆？还记得康里夫和凯恩斯在第一次世界大战结束时截然相反的两种观点吗？康里夫回头看，认为回归传统的方式会带来稳定。凯恩斯向前看，预测了《凡尔赛和约》可能带来的灾难。对于即将到来的混乱，凯恩斯起到更好的指引作用。

# 第三章　凯恩斯的思想演进

到 1930 年，凯恩斯已经是世界舞台上一位声名显赫的人物。1919 年他发表了《和平的经济后果》，引起巨大轰动。很难想象，一位财政部高级官员会从凡尔赛和谈中退出，然后惊世骇俗地批判其间发生的事情。更糟的是，这本书竟然预见到我们第二章描述的 20 世纪二三十年代欧洲的悲剧。凯恩斯的作为使他成为世界知名的公共知识分子，并从此屹立不倒。几年后，莱昂内尔·罗宾斯（Lionel Robbins）写道：

> 我常常会禁不住想凯恩斯一定是有史以来最杰出的人物之一……当然，在我们这个时代，只有总理（丘吉尔）可与之相提并论，他当然在（凯恩斯）之上。但是，总理的伟大很容易理解，可凯恩斯的天才不容易理解。[①]

在 1920 年出版了猛烈抨击政府政策的《和平的经济后果》这一著作之后，凯恩斯把自己逐出了大英帝国的权力中心——伦敦。他也丢掉了晋升到英国公务员体系顶层的，对他来说显然已是唾手可得的机会，因为他毫无疑问是这个国家最聪明的人之一。他个性迷人，同时也是一位无情的管理者。20 年后，第二次世界大战开战之际，他又回到财政部，成为那里广受尊敬的领导人。1942 年他接受任命进了上议院，从而成为首要的核心人物。1944 年，他在布雷顿森林领导召开了 700 人的国际会议，建立了一个新的国际货币体系。但这一切都是后来的事了。1930 年，也就是我们开始本章叙述的起始时间，凯恩斯还是一个旁观者。然而，令人吃惊的是，凯恩斯努力地留在了一系列事件的中心。他能做到如此，显然是运用了自己的才智计谋。但不可否认的是，即使作为旁观者，他对当时的经济决策已经产生了巨大的影响。

本章描写的是凯恩斯本人，似乎与本书内容格格不入，因为本书讲的是世界面临的现实政策选择。但凯恩斯本人曾经说过一句名言：“那些自以为不受任何学理影响的实践者，其实通常就是某些过时经济学家思想的俘虏。”[②] 在这一章中我们会说明，第一章提到的凯恩斯首创的内部和外部平衡模型，是为了摆脱他认为已经过时的金本位制的思想。这为当今人们形成外部和内部平衡相统一的观点提供了基础，而这正是本书其余各章要论述的内容。

我们已经使用凯恩斯的模型阐释了第二章提及的历史。本章要说明凯恩斯对这个模型的认识如何直接将他带到布雷顿森林。第五章和第六章将进一步用他的模型说明现在的欧洲和世界面临的政策选择。这就是我们把凯恩斯和他的思想独立成章作为本书中心内容加以叙述的原因，目的是要展示这个模型刚开始面世时是多么令人难以理解，以及人们理解它的漫长经过。

1930 年，47 岁的凯恩斯在剑桥大学教授经济学，同时兼做国王学院的研究员。该学院排在三一学院之后，可以算是剑桥大学中最有名的学院。1912 年，他只有 28 岁，就已经成为当时顶级的经济学专业期刊《经济学杂志》（*Economic Journal*）的编辑，并从那时起终身担任这一职务。从那以后他一直是世人熟知的剑桥货币经济学学派的领军人物，这个学派的创始人是艾尔弗雷德·马歇尔，1885—1908 年剑桥政治经济学的第一把交椅。

20 世纪 20 年代初，在国际经济决策方面，凯恩斯一直致力于纠正凡尔赛和平协议对经济的影响。他发表了《和约的修订》（*A Revision of the Treaty*），并在赔偿外交中发挥了关键作用。1923 年，他半保密地与他在凡尔赛和平谈判时结识的德国银行家卡尔·梅尔基奥尔（Carl Melchior）一起工作，尝试促成英德金融协议，但没能成功。③

在国内，凯恩斯公开批评英国实施的通缩经济政策。1923 年，他成为《国家》（*The Nation*）新闻周刊的所有者和管理者，该周刊后来与《新政治家》（*The New Statesman*）合并。他在自己的杂志上发表文章攻击政府的政策。那一年他还出版了《货币改革论》（*A Tract on Monetary Reform*），引起巨大争议。之后在 1925 年，他出版了惊世骇俗的批判著作《丘吉尔先生的经济后果》（*Economic Consequences of Mr Churchill*），猛烈抨击这位英国财政大臣提出的让英国重回金本位制的决定。非常值得一提的是，在 1927 年的大部分时间和 1928 年，凯恩斯帮助兰开夏的企业家和工人工会，以应对英国回归金本位制造成的英国棉纺织业竞争力下降的问题。他在自由党中也越来越有影响力，并在 1929 年 5 月大选前的准备阶段，出版了题为《劳埃德·乔治能否做到？》（*Can Lloyd George Do It?*）的小册子支持自由党领袖。这本小册子激发了如此广泛的反政府评论，促使当时仍然担任财政大臣的温斯顿·丘吉尔，做出了非比寻常的举动，他发表了政府白皮书反驳凯恩斯的提议。1929 年底，时任首相拉姆齐·麦克唐纳（Ramsay MacDonald）邀请凯恩斯加入为调查英国经济状况而成立的麦克米伦委员会。而他与丘吉尔之间的分歧正是邀请凯恩斯加入该委员会的主要原因。凯恩斯向该委员会发表的报告，奠定了他对内部和外部平衡的思考，并为他后来对实际决策的影响奠定了基础。④

到 1930 年为止，凯恩斯也参加了非常广泛的其他活动，不仅仅限于学术生活和对经济政策的关注。这些活动可以追溯至世纪之交他在国王学院的本科学习阶段。那时候，他与著名的哲学家贝特朗·罗素（Bertrand Russell）和穆尔（G. E. Moore）成了好朋友。凯恩斯在国王学院学习数学，但他的研究论文根本不是经济学，而是关于哲学应用，探索的是概率论方面的问题。他与包括弗兰克·拉姆齐（Frank Ramsey）在内的许多剑桥哲学家都是好朋友。1929 年，正是凯恩斯和拉姆齐把路德维希·维特根斯坦从维也纳带回剑桥。是凯恩斯鼓励拉姆齐做出了他那著名的经济增长模型和最优定价模型，在宏观和微观经济学领域，这些模型仍然在现代技术工作中起着核心作用。到 1930 年为止，凯恩斯一直是全国互助人寿保险公司的董事长。

他在剑桥大学学习期间，与艺术家、作家和知识分子结下的友谊使他成为包括作家里顿·斯特里奇（Lytton Strachey）和弗吉尼亚·伍尔夫（Virginia Woolf）在内的布鲁姆斯伯里团体的一员。1924 年，他娶了俄罗斯的芭蕾舞演员丽迪雅·洛普科娃（Lydia Lopokova），震惊了布鲁姆斯伯里的知识分子。凯恩斯与艺术人士结下的许多渊源让他后来建立了英国艺术委员会，并担任考文特花园歌剧院（Covent Garden Opera Company）的董事长。凯恩斯参加的许多这种活动都很吸引人，但这些都不是我们本书要涵盖的内容。这些内容在关于凯恩斯的三部值得推荐的传记中皆有描述，它们的作者分别是罗伊·哈罗德（Roy Harrod）、唐纳德·莫格里奇（Donald Moggridge）和罗伯特·斯基德尔斯基（Robert Skidelsky）。哈罗德对凯恩斯的评判尤为一针见血，因为他对凯恩斯了如指掌，他本人也是英国当时最好的经济学家。[⑤]

本章写了一些这些传记中没有涉及的重要内容。我们认为凯恩斯的名著《通论》是他通向布雷顿森林创造新的国际货币体系这一举世成就的必由之路。这些都是大家的共识。但除此之外，我们认为，凯恩斯在《通论》中提出的宏观经济模型（现在已成为众所周知的用图表形式表示的 IS/LM 模型，在成千上万的本科教材中普遍教授，我们将在附录中描述），也只是朝更重要的国际经济模型，即我们本书使用的内部和外部平衡模型迈出了一步。我们要阐释的是，这种模型如何奠定了凯恩斯在布雷顿森林的成就。也就是说，我们要说明凯恩斯在知识上的不断进步促成了他的实用成就。在后面的各章中，我们要说明，凯恩斯的模型对于思考当前的全球政策问题仍然非常重要。我们对凯恩斯的知识成就的描述与那些传记作家完全不同。比如，斯基德尔斯基认为，凯恩斯最重要的知识成就是《通论》。我们却希望让读者相信凯恩斯的知识成就远不止这本书。⑥

正如我们在第二章看到的，20 世纪 20 年代末，英国的经济地位特别糟糕。1925 年该国以不具竞争力的汇率水平回到金本位制。在更深的层面上，第一次世界大战极大地削弱了英国经济。英国在其帝国和其他地方拥有的海外资产，为支付战争费用已近枯竭，从而减少了英国来自国外的收入。在战争之前，该国的生产性资本并没有被取代或现代化，而且在战争期间，它的出口能力已明显萎缩，一蹶不振。在这种情况下，英国需要降低成本以再次获得国际竞争力。只有这样，它才能恢复作为一个具有良好增长前景的国家的地位，企业可以投资，人们有工作，并且有足够的信心把收入用于消费。但是，竞争力并没有得到应有的提高。

尽管如此，英国仍然是世界上唯一可能的领导者。大英帝国继续存在，又与加拿大、澳大利亚和新西兰形成联盟，同属新的英联邦，这就意味着它将是一个日不落联邦。伦敦仍然是世界金融中心。相比之下，德国一心应付内部冲突，更感兴趣的是保持与前协约国成员的对立，而不是与其合作。美国人已经退回孤立的状态，其决策者没有任何兴趣以任何方式取代正统的金本位制。还没有出现其他能发挥领导作用的强国。

此外，英国的政治家、商人、金融人员、公务员、学者等所有重要人物都知道如何管理这个世界。他们中的许多人在第一次世界大战前就是做这种事情的。这些人的眼光不仅局限于他们自己国家的需求，还会看到更广范围的世界经济需求。但是他们的国家已不再有让他们施展领导能力的空间。

经济困境和全球责任感这两个因素相结合，给英国政治带来特殊困难。1929 年 5 月选举结束后，工党建立了新政府并开始执政。10 月，华尔街崩溃使决策者不知所措。很快，在经过多方努力之后，英国工党首相麦克唐纳做了英国政府在困难时期经常做的事情：创建了一个调查委员会。委员会的职责范围有：

> 调查银行、金融和信贷等领域，密切关注在这些领域发挥作用的国内和国际因素，并给出适当的建议使这些机构能够促进贸易和商业的发展以及劳动就业。[7]

这一委员会后来成为大家熟知的麦克米伦委员会，委员会得名于其主席，一位苏格兰法官的名字。这个委员会不需要对任何具体的经济政策问题提供意见，但要广泛探讨英国和世界面临的选择。

凯恩斯是迄今为止该委员会最著名的成员，但其成员中也包含一些其他值得注意的人物。雷金纳德·麦克纳（Reginald McKenna）是自由党政治家，曾在第一次世界大战期间担任财政大臣，当时任米德兰银行（Midland Bank）董事长，而罗伯特·布兰德勋爵（Lord Robert Brand）也是一位有名望的银行家和政府官员。厄内斯特·贝文（Ernest Bevin），是运输和普通工人工会一位得力的总干事，后来成为第二次世界大战后工党政府的外交大臣，是另外一个选区的代言人。前联合常务秘书约翰·布拉德伯里勋爵（Lord John

Bradbury）担任财政部在委员会的代表，董事长塞西尔·拉伯克（Cecil Lubbock）担任英格兰银行的代表。委员会还包括在伦敦经济学院担任银行与货币系主任的西奥多·埃马纽埃尔·格雷戈瑞（Theodore Emmanuel Gregory）教授，他多次在委员会的会议上发表了很多令人深思的观点。其他席位包括：一位工党议员，是前共产主义者，另一位是银行家，另外两位是商人。这是一群令人敬畏的人。

该委员会的工作从 1930 年的 2 月持续到 12 月。举行了 100 多次会议，49 天在取证。《委员会报告》于 1931 年 6 月发表。无论是调查证人还是撰写报告，凯恩斯都是其中的核心人物。值得注意的是，该委员会给了凯恩斯一个宣传自己观点的平台：委员会要求他对成员的思想起到引导作用。他在该委员会工作的初期，即 2 月和 3 月，给成员做了五整天的报告；在 11 月和 12 月，当委员会开始起草报告时又做了三整天的报告。因此，凯恩斯获得了非同寻常的机会，不只是指导委员会的工作，也能提出自己的观点，并通过备忘录（已发表）和报告，在更大的世界范围对这些思想的讨论起到引导作用。[8]

要了解他的影响，首先就要了解凯恩斯的行为方式。诺贝尔经济学奖得主弗里德里希·哈耶克（Friedrich Hayek）强烈反对凯恩斯关于经济理论的观点，他写道：

（凯恩斯的）成功很大程度上应归结于他具有罕见的才华和敏捷的思维，以及对英语语言的精通，而这一点是同时代鲜有人能与他抗衡的……还有看起来几乎是他最强大的资产之一：他的声音具有迷人的说服力。[9]

哲学家贝特朗·罗素这样评价凯恩斯："他的头脑是我认识的人当中最敏捷最有条理的。"他还补充说，"（当）我跟凯恩斯辩论时，我总觉得我是在自取灭亡；而每当辩论结束时我总是感觉自己就是个大傻瓜"。图3.1是著名的劳氏卡通，再现了凯恩斯工作时的情景：他敏锐的双眼全神贯注地凝视着前方，双手举在胸前，准备做一些富有表现力的手势，他瘦削的身体完全放松。⑩

凯恩斯的报告完全征服了委员会。相关会议的备忘录重印后收入《凯恩斯文集》，在文集中有近300页的篇幅。尽管那只是一套全文逐字记录的口头报告，但是从行文中还是能看出他连贯的逻辑

**图3.1 劳氏所作凯恩斯像**

注：原作发表于1933年10月28日《新政治家》，作者戴维·劳（1891—1963）。承蒙联合报业有限公司/单独企业联合组织出版。

资料来源：英国漫画档案馆。

思维，堪称杰作。凯恩斯在五个整天的系列报告中，始终在一个完整的结构中论述自己的观点。同时，他格外认真地详细说明自己的论点，并不厌其烦地回答作为其听众的该委员会成员提出的各种具体问题。在每一个阶段，他都能在一般原则和具体实例之间自如地转换，总是恰到好处地呈现自己的语言能力并时刻注意把握好会议的气氛，知道哪些观点需要重申以确保在座的人能够完全理解他的话。即使现在的读者也可以感受到这些会议的与众不同。该委员会主席麦克米伦勋爵对金融一无所知，却是一个心胸开阔的热心听众，他概括了委员的感受。2月凯恩斯的第四个一整天演讲结束时，麦克米伦说，委员会的成员"在听你演讲的过程中几乎感觉不到时间的流逝"。[11]

凯恩斯为该委员会所做的准备工作可以追溯到十年前他发表《和平的经济后果》之时。我们在第二章描述了凯恩斯在1919年出版的这本书里，如何预见到20世纪20年代欧洲会出现的悲剧。但他的性情决定了他不是一个爱抱怨的人，而是一个注重实际有远见的人。该书的第二章，章题为"战争之前的欧洲"，这一章之所以不同凡响是因为凯恩斯以极为清晰的思路阐述了在英国世纪里（即我们在前一章开头描述的非凡的经济扩张时期），欧洲经济以及全球经济如何能够发展得如此良好。凯恩斯的这一章很简短（一共只有12页），却道出了他当时面对的，以及他后来的学术生涯面临的所有挑战：如何才能重现这样的增长奇迹？那位伟大的哈佛经济学家在他给凯恩斯写的讣告中，用了一个难忘的短语来描述凯恩斯后来的学术生涯，说凯恩斯努力"从分析角度使我们这个时代的愿景变得可操作"。这正是凯恩斯在麦克米伦委员会给自己设定的任务。[12]

1919年凯恩斯撰写《和平的经济后果》时认为，19世纪末的扩张奇迹取决于四个因素：人口迅速增长；财产和人的安全；工资低、利润高，且利润都用于投资而造成的社会不平等；国际经济体系秩序井然，欧洲能够从新世界廉价地获取必要的食物和原材料，并能把工业产品出口到新世界作为交换。凯恩斯描述说，这就是出口导向型扩张体系（我们在前一章已经探讨过）。但是，凯恩斯也说，战争"已经动摇了这个体系，并全面危及欧洲的生活"。他比较悲观。他说，"这份条约没有包含复苏欧洲经济的条款"。正如他在自己那本书的最后一章描述的，中心任务是重新就德国赔款问题进行谈判。不仅局限于此，他已经开始思考解决协约国之间债务问题的必要性，以及欧洲从美国获得巨额贷款的必要性。⑬

但现在已经是十年后的 1930 年，我们第二章描述的欧洲悲剧已经发生。欧洲的经济复苏现在将取决于一套比凯恩斯 1919 年讨论的范围更广的政策选择，即关于货币政策以及由金本位制带来的种种限制等。众所周知，在过去的五年里，凯恩斯一直在重申货币理论，更新传统的马歇尔剑桥理论，并在麦克米伦委员会频频召开会议期间，将他的成果《货币论》付诸出版。这也正是凯恩斯被请来指导该委员会的原因。

麻烦的是，凯恩斯向委员会发表的报告并没有形成一个连贯的观点。他的任务失败了。这也是我们对该委员会如此感兴趣的原因：它显示了凯恩斯逐步的理解过程。显然，凯恩斯的观点不能自圆其说，这一点凯恩斯本人当时也很清楚。我们接下来的目标就是要阐释，这一巨大的失败如何为凯恩斯在未来 15 年内进行的工作设定了舞台。从某种重要的意义上看，正是凯恩斯在麦克米伦委员会的失败，为我们本章后面将谈及的他的两个惊人成就奠定了基础。他在该委员会的失败使他在生命的最后 15 年专注于两个具体的问题，并努力为这两大问题找到答案。正是他对这些问题的响亮回答，使他能够把他那个时代的愿景变成一个管理世界经济的体系，他在《和平的经济后果》中已经对这个愿景有过详细阐述。

凯恩斯如此开始了他的报告：

　　我能够确定的是，可能最好的方式是从中间开始，然后向前和向后调整；从可能相对熟悉的事情开始并一直到最后一些我认为很重要，但很可能不太熟悉的事情。首先，我们要梳理多少有些正统的银行利率理论，即银行利率的经典理论，因为它已经在这个国家存在了50年。我认为这将有助于我们的工作。

　　只要我们还实行金本位制，货币管理的基本原则就必须是这样，我们用黄金满足或接受的国际收支差额永远不能太大。我们不能损失大量的黄金，或以任何速度连续损失。所以……货币管理的首要任务是在国际收支之间尽量保持均等。这个平衡由两部分组成。⑭

　　凯恩斯解释说，第一个就是金本位制的短期组成部分，其运作机制如下。如果一个国家的出口小于进口，那么其货币当局（在英国就是英格兰银行）的任务就是提高利率（或英国所指的"银行利率"），吸引国外资金，从而弥补进口成本。这一行为可能会缓解一个国家正在经历的财政赤字，确保吸引足够的黄金用来支付进口。英格兰银行是国际金融体系的中心，在银行利率调整方面经验丰富。凯恩斯介绍了英格兰银行在这一短期缓冲方面能发挥的良好作用。

　　但凯恩斯声称，这样的短期缓冲不能解决英国这样一个经济体面临的潜在外部困境。他接着描述了金本位制的长期组成部分。这要求在较长的时间内维持较高的利率水平，以使投资有所下降，从而使国内商品的整体需求下降，而这又会导致失业率的上升。这样的失业率会导致工资下降。要使经济再次具备竞争力就需要在较长的时期内保持很高的失业率，工资水平下降幅度要足够大。其结果是，经济将再次获得出口市场，其出口量就足以使该国获得资金支付进口所需。这样就不需要提高利率吸引国外资金。凯恩斯说，除了增加失业率，没有其他的方式可以使银行利率带动价格下降。他总结道，这"就是这个国家传统的健康财政的开始和结束"。⑮

值得注意的是，调整机制的长期组成部分最初是由休谟在 18 世纪中期以物价—现金流动机制提出的（我们在第一章有过描述）。但短期的组成部分，关于银行利率的使用，在休谟的论述中没有提及，因为休谟是现在被称为"货币数量论"的拥趸。从货币数量理论来看，消费是由货币数量决定的。如果因为某个国家出口不足而使黄金流出该国，那么该国居民拥有的货币就少了，就会少花钱，于是便启动了凯恩斯机制的第二个长期的组成部分，导致价格下降。凯恩斯通过插入一个取决于利率的中间步骤，摒弃了货币数量论。

对现代读者来说，这可能看起来不像是一个激进的创新，但在当时它的确是。在著名的剑桥货币经济学传统理论中，马歇尔曾用货币数量论说明经济中的物价水平是由现有的货币数量决定的。当时这种观点已经成为经济学教学的核心观点，因为那时的人们认为，要想把货币现象（关于价格）与实际现象（关于经济中实际商品和服务的购买和出售量）联系起来，这是不可或缺的组成部分。凯恩斯自从 1909 年（即马歇尔退休的那年）开始在剑桥授课开始，他就致力于把这一传统理论传给一代又一代剑桥学生。到 20 世纪 20 年代，他不仅在剑桥，而且在全世界都已成为休谟、马歇尔、货币数量理论以及金本位制等方面的顶尖权威。但现在他将金本位机制的运作分为两个部分：一是对资本流入的短期效应，是银行利率上升导致的结果，二是通过提高竞争力带来的长期效应，竞争力提高源自失业率上升，而失业率上升又是由银行利率上升导致的。在我们今天看来，这种观点似乎很老套，这是我们现在所有人都明白的道理。但对于 1930 年的听众来说，这个观点的改变极为引人注目。

麦克米伦委员会的会议备忘录表明，其成员开始渐渐接受了凯恩斯关于金本位制调整过程的这个两阶段论（即短期部分和长期部分）。在第一天的论证结束时，凯恩斯试图把这两部分结合起来。他问道，要多久才能开始调整呢？他认为，这一切都取决于工资如何坚持不下降。[16]

我们接下来就会看到，凯恩斯对其论点中的一个重要组成部分也并没有理解透彻，而这一理解困难产生了他要面对的两个主要问题之一。著名的英格兰银行行长蒙塔古·诺曼对凯恩斯说的话几乎一窍不通。当后来委员会议程进行中要求诺曼行长论证时，他的这一表现就更明显。当要求他描述自己对于金本位机制运作的观点时，诺曼断然拒绝接受凯恩斯的分析。他认为英格兰银行的责任只延伸到金本位机制的短期组成部分，即在出口不充分的情况下，确保充足的资金流入，以避免国家的黄金损失。至于认为英格兰银行作为英国金本位制的一部分，实际上导致凯恩斯关于失业问题的看法已经超出他的职责范围。他说，工资调整是一个行业及其从业者的事情："近几年来我自己从来没有弄明白为什么一个行业不能从其内部开始，重新调整它自己的位置。"[17]

会议备忘录显示，当面对委员会的质疑时，凯恩斯让诺曼显得非常愚蠢，同时委员会都同意凯恩斯的看法，认为诺曼的回答极其令人不满意。事实上，根据诺曼的传记作者安德鲁·波义耳（Andrew Boyle）所说，诺曼的证言是如此陈旧，故意否定，所以最后英格兰银行的副行长吃力不讨好，被授权对证据进行修改以便记录在案。[18]

委员会第一天的会议议程快结束时，凯恩斯表达了一个重要的疑问，即调整过程中的长期部分能否充分发挥作用。除非工资上升，而调整只要求工资上升得不那么快。凯恩斯认为这是 19 世纪末已经发生过的事情，也是当时金本位制取得满意效果的原因。相比之下，凯恩斯否认货币工资曾经按照现在需要的方式灵活地下调过：

　　我从历史记录中看到，几个世纪以来，对于金钱收入水平的降低始终存在着强烈的社会阻力。我认为，除了由于周期性波动而做的调整之外，不论在现代还是在古代，也从未有过任何一个社会，不用经过剧烈的斗争就已经准备好接受金钱收入总体水平的降低……拿破仑战争之后的通货紧缩……与我们现在正在经历的情况很相似，会将国家带到革命的边缘。[19]

　　这些工资调整问题已经解释了英国 1925 年重返金本位制后出现问题的原因。凯恩斯认为，这一政策决策引起了矿工罢工，然后发展为 1926 年的总罢工，在随后的几年中引起了兰开夏郡棉花产业的崩溃，导致到 1930 年时英国大面积的高失业率。

　　这一指责引起布拉德伯里勋爵的激烈反应，1925 年该委员会建议重返金本位制时正值他担任麦克米伦委员会主席。凯恩斯和布拉德伯里展开了激烈的辩论，其他成员也加入其中，争论一直持续到第二天议程的开始。与诺曼不同的是，这些包括布拉德伯里在内的其他委员会成员，都同意凯恩斯关于如何开展这一调整过程的观点。但与凯恩斯不同的是，他们认为，这个过程事实上可以按需要的方式进行。诡异的是，这场争论似乎与现在欧洲货币联盟内发生的争议颇为相似。欧洲货币联盟的外围国家（希腊、爱尔兰、意大利、西班牙和葡萄牙）与德国相比非常缺乏竞争力。但在货币联盟内，这些国家又无法降低相对于德国的汇率，而金本位制内的国家也一样无法这样做。现在激烈辩论的是能否在这些国家把工资降到一定水平以恢复经济增长。

　　随着第二天论证的继续进行，凯恩斯遇到了他的第一个大难题。当描述上述调整过程中的长期组成部分时，他只是简单地说，银行利率提高会导致失业率上升，他又补充说，这是"我们现在都明白的事情"。但他问道，失业率上升究竟是如何产生的？凯恩斯开始解释这个问题，然后完全陷入混乱之中。他的困惑，以及他后来如何从中脱身，都极具分析价值，因为它与当前政策讨论面临的困惑十分相像，关于这一讨论我们将在第五章和第六章加以阐述。

如果利率上升，接下来会发生什么？凯恩斯说，企业将减少对工厂和生产性资本的投资。如果借贷成本上升，就很少会有人愿意借钱，借贷就会减少。我们还可以说，如果利率上升，人们会更节省，但凯恩斯不关心这个。他只考虑提高利率对投资的影响。利率上升会使投资相对于储蓄下降。那接下来会发生什么呢？

凯恩斯试图通过一个寓言以最简单的语言降低对这个问题的理解难度。这个"香蕉寓言"后来非常有名，值得在此花些篇幅详细说明。我们提供了凯恩斯实际讲话的逐字解释版。即使最后明白了它就是一个智力泥沼，还是会令人觉得惊叹。

> 我们假设有一个社会，它只拥有一个靠自己劳动来耕作的香蕉种植园，别无他物。他们只能收割香蕉，吃香蕉，没有别的。我们假设他们的储蓄和投资是平衡的，即该社会的货币收入没有花在香蕉的消费上，而是用于储蓄，这笔收入与生产成本以及为香蕉种植园的进一步发展而进行的新投资完全相等。你会看到，该社会没有花在香蕉上的收入与新的投资成本完全等同。我们假设，香蕉的销售价格与生产的成本相等，而成熟香蕉的保存期不会超过一两周时间。

此时的凯恩斯是一位经济理论家，他假设了一个简单的世界，与混乱的现实世界相比，我们从中可以更容易地弄清楚各种因果关系。他接着说：

> 在这块乐园里开展了一场运动，敦促公众减少浪费，不要

把目前几乎所有的收入都用于购买香蕉做食物。"你没有为自己的晚年做好打算；要省下更多的钱。"但同时由于这样那样的原因，也没有相应增加投入以发展新的种植园。

凯恩斯在这里觉得，假设储蓄增加导致储蓄和投资之间出现缺口比较容易理解，尽管他早期的讨论和他关于金本位制短期组成部分的讨论涉及利率上升导致投资减少的问题。这两种说法之间的差异对凯恩斯寓言的启发意义无关紧要。这两种说法的要点在于，储蓄超过了应有的投资。

凯恩斯在这一点上做出了另一个创新，认为储蓄和投资决策是由不同的人做出的。消费者节省，但商人投资。这两者之间缺乏协调，造成经济上的问题。这个观点是给一代又一代学生讲授凯恩斯宏观经济学时的核心观点，因而为我们熟悉。相比之下，剑桥的货币数量论认为，人们的消费取决于货币数量，所以根本不存在储蓄和投资之间的这种差异。凯恩斯的这个创新对所有经济学家来说都耳熟能详，但它通常都被认为是凯恩斯后来出版的作品中的观点，特别是我们下面要讨论的，他发表于 1936 年的《通论》中的观点。然而，他关于储蓄和投资决策分开的观点，在 1930 年出版的《货币论》中已经显而易见，在他给麦克米伦委员会做的报告中也有明确阐述。

但是，凯恩斯当时还不确定商人是如何决定投资额的，他继续说明商人在自己的香蕉经济中不做投资的可能原因。

可能是谨慎的顾问也在影响企业家，他们对香蕉未来的价格没有信心，他们担心香蕉生产过剩，因而不愿意考虑新的发展；也可能有技术上的原因，香蕉园要想成熟发展，必须经过长期的规划设计；也可能是新的种植园需要高度专业化的劳动力，得经过一代人的培训才可能胜任，所以你不能把收获香蕉的人手抽调出来着手建设新的香蕉种植园。

转了一大圈之后，凯恩斯又回到他那条寓言的主线，提出了储蓄增加而投资不增加会出现什么结果。

那会出现什么结果呢？销售的香蕉数量与之前一样，因为很难保存，必须卖掉才行。但是，为了成功地达到节约运动的要求，目前的收入当中用于购买香蕉的数额减少了。因为香蕉保存不了，人们在香蕉上的花费比以前少，所以价格必须降低，降低的幅度与储蓄增加的幅度必须完全一致。其后果是，跟以前一样，公众将消耗掉全部香蕉，但是购买的价格水平降低了。

这个寓言从此处开始就触及凯恩斯难题的绝对关键之处。请注意他的寓言以就业保持不变和价格不断变化为条件，而不是就业下降和价格保持不变。这反映了他在《货币论》中的思想，当他给麦克米伦委员会做报告时这本书还在出版过程中。但是凯恩斯的工作是向委员会解释，利率的上升会导致投资少于储蓄，失业率上升，进而导致工资和物价下降。如果假设就业保持不变，这种说法就行不通了。总之，凯恩斯在他的分析中将储蓄和投资分离，但他未能将由此可能造成的就业变化纳入其中。储蓄和投资之间失衡造成的所有影响都体现在香蕉寓言里的价格上。

嗯，这非常好，或者说看起来非常好。节俭运动不仅会增加储蓄，也会降低生活成本。公众既省了钱，也没损失任何东西，因为降低了香蕉的价格，他们消费的香蕉数量与进行节约运动之前完全相同。因为所有香蕉都必须卖掉，香蕉价格会相应下降，所以不管节省了多少钱，他们消费的香蕉数量永远不会有任何变化。

但不幸的是，事情并没有到此结束。既然工资是不变的，我假设此时的香蕉销售价格已经下降，而他们的生产成本并没有降低，因此，经营香蕉园的企业家会遭受巨大的损失。由此出现的结果就是，消耗的香蕉数量没有变，但企业家损失的数额就是那些储蓄的人增加的储蓄额。

讲到此处，委员会主席麦克米伦勋爵插话道，"储蓄会在银行手里，而不幸的企业家会通过银行为香蕉提供资金支持"。凯恩斯回答如下：

是的，公众会存款，而全部存款都会借（给）商人弥补他们的损失。因此，总储蓄并没有增加社会财富。增加社会财富的唯一办法就是增建更多的香蕉种植园。唯一的效应就是把企业家的财富从他们的口袋转移到公众的口袋。

麦克米伦勋爵回答说："如此的金融魔术不会增加世界的实际财富。"最后，凯恩斯明白接下来他应该如何表述了。

增加世界实际财富的唯一办法就是实际投资。但这也不算完。这样的情况如果持续下去，企业家们就会试图降低工资，如果不能降低工资，他们会尽力保护自己，把员工裁掉。

现在我要说的才是最恐怖的情况。不管他们怎么做，都对自己的境况不会有任何改善，因为如果他们削减工资和裁员，人们对香蕉的购买力也会同比降低，而且只要社会继续储蓄，商人的销售所得就永远比生产成本低，不管他们裁员多少，他们都会处于亏损状态。

最后终于讲到失业问题。会议备忘录显示，凯恩斯当时迫于委员会其他成员的压力解释了接下来会出现的情况。也就是说，他们要求他说明如何才能终结这个愈演愈烈的裁员过程，到底还会有多少人最终失业。但他不知道在出现失业问题的情况下，如何发展他的模型，而他的尝试，虽然有启发性，却非常不理想。他无法确切地说明提高银行利率如何导致失业。他不清楚他的金本位机制中那个长期的组成部分实际上是如何起作用的。

凯恩斯在第二天做的报告是非常激进的。他不知道自己的表现有多好。两天之后，他写信给妻子丽迪雅：

> 星期五，他们都觉得我的报告更加令人费解，这完全在我的意料之中。我认为自己的表现还不错。但我讲的内容是陌生的、矛盾的，虽然他们不能驳倒我，但他们也不知道要不要相信……我回到剑桥时疲惫不堪。[20]

委员会的成员觉得他的演讲令人费解，这并不奇怪。凯恩斯的观点是不完整的。他只知道这个结论：提高利率会导致需求下降，从而导致产量下降，因此失业率增加。这个观点我们现在都明白了，但是当时凯恩斯自己还不知道如何发展这个论点。

凯恩斯现在已经有了一个论点，尽管他还不能理解它。像英国这样一个缺乏竞争力、实行金本位制的国家，其货币当局有必要提高利率。这会导致失业（而他对其中的原因还未能搞清楚），其目的是要降低工资，这样国家就会重新变得有竞争力。但是凯恩斯不相信英国人的工资会迅速下降或达到应有的下降幅度。

因此金本位制不起作用，需要某种补救措施。在随后给出的论证中，凯恩斯列出了三个补救措施，正如他十年前在《和平的经济后果》最后一章讨论可能补救当时的危机形势而应采取的措施一样。

凯恩斯提出的第一个补救办法是英镑贬值，即英国摒弃金本位制。这样做的话，1 英镑购买的外国货币变少了，外国人可以用外币购买的英镑增加了。从外币角度看，这会降低英国商品在世界市场上的价格，意味着英国的出口量将增加。如果以英镑衡量，这也会提高进口商品的价格。因此，英国商品的需求也会增加，因为人们不会购买更昂贵的进口商品，而是会购买国产商品。这个机制似乎才是符合要求的。

然而，凯恩斯认为选择货币贬值这个手段对英国来说不可行，原因如下。1925 年英国在高估汇率的情况下回归金本位制，他一直持强烈反对的态度。但是，有一点必须格外注意的是，包括凯恩斯的演讲在内，麦克米伦委员会的各项审议都表明，该委员会的成员丝毫没有考虑过要放弃金本位制，而是高度尊重金本位制。然而，《委员会报告》出版仅三个月以后，金本位制实际上就被放弃了。本来只要有哪怕最小的可能性，凯恩斯也会推动货币贬值的实现；他不缺乏必要的勇气，他曾多年历尽艰辛反对英国回归金本位制。但是，一旦英国回到金本位制，凯恩斯也就认为国家需要坚持下去。任何其他做法都会降低人们对伦敦作为世界金融中心的信心。而保持信心是确保全球经济复苏的关键。

深陷这样的窘境，凯恩斯接着提出了第二个可能的补救措施。这个建议对他来说真的非同凡响。他提出可能有必要采取用关税对英国商品实施保护的暂时性措施，以应对目前的僵局。这之前，凯恩斯一直都是个坚定的自由贸易者。但他现在认为，这种关税保护会提高英国商品的需求，从而推动英国就业。然而，关税保护存在的问题是，虽然它会使英国国内进口替代品的需求增加，但它不会像采取货币贬值或削减工资的措施那样促进出口。因此，这种保护无效率可言。

很显然，凯恩斯认为如果货币贬值或工人同意降低货币工资，他们的生活水平会有所改善。这些选择会确保国家资源在各行业中，以及在国内市场的生产与出口之间都得到最佳利用。但如果货币不贬值，如果货币工资不做调整，就会出现失业。关税保护无疑会降低实际工资，而且相对于货币贬值来说，它会导致生产资源配置的满意度下降。但如果贬值不具备条件，与其坐视不管，至少关税保护还会确保就业水平提高。而增加就业，哪怕是一时的，也正是核心目标。

凯恩斯很清楚，以贸易保护主义者的姿态阻止其他国家的出口，会损害其他国家和全球贸易体系，可能遭到报复的风险也很大。但他似乎认为，对伦敦的信心有所增加会对全球金融体系有积极影响，这种影响有可能会抵消贸易报复的风险，而对伦敦信心的增加来自英国更活跃的宏观经济活动和就业水平的提高。他还认为，如果不提高就业水平，人们就会希望货币贬值，从而可能削弱国家维持金本位制的能力，而由此产生的不确定性会损害其他国家和全球体系。

尽管如此，凯恩斯向保护主义立场的转变非同一般，引起相当大的争议。在他任职麦克米伦委员会的同时，凯恩斯也被政府要求主持经济前景委员会的工作，与在麦克米伦委员会任职不同的是，他在这个委员会的任务是要提供更准确的政策建议。这个委员会只有凯恩斯和其他四个人组成：亚瑟·庇古（Arthur Pigou），1908 年接替马歇尔成为剑桥的经济学教授；休伯特·亨德森（Hubert Henderson），另一位剑桥经济学家；商人约西亚·查尔斯·斯坦普（Josiah Charles Stamp）以及莱昂内尔·罗宾斯（Lionel Robbins），他当时是伦敦经济学院雄心勃勃的年轻经济学教授。这个小团体和麦克米伦委员会有很多共同之处，它的报告也是凯恩斯起草的。罗宾斯强烈反对凯恩斯的保护主义建议，以至于拒绝签署这份报告。经过激烈的争论，罗宾斯获准撰写自己的少数派报告。虽然他在许多其他事情上都同意凯恩斯的观点，但是他坚持这么做就是不想与贸易保护主义的建议有任何瓜葛。

凯恩斯提出保护主义观点之后就继续自己的工作。在麦克米伦委员会为期五天的论证快结束之时，凯恩斯又重新陷入窘境，因为英国的形势使其失业率达到令人无法接受的高水平，所以他又提出了第三个同样不寻常的补救措施。他建议政府大幅增加公共工程支出，即我们现在所说的凯恩斯扩张。这个建议也不是意料之外的，因为 1929 年大选前为支持劳埃德总统，凯恩斯在《劳埃德·乔治能否做到?》中也曾提出过同样的建议。

这第三个也是凯恩斯提出的最重要的补救措施给他带来更多的麻烦，让他面临第二个大难题。这个难题有同等重要的两个方面。第一，凯恩斯未能使委员会相信，增加公共工程支出不会等量挤出私人支出。换言之，委员会的同事们不相信公共支出增加不会导致私人投资的等量减少。与凯恩斯针锋相对的观点如下：公共支出必须通过政府发行债券提供资金。这些债券会与市场上其他的金融资产形成竞争，争夺那些我们所谓的"可贷资金"［凯恩斯的剑桥同事丹尼斯·罗伯森（Dennis Robertson）使这个名词闻名世界］。对可贷资金的竞争将最终取代私人企业为投资而发行的债券。私人投资因此就会被挤出。

要想很好地说明凯恩斯在这个观点交锋中的失利，就要描述一下他与理查德·霍普金斯（Richard Hopkins）的交锋。霍普金斯是财政部的高级官员，受委员会之邀就这个观点进行论证。他的出现使凯恩斯和财政部重新陷入论战，因为他们之间的论战早在《劳埃德·乔治能否做到?》出版之时就开始了。

霍普金斯的论证始终围绕着挤出问题。他反复地明确表示他无法理解如何能够避免挤出。然而，多年以后再读霍普金斯的证言时，我们仍不免感到非常沮丧，并无比同情凯恩斯。霍普金斯的证言总是在两种选择之间小心翼翼地含糊其词。作为一位忠实的政府官员，他不能让丘吉尔失望，因为后者曾发表白皮书批判凯恩斯的《劳埃德·乔治能否做到?》。同时，他也不能伤害新的财政大臣，因为他已经将严格限制公共工程的方案付诸实践。

凯恩斯步步紧逼，而霍普金斯小心翼翼地谨慎后退，但很令人不满。争论中提到为回应《劳埃德·乔治能否做到?》而发表的那份白皮书，书中批评了凯恩斯正在倡导的增加公共工程的做法。霍普金斯向委员会保证，财政部虽然对凯恩斯倡导的那种大计划明确表示反对，但它从未对这个问题采取过强硬而压制的武断做法。[21]

凯恩斯接着问，财政部的观点是不是认为"资本开发计划对降低失业率没有用"，霍普金斯说，"这扯得太远了"。凯恩斯再次发问，财政部是否真的认为，为他们的计划可以找到的任何资本都是挪用了其他用途的资金。霍普金斯说，这"是对我们表达的所有观点的过于死板的表述"，是"可能实施公共工程计划的氛围"决定了其后果。他继续说，财政部的观点不是"僵化的教条"，它来自"我们对于该方案的实际反应持有的看法"。凯恩斯最后恼怒地说，这种观点"绕来绕去，我很难弄清楚"。但是霍普金斯毫不让步，回答说："是的。我认为这些观点无法用一种僵化的理论教条来表达。"[22]

霍普金斯在这些交锋中的回答都令人极不满意，但是凯恩斯无法说服委员会成员相信霍普金斯错了。麻烦的是，凯恩斯的理论并没有帮助他证明他想说的话是有道理的。我们已经明白了凯恩斯想说的话（他也曾用香蕉寓言对麦克米伦委员会讲过了），即提高银行利率会减少投资，从而使支出下降，而**这又会造成失业**。但我们已经看出来他的论点行不通。他还想说，政府支出的增加不会挤出私营部门的企业家的投资，反而会创造更多的就业机会，**并降低银行高利率造成的失业率**。但他在香蕉寓言中的经济理论没有产生这样的效果，因为那个经济中的产出供给是固定的。因此，政府支出增加，即使没有挤出私营经济的投资，也只会导致香蕉价格上涨。凯恩斯认为，货币工资无法跟上价格的上涨，因此，工人用自己的工资所能购买的香蕉会变少。他想说（也确实在麦克米伦委员会面前说了），价格上涨但工资没有提高，就意味着生产将变得更加有利可图，这会促使资本家增加生产从而减少失业。但他的理论不允许他说这句话。他的理论只能让他说，政府支出的增加会提高香蕉价格，降低工人的实际收入，因为工资的提高幅度会比物价上涨幅度小，因而会压低工人的生活水平。

难怪凯恩斯与霍普金斯在这个问题上的交锋遇到了困难。他们的讨论发生在1930年失业率居高不下且节节攀升的时候。假定充分就业条件下的产出是固定的，这样一种宏观经济模型不会有什么特别帮助。而凯恩斯争辩说，公共支出不需要挤出私人投资的支出，因为它反而会降低工人的消费，他试图利用这样一个模型打败霍普金斯，但这毫无作用。凯恩斯在霍普金斯身上遇到的困难与他自己无法说明银行利率上升会增加失业率的困难如出一辙。如果假设产出总是达到充分就业的状态，那么政府支出的增加就不会带来就业的增加，而银行利率的增加也不会导致就业减少，造成这两种情况的原因完全相同。

这些交流结束时，麦克米伦勋爵做了如下公正的总结："我认为我们可以把这描述成不分胜负的战斗。"哈罗德说道：

> 人们总是轻率地乐于给出消极的结论。凯恩斯总是以其雄辩滔滔地论证自己选择的主题，但我想不起来有哪一次他这么做的时候没有被"裁判"认定为胜方的。如果真是这样，霍普

金斯在他那一代人中便是鹤立鸡群了。㉓

凯恩斯写信给丽迪雅：

> 霍普金斯先生非常聪明，但不明白我们讨论问题所使用的方法，所以这个组合达到很好的效果。但它证明了财政部在这方面一无所知，比英格兰银行强不到哪儿去，而这足以使爱国者黯然泪下。㉔

凯恩斯很有可能会认为，因为他的失败，财政部和英格兰银行的决策仍受"已故经济学家"的观点左右。

在凯恩斯增加公共工程的建议中也存在着根本的矛盾之处，事实上，在他讨论金本位制时，他曾指出国家要面对的是外部问题。他想说的是，增加公共支出会增加就业，从而增加国内收入和支出。但这会导致进口增加，势必会使外部问题变得更糟。

凯恩斯因此遇到了两个问题。第一，他未能让大家理解银行利率上升会导致失业的原因，以及增加公共工程如何能有助于降低失业率。第二，他未能提供任何做法以替代令人不满意的金本位制。

我们可以用第一章的简单模型来理解他这两个问题之间的关系。尽管在 20 世纪 50 年代这个模型才发展出合理的公式表述，但我们需要清楚地描述凯恩斯的困惑，并了解他后来的研究计划。我们在第一章区分了内部和外部平衡，在这里不再详细解释，只需要使用那个结论，即内部和外部都实现平衡才是令人满意的结果。

1930 年，凯恩斯不明白如何实现这两种平衡。他向麦克米伦委员会做报告，首先介绍了如何在金本位制下保持外部平衡。为了说明自己的论点，也是应对该委员会的迫切要求，凯恩斯不得不面对国内平衡的问题，即失业问题。今天，我们可以区分这两个相互关联的问题是因为凯恩斯 1930 年后做出的贡献，以及随后许多其他人所做的贡献。然而，我们不能肯定凯恩斯是不是把它们视为两个单独的问题。今天我们可以理解解决一个失衡问题会如何加剧另一个失衡问题，但在 1930 年，凯恩斯缺少工具无法做到这一点。

我们不太确信凯恩斯通过区分这两个问题已经迈出了理解的第一步。他在各种活动，以及在他广受欢迎的著作和公开发表的评论中，分别阐述了这两个问题。但鉴于失业的紧迫性，凯恩斯选择了先解决国内问题。为解决国内问题，凯恩斯于 1936 年出版了《通论》。为解决第二个问题，他开始了 1944 年在布雷顿森林创建国际货币基金组织（IMF）的重要工作。在本章接下来的部分，我们会像凯恩斯那样，分别综述这两方面的发展。

我们的综述从凯恩斯的《货币论》开始。显然，凯恩斯对自己无法说服麦克米伦委员会深感不安，并据此写了《货币论》。事后看，这也正是我们看到的。这部著作出版于 1930 年 10 月。到 1931 年 1 月，正当麦克米伦委员会起草工作报告之际，凯恩斯的一群年轻追随者在剑桥开会讨论《货币论》的长处和短处。这些人中包括琼·罗宾逊（Joan Robinson）和奥斯汀·罗宾逊（Austin Robinson）、皮耶罗·斯拉法（Piero Sraffa）、詹姆斯·米德（James Meade）和理查德·卡恩（Richard Kahn），都是凯恩斯在国王学院的年轻同事。这个小组的聚会被称为 Circus。《牛津英语词典》对这个词的其中一个定义是"干扰或喧嚣；逗闹的人或事"。这个词极为准确地定义了当时的情况。

最初这些集会是在国王学院卡恩的房间里举行的非正式会议，在优雅的新古典建筑吉布斯楼里。这座建筑是尼古拉斯·霍克斯穆尔（Nicholas Hawksmoor）设计的，建于 1720 年，位于国王学院礼拜堂的旁边。随后的会议被扩大成为我们现在所称的研讨会，改在国王学院隔壁的三一学院举行，那是一个美妙的老式房间，称为"老组合房"。没有受到邀请不能参会。当时受到邀请的都是一些最有才干的大学生，但他们必须符合面试委员会的要求。出席会议的还有一两个研究生，有时还有一两名教师成员。凯恩斯本人没有参加这些活动。亚瑟·庇古也没参加，他当时已经接替马歇尔成为政治经济学教授，他对这种青少年的玩乐行为持一种超然的态度。

后来米德对 Circus 那种研讨会式的会议形式津津乐道。虽然凯恩斯没有出席，但每次会议结束后，卡恩都会去见凯恩斯，告诉他讨论的内容和争论的观点：

> 从像我这样一个卑微的凡人角度看，凯恩斯似乎扮演了道德剧中上帝的角色，他是这部剧的绝对主角，但很少出现在舞台上。卡恩是那个天使信使，他从凯恩斯那里得到消息和问题，并传递给 Circus，然后再把我们的讨论结果带回天堂。[25]

凯恩斯的这个角色最初由米德的太太玛格丽特在 1934 年提出，他们当时正在剑桥与罗宾逊一家度周末。在那个周末，每隔一段时间上面就会传来一些消息。上帝在主宰，却从不现身。[26]

凯恩斯《货币论》的核心问题在他向麦克米伦委员会讲的香蕉寓言中说得很清楚。当储蓄上升时，由于香蕉价格下降，储蓄回到与投资相等的水平；但是不管有多少更多的个人储蓄，企业的利润都是等量下降的，因此整个社会的储蓄总额不会增加。如上文所述，凯恩斯与霍普金斯在麦克米伦委员会会议上的交锋中，这个问题同样很明显。当政府支出增加时，由于价格上涨，投资（包括政府支出）回到与储蓄相等的水平。因此，利润和整体的储蓄上升，与政府支出的增加额度相等，因为工人的工资保持不变。但产出和就业水平没有提高。与香蕉寓言同理，凯恩斯的论述以国家产出固定（在香蕉寓言中，香蕉产出是固定的）为条件，而如果投资相对于储蓄发生变化，则所有调整都通过香蕉的价格进行。这种论述显然是不充分的。

关于这个问题是如何解决的，有许多民间传说。最著名的版本是奥斯汀·罗宾逊说的一段简单的评价。他对《货币论》的问题论述如下："如果一位腰缠万贯的企业家在回家的路上决定擦一下皮鞋，他的这个举动只会影响擦鞋价格的提高吗？难道不可能增加要擦的鞋子数量吗？"[27]

20 世纪 30 年代初的经济学家对价格问题得心应手，但对量的问题不熟悉。他们可以解决任何单一产品或服务的数量问题，因为马歇尔教过他们怎么做。但是，当他们思考价格水平问题，即我们现在所称的宏观经济学问题时，就会把生产的商品和服务的数量设成固定不变的。这就产生了剑桥的价格方程，即"货币数量理论"。要打破充分就业的假设前提来分析，凯恩斯就必须把自己从剑桥等式中解放出来。

卡恩是凯恩斯在国王学院的年轻同事，1931 年 1 月就已经起草了关于乘数的著名文章。卡恩在这篇文章中阐述说，如果产出能够随政府支出的增加而改变，就像凯恩斯在与霍普金斯的讨论中所说的那样，那么投资增加（或政府支出增加）就会因产出提高而不是价格提高而回到与储蓄相等的水平。产出增加会带来利润增加，因为越来越多的人回到工作岗位，生产的商品就更多，而且出售的商品增多，售出每一件商品都会带来额外的利润。卡恩说产出增加足以使储蓄超过利润增长，与政府支出增加相等。正是由于产出增加，而不是像香蕉寓言经济中的价格上升，才使储蓄回到与投资相等的水平。这额外增加的产出，意味着产量增加要超过最初政府支出的增加，因此才得名"乘数"，至今仍是用来说明这种效应的大名鼎鼎的名词。[28]

米德那时还是年轻的研究生，从牛津去剑桥访学一年，他说明了如何能够把卡恩的乘数分析与凯恩斯以前在《货币论》中的观点联系起来。米德描述了事情的经过：

> 我对 Circus 的其他成员说了下面的话。"你们当中没有人读过马歇尔的《经济学原理》吗？在这本书中，短期内，经济有短期的、向上倾斜的供给曲线。但是这条曲线在模型中增加了一个额外的等式。这意味着，与《货币论》中的模型相比，我们可以使价格和产出同时内生（即，能够变化）。"[29]

卡恩在 1931 年的文章中，以及在他之后谈起当时那段时光时，都承认他得益于米德的启发。一旦理解了这些想法，Circus 成员就达成一个观点，即主要是产出水平的变化使储蓄与投资水平达到相等，所以重建了符合宏观经济均衡的条件，而不仅仅是之前在香蕉寓言和《货币论》中假定的价格水平变化使然。[30]

如果凯恩斯要摆脱马歇尔的货币数量论，就需要做到三个根本突破，这个关键的改变确立了其中的第二个突破。第一个突破我们已经描述过，即储蓄和投资是分别决定的。储蓄是家庭决策，他们要决定收入有多少用于消费，有多少存起来以备将来之需。投资是由企业决定的，他们要决定需要多少资本设备用于生产，从而决定需要做什么投资以获得这些资本设备。第一个突破意味着要知道经济中花费了多少，而不仅要知道有多少钱。

综合考虑，这两点突破就意味着如果人们能够了解一段时间内储蓄和投资决策的决定因素，就可以了解一段时间内在经济中的支出、产出和就业情况可能会发生怎样的变化。这一进步使人们对经济运行方式的看法有了巨大的转变。这使正确解释金本位制的运作机制成为可能，即可以解释提高利率水平如何导致产出下降，因而失业上升，工资下降，从而使经济更具竞争力；也能够解释政府支出增加如何导致产出增加；于是，就有可能形成一个令人信服的观点来反驳霍普金斯的说法。

凯恩斯还需要做到第三个同样重要的突破才能应对霍普金斯提出的反对意见。如果是储蓄和投资之间的平衡决定了经济的支出总量，那么货币数量的影响是什么？如果货币数量的增加并没有增加经济总量，那它的作用是什么？

现在的我们似乎觉得答案是显而易见的，但当时的人们并不清楚。货币数量增加会导致利率下降，这是因为决定利率的不是使储蓄等于投资的需要，而是使货币需求等于供给的需要。事情最终证明是非常简单的。对货币的需求取决于利率以及人们需要用资金进行的交易数量和这些交易的价格，因为如果无法确定债券或股票的价格会上涨还是下跌，有些人就可能希望以现金形式持有他们的财富。2008 年底雷曼兄弟破产后，我们都从中了解了这一点，而马歇尔的追随者也知道这一点。在危机发生时，失败的风险使债券价值下降，导致债券持有人出售债券以获得现金。正是抛售债券导致恐慌的发生。

但是，这个想法当时并没有被纳入既有的分析框架中，用以分析整体经济的运作机制。凯恩斯的这一著名观点，即他的"流动性偏好"理论，已广为人知。这个理论源自这样一种观点，即人们可能想要持有货币的原因是他们希望除了拥有长期债券或股票之外，还拥有流动资产，因为债券和股票可能在他们需要出售以用于支出的时候正好处于低价位。如果这是某些货币需求量的决定因素，那么利率就是要使货币供给量（由中央银行控制）与货币的整体需求相等，这个需求既包括用于交易目的的货币需求，也包括取决于人们流动性偏好的这一额外需求。

有了这三个突破，凯恩斯的新理论合在一起就形成以下一系列观点。凯恩斯认为，经济中的投资数量取决于投资的机会和利率。正如他在讨论金本位机制的短期组成部分时的观点，如果利率上升，投资水平就会下降。所以我们要问利率是如何决定的。凯恩斯的回答是：主要是货币数量决定的。如果货币供应量减少，就会导致利率上升。英格兰银行能够通过减少现有的货币数量提高银行利率。

是什么决定了经济中的支出和产出的总体水平？这取决于能否找到那个足够高的产出水平，以使用于储蓄的收入刚好与投资相等。如果投资下降，就会导致那些为投资而生产商品的人减少收入，人们可以花的钱就会减少。因此，经济中的收入和产出都会下降。直到储蓄水平下降到再次等于投资时，下降才会停止。最后，是什么决定了经济中的就业水平？它根本不是由工资水平决定的，而是由产出水平决定的，因为这决定了企业家想要雇用多少人来生产他们能够销售出去的产品量。这段话概括了凯恩斯在《通论》中提出的观点。

用 1937 年约翰·希克斯（John Hicks）创立的 IS/LM 模型图对《通论》做出了著名的诠释，对上述观点有了更进一步的重要阐述。希克斯说，如果英格兰银行持有固定的货币数量，那么经济的产出水平就会影响对货币的需求。这会对利率产生影响。因此，在上一段中提出的论点只是同一个广义观点的一部分。利率影响产出水平，而产出水平又会影响利率。这句话来自 1935 年 8 月凯恩斯和哈罗德之间的讨论，当时《通论》还处于校对阶段。那时，哈罗德像所有人一样把凯恩斯的理论解释得非常清楚，而凯恩斯也完全同意哈罗德的解释。这句话清楚地概括了几代大学生用 IS/LM 模型学习到的关于《通论》的内容。希克斯显示出他能够用一个简单模型阐述这个理论的天分。我们会在附录中简要地介绍这个模型。[31]

这并不是说凯恩斯没有意识到这一理论的许多局限性。这也不是说他不知道这一理论可以在许多方面做出扩展。我们在本章后面会讨论一个这样的扩展，即概括分析有国际贸易的经济。那个扩展是本书讨论的核心，并引导我们进一步讨论斯旺曲线。我们要想理解凯恩斯取得的成就，其中的一种方法就是探寻如果出现了失业而工资也被削减，情况会怎样。根据马歇尔的理论，这会使企业需要更多的劳动力从而降低失业率，如果工资下降有些人就决定减少工作，那么对失业率的影响就会放大。但根据凯恩斯的理论，除非利率下降（这会刺激更多投资）或人们减少用于储蓄的收入，否则工资下降不会降低失业率。只有这样，投资才会高于储蓄，只有这样，经济中的支出水平和产出才会提高，也只有这样，才会出现失业率下降。如果不是这样，工资下降只会导致企业降低价格，而不会鼓励他们雇用任何新的劳动力。除非这些企业看到其产品的需求量会增加，才会雇用新的劳动力。

如果企业看不到这种需求的增加，那么它们就会简单地根据成本下降相应地降低价格。在一个具有开放的国际贸易并实行金本位制的经济体中（或者一个货币联盟的成员，就像现在的欧洲货币联盟），工资下降一定会刺激就业，这与前面所述的情况存在差异。在这样一个开放的经济体中，失业率会下降，因为工资下降会导致国内成本和物价的下降，从而鼓励出口的增加。它也会鼓励消费者和企业更倾向于购买国内产品而不是进口商品。出口增加和进口减少都会刺激国内产品的需求，从而带来失业率下降。这些观点在本章接下来的部分会变得非常重要。

在凯恩斯迈向《通论》的路程中，有两件事对我们有非常重要的启发。在这两件事的发展过程中，Circus（即1931年凯恩斯在剑桥的年轻同事建立的那个团体）对凯恩斯的进步起到至关重要的作用。

首先，Circus的参与者学会了一种新的宏观经济分析方法。这种方法使人们意识到当多个市场作为"整体均衡"的一部分同时并存于一个经济整体中时，宏观经济结果是如何被决定的。Circus 中的凯恩斯的年轻同事，如约翰·希克斯、罗伊·哈罗德、理查德·卡恩、詹姆斯·米德、琼·罗宾逊，都开始理解了这个方法。理解这一方法对我们理解当今世界的问题也是非常重要的。

马歇尔不理解这种方法。对马歇尔来说，价格是由货币决定的，利率是由人们将储蓄用于投资的需要决定的，而工资的确定就是要使劳动的需求等于供给。马歇尔采用的微观方法如下：先弄清楚讨论的市场，然后弄清楚那个市场中的价格是如何确定的，以使需求等于供给。如果考虑的是劳动力市场，那么工资的确定就是要使劳动的需求与供给相等。之所以出现失业只是因为工资太高，只要削减工资就可以消除失业。如果考虑的是商品市场，那么利率的确定是使储蓄等于投资。如果投资减少，只要把利率降低到一定程度就会使投资回升，并/或使储蓄下降，从而再次使储蓄和投资相等，且商品需求永远不会出现不足。如果考虑的是货币市场，则价格水平的确定是使货币的需求与供给相等。如果货币数量增加，就会导致价格水平上升，因为这正是增加货币数量要达到的目的。同样，如果货币数量减少，那么价格就会下降。货币数量的下降并不会导致失业率的上升。

《通论》使凯恩斯摆脱了这种思维方式的束缚。相比之下，对凯恩斯来说，就业水平是由商品需求决定的，而需求反过来又取决于经济中的收入水平。收入水平就是储蓄水平与投资水平相等时达到的那个水平。这绝不是说确定工资水平的目的是使劳动力的需求与供给相等。同样，利率的确定也不是要使投资与储蓄相等。而且价格水平是由工资水平决定的，而不是由货币数量决定的。我们会教授学生说：宏观经济学是研究所有事物互相依存的一门学问。但是，好的宏观经济学需要了解哪些事物的哪一方面对其他事物的哪些方面的影响最重要。这就是宏观经济学是非常具有挑战性的原因。凯恩斯开创先河，让经济学家以及更广泛的公众明白了如何站在宏观经济的角度思考问题。

在凯恩斯后面那一代人中，保罗·萨缪尔森（Paul Samuelson）明白了凯恩斯《货币论》的思考逻辑就是经济学家所谓的一般均衡理论，了解各市场之间联系的方法就是我们刚才描述的方法。在萨缪尔森的《经济学原理》课上教了几代大学生的 IS/LM 模型，就是这种方法的一个例子。在附录中解释的斯旺曲线，是本书中大部分分析的基础，也是这种一般均衡方法的例子，它适用于对国际贸易开放的经济体。一般均衡观点上的宏观经济学包含两个或多个市场。在任何一个单独的国家里，凯恩斯都把市场和货币分为不同的市场。IS/LM 模型由此产生。对于一个有国际贸易的开放型经济，后来的凯恩斯会复制这一过程，并把市场分为内销商品市场和外销商品市场。斯旺曲线虽然没有 IS/LM 模型那么有名，但对这个概念做出了阐释。

有时凯恩斯自己也无法理解如何做这样的系统思考，虽然他认为这是必要的。这个任务落在了米德、希克斯和哈罗德这些年轻的 Circus 成员身上，他们理解以后要告诉凯恩斯如何使用他自己的方法。凯恩斯与哈罗德在《通论》还在校对阶段时的通信能清楚地显示出凯恩斯在这方面的无能为力。哈罗德当时对凯恩斯和马歇尔做的比较正是我们前面提到过的。凯恩斯试图拒绝接受这种比较，他在《通论》中再三提到马歇尔理论的条理不清，这种做法惹恼了哈罗德和其他许多人。问题并不是马歇尔语无伦次，而是马歇尔不懂我们前面阐述的一般均衡思想，而凯恩斯本人也认为这种思想必不可少。具有讽刺意味的是，凯恩斯大力抨击了自己的恩师，却不能完全抛弃从他那里学到的分析方法。[32]

正如我们在本书的后面几章里会看到的，站在宏观经济角度思考当今世界的问题非常重要。在第五章和第六章描述的许多问题都是源于经济学家（更重要的是源自决策者和政治家们）不能以这种方式思考问题。

Circus 成员学到的第二大要点，也是我们能向他们学习的，就是他们发展出一种团队工作的方式。对我们描述的这种分析方法，凯恩斯直觉很强也有很多聪明的想法。但他太忙了，无法靠自己一个人搞清楚许多相关的理论。他自己做还有可能出错。不过，他身边聚集了一批聪明、有专业知识的年轻人为他做系统的分析。

十年之后，凯恩斯在准备布雷顿森林谈判时也采取了极为类似的做法，最终创立了国际货币基金组织。他召集一批年轻的经济学家组成一支非同一般的团队，与他一道在财政部工作。在他后面的那一代人当中，米德在其 20 世纪七八十年代的宏观经济学研究中也采取了类似的做法：

> 米德的年轻同事开始体验他带领研究团队的技能，我早就认为这种做法是延续了很多年以前他在剑桥 Circus 团队的做法。米德在八十岁以后，每周都会主持召开一次会议……每次会议结束后的第二天，米德都会坐在他位于剑桥城外乡下的家中，写下我们讨论过的一个代数公式。然后他会走到当地的邮局，给我们寄一封信，里面夹着一份这些手写便条的影印件。然后我们就会对他的代数和图表进行分析，为下周的会议做准备。[33]

由年轻同事负责具体工作的这种做法，其非凡之处似乎就在于给了年轻人发挥才智的机会，这种策略，我们认为是米德从凯恩斯那里学来的。凯恩斯从来没有到过 Circus 团队，而米德则是每周都让他的团队独立工作。但是凯恩斯和米德都不厌其烦地认真倾听年轻同事的意见，并把自己的看法通过对话和写信的方式予以回馈。

从与米德类似的这种做法中，我们看到了凯恩斯工作方式的一个重要组成部分。

凯恩斯写的《通论》为他回答理查德·霍普金斯爵士的怀疑论（即在没有达到充分就业的经济中，增加公共支出是否会挤出私人投资的问题）提供了必要的工具。《通论》的分析表明，如果货币政策足够宽松，就可以通过提高利率防止出现这种挤出现象，增加公共支出会带来经济中的产出和就业提高。这会导致储蓄上升，同时也会提高公共部门的税收。收入会上升到使私人储蓄上升的水平，再加上税收的提高，也正好与公共支出的初始增长规模一样大。所以不一定会导致挤出效应。

但《通论》没有涉及上面提到的第二个问题，即关于决策的国际环境。像1930年的英国那样的经济，在面临其国际竞争力不足的情况下，如何应对不断上升的失业率？凯恩斯向霍普金斯倡导的增加公共支出的做法，只会使英国的国际地位更糟。如果要解决这个问题，同时确保失业问题得到解决，就必须采取其他手段。用我们第一章的语言来说，决策者需要确保内部和外部都达到平衡。我们现在要谈的正是这个问题。

凯恩斯没能立即写下他关于国际经济更高远的见解。他在完成《通论》之后差点死于心脏病，接着就开始为战争做准备。随着英国接近充分就业，并开始为战争做准备，凯恩斯从1937年起，就一直致力于解决因此而导致的各种问题。尤其是要在没有通货膨胀压力或国际收支平衡压力的情况下，给重整军备创造空间。为此，需要制定政策，以在满足备战和贸易的需求之后减少国内对可用资源的需求。这一系列问题都是要确保内部和外部的平衡。

但是，凯恩斯到底有什么框架可以进行这种分析呢？早前凯恩斯就看到，要实现两个目标，即内部和外部平衡，就需要两种政策，这是我们用现代术语表述的。他需要支出调整政策，在满足备战和贸易的需求之后减少国内对可用资源的需求以实现内部平衡。但他也需要支出转换政策，以确保外部账户的平衡与备战保持一致。他知道这些需求当中的第一个可以用他在《通论》中的观点进行分析。而第二种政策则需要回到他曾在麦克米伦委员会讨论的、一个具有开放国际贸易的经济体所遭遇的难题上，分析的理论依据是他在《货币论》中阐释的观点。[34]

《货币论》的背景不是一个封闭经济（像《通论》中那样），而是一个国际体系，一个他给麦克米伦委员会描述和分析的那种体系。值得注目的是，《货币论》中既探讨了单个国家面对困难时应该需要有独立的国家货币主权，也分析了面对统一的、不可扩张的国际货币本位时，需要有稳定的全球价格水平和全球经济。《货币论》的最后一章探讨了实现这两者的可能性。

凯恩斯给麦克米伦委员会讲话时还不清楚如何使用这个框架。正如我们看到的，《通论》应对的是霍普金斯关于"挤出问题"的批评。它为凯恩斯提供了关于内部平衡的思考依据。但霍普金斯提出的开放经济问题，即所有关于外部平衡的问题，始终悬而未决。

从1937—1940年，随着战争逼近然后爆发，凯恩斯的目标就是使内部平衡成为可能，确保通货膨胀不会像第一次世界大战时那样变成为战争买单的手段。他也不希望在货币紧缩的情况下打仗，这样会使食利阶层从中渔利。需要用某种其他手段减少内部需求，从而释放出备战所需的资源。由此诞生了《如何支付战争》（"How to Pay for the War"）。这篇奇妙的应用经济学文章解释了凯恩斯的强制储蓄计划，与我们现在知道的新加坡模式异曲同工。但是凯恩斯的计划只实施了一小部分。[35]

然而，对于凯恩斯计划的讨论，迅速使凯恩斯宏观经济管理思想从1941年开始在白厅站稳脚跟。这方面的历史众所周知。首先从财政部开始，此时的财政部是前凯恩斯主义，即霍普金斯之流的观点占主导地位，即要制定负责任的政策。这种观点认为，如果政府的非战争赤字能被冲抵，那么为战争提供资金支持的私人储蓄就不成问题。直到现在都很难理解怎么会有人这么想。凯恩斯的另类观点很快就占了上风。按照他的观点，我们反而必须计算整个经济对商品的需求水平，即"总需求"水平，并在将资源投入战争以后，确保这个数量和经济的总体供给剩余之间没有引起通货膨胀的余地。这些关于国内宏观经济政策，以及确保内部平衡必要性的讨论，使凯恩斯成为财政部的顾问。虽然他在财政部从未有过实职，也从没领过薪水，但他很快就成了那里的实际领导。他把这个职位作为一个平台，在我们即将讨论的所有国际经济讨论中发挥自己的作用。

在战争初期，英国战时的外部平衡需求提出了两方面的要求，并根据它们的时间框架不同而有所不同。在针对这些要求的讨论中，凯恩斯主要运用了他的《货币论》的国际框架，并结合《通论》当中的观点加以修正。假设用《通论》中阐述的国内宏观经济政策可以实现内部平衡，那么只要通过检验出口和进口之间的平衡就可以对外部问题进行分析。下面就是凯恩斯分别站在短期和长期角度所做的分析。

在短期内，正如在金本位制下的情况一样，存在着融资的需要。要达到生存所需的进口（军事和非军事）水平就得想办法筹钱去买，但英国很大一部分出口贸易都转为军备生产，于是，付款就成了问题。结果，英国的短期生存变得岌岌可危，不得不依赖于美国。1940 年夏季，英国决定为争取"可能是长期而艰难的最终胜利"贡献一分力量，却使自己的生存问题更加恶化。与美国在这方面的必要合作使丘吉尔在 1940 年 12 月 8 日给罗斯福写了那封著名的信，丘吉尔称这是"我写过的最重要的一封信"，感谢罗斯福以

《租借法案》形式给予的慷慨回应。这份计划于 1940 年 12 月 17 日公布，"普通得就好像借给邻家一根水管帮助灭了火"。由于《租借法案》的实施，英国才没有重蹈第一次世界大战中的经济覆辙，不用每天担心金融危机的爆发而一心一意投入战争。㊱

但是，长期的外部平衡需求又迫使经济在战争结束后需要重新具备竞争力，这是第一次世界大战结束后从未出现的情况。凯恩斯的长期战略是保存足够的外部金融实力，使英国能够自如地（及时）恢复其满意的外部地位。

凯恩斯的目的是建立一个政策框架，其中，像英国这样的国家能够通过以财政政策为主要形式的需求管理政策促进高水平的就业和产出。希望这会避免增长衰退并防止 20 世纪 30 年代的全球萧条重演。㊲每个国家都应追求内部平衡。

但是凯恩斯认为，这些政策需要全球的支持，因为要做到这点每个国家都需要有足够的竞争力。也就是说，每个国家都需要在充分就业的情况下，以足够的出口来购买进口商品。

凯恩斯的第一步是在 1941 年底提出了一个新的战后国际货币体系，旨在使这样的全球充分就业成为可能，他称之为"清算联盟"。他的计划是依据《通论》中的理论观点，同时也参考了英国 1925 年恢复金本位制后的严酷实际案例。在他的清算联盟草案中，他关注的是，如果为国际收支平衡困难国家提供借款的全球机制不存在，就可能引发以全球经济衰退形式出现的全球失灵。他担心 1931 年发生的问题重演，这个问题在上一章中有过讨论，而且在 2012 年欧洲多个国家遭遇借贷困难时也出现了这种担忧。凯恩斯因此想要有一个全球货币体系，在这个货币体系中，国际货币足以帮助解困。因此，他的全球清算联盟是一个类似于某一国家的银行体系内的清算系统，可以在没有国际风险、阻碍或限制的情况下满足全球资产流动需求。这样一个联盟将为世界各国起到央行在其国内所起的作用，它会借款给有国际收支困难的国家，相当于那些国家的最后贷款人。国际收支困难可能会持续相当长一段时间，凯恩斯提出这个建议的目的是在（可能延长的）调整期内提供资金。他希望能以低水平的全球利率提供借款。在凯恩斯与美国财政部的哈里·德克斯特·怀特（Harry Dexter White）从 1942 年到 1944 年进行的多轮谈判中，这最后一条要求成为巨大的绊脚石。这些谈判发生在布雷顿森林会议前夕，下文将讨论这些谈判。[38]

使用本书的经济理论可以帮助我们进一步理解凯恩斯当时的立场，而站在怀特的角度看，则很容易误解他。凯恩斯不只是天真的扩张主义者。和其他许多人一样，他不仅担心战后经济衰退的风险，也警惕另一种风险，即战后复苏太猛而导致必须采取全球遏制政策。他希望战后世界各国都能实现内部和外部平衡。但他不希望通过金本位那样的机制实现外部平衡，因为那会使内部平衡面临风险。

事实上，凯恩斯认为金本位机制可能要么太扩张要么太紧缩。他的理由看起来非常现代。正如第五章要说明的，欧洲货币联盟中的国家彼此都实行金本位式的固定汇率，具有凯恩斯关注的那些特点。这个货币体系不仅迫使欧洲外围国家自 2010 年危机爆发后就采取了过度紧缩的政策，还意味着，在这场危机之前这些国家的政策是过度扩张的，这正是凯恩斯担心的第二次世界大战之后会发生的情况。

在接下来的两年里，包括 1943 年凯恩斯在华盛顿访问期间，他与怀特和其他人详细讨论了实行不同于金本位制的其他货币机制的必要性。在这些讨论中，他详细阐述了自己在麦克米伦委员会提出的观点。凯恩斯早就认为自 20 世纪 20 年代以来金本位制就已经解体了，而现在对其解体的原因更是一目了然。他曾在《通论》中声称，工资和价格的调整没起到作用，他曾在麦克米伦委员会上说过这一调整工作的速度不够快，不够好，没能完成国际收支调整过程中的支出转换。凯恩斯重申，这么做无法实现工资和价格调整，而且导致在两次世界大战之间出现了冲突和混乱。（我们看到欧洲目前正在经历类似的困难，下一章会对此进行讨论。）

金本位体系的第一个失败促成了它的第二个失败。随着经济衰退从出口贸易中逐渐扩散，金本位制的规则要求货币政策提高利率，降低消费，相当于要求货币政策有意放大大萧条。凯恩斯认为，这不再是对战后世界的现实政治。凯恩斯早在麦克米伦委员会就阐述过，这也不是战前英国的现实政治。凯恩斯说应该防止金本位制以这种方式运作。这种错误的政策正是他的清算联盟提议要避免的。[39]现在许多人认为，欧洲货币联盟中遇到困难的南欧国家只有解决了这个问题，才有可能在欧洲南部实现调整。

此外，凯恩斯说，在这种情况下，金本位机制的短期组成部分可能会出现不稳定的趋势。那些遭受外部冲击并经历大面积经济衰退的国家可能会在政治压力下退出金本位制。资本持有者会受到这种可能性的惊吓，也会因此倾向逃离那些遭遇负面外部冲击的国家，而不是支持这些国家对冲击的调整。在这里，凯恩斯已经开始对自我实现的投机攻击和金融危机形成了想法。[40]这也与当今欧洲发生的情况非常类似。

如何才能实现外部调整？各国要实行什么政策才能在促进其内部平衡的同时，实现外部平衡？用我们前面介绍的说法就是，我们可以用哪些支出转换政策，以确保各国能够在充分就业的情况下具备足够的竞争力并有足够的出口支付他们的进口？

此时，《租借法案》，即罗斯福为英国提供的"灭火水管"，却刺痛了凯恩斯和英国。1940年底，《租借法案》的第七款——被称为"对价"条款——规定美国通过《租借法案》捐赠资源，作为回报，美国将有权确定战后世界的制度架构。事实上，有人提出，《租借法案》会使美国完全控制英国长期的经济复苏。特别是，美国将能够决定英国在什么条件下恢复其在战争期间不得不放弃的出口市场。而且，美国"救火队"利用这种新的权力控制他们的旧帝国主人，决意要趁机施加苛刻的条件。罗斯福本人热衷于肢解大英帝国，美国国务卿科德尔·赫尔（Cordell Hull）也是如此。可以肯定的是，毁灭这个帝国是美国一直追求的目标。这一愿望有充足的理由，而不仅仅是一个道德问题。美国急于获取市场（比如阿根廷），认为英国已经荣光不再（怀特认为俄罗斯才是未来），纽约的银行家希望能超越伦敦抢占霸主地位、实行自由贸易的思想信念（赫尔的想法）等。瓦解英帝国的优势地位成为美国国务院战争期间的一个目标。但是，具有毁灭性的是，美国财政部的另一个战争目标是不让英国使用帝国的支付系统（或者不能对美国有任何严厉的国际收支平衡方面的限制），而这可能是大英帝国的市场要具备竞争力不可或缺的。这些要求中潜藏着一个根本矛盾。[41]

美国这种反帝国主义行为的结果就是最终破坏整个英国的经济体系，这是一种附带损害。主要受害者是英国与旧的英联邦国家（加拿大、澳大利亚、新西兰和南非）的自由贸易区。一百年来，这些主要的农业国为其母国提供了原材料用以交换英国的工业品，而且自20世纪30年代以来这种贸易安排得到了明确的贸易优惠政策的支持。

尽管美国在第二次世界大战期间坚持要终止这一切，但这与过去10年中美国的立场截然不同。英国对自由贸易区的保护与美国自2000年以来推动的"新区域主义"异曲同工，目的就是为了用关税和其他障碍把一些国家排挤在外，再以那些国家为代价，在其成员之间建立贸易关系。两百年前美国自愿退出大英帝国，现在想弥补其损失并没收大英帝国的收益。战争和《租借法案》给美国人提供了这个机会。[42]

凯恩斯开始认识到，因为英国离不开美国的支持，所以英国只能忍痛接受《租借法案》。然而，他也越来越清晰地认识到，也许有办法逃离美国给英国带来的陷入无奈的困境。这条逃离路线要求他重塑整个世界。假设英国被迫实行自由贸易（包括不对美国的总体国际收支平衡施加限制，放宽更多具体的帝国特惠政策）并实行开放的国际金融，那么要想保持住英国的地位就只有加大贸易自由化程度，在全球范围内对国际金融进行管理。全球自由贸易的多边世界和开放的国际金融体系是否真的可以行之有效，能够取代 19 世纪末的大英帝国体系？英国能在这样一个全新的世界中获得重要而繁荣的地位吗？

1942—1944 年凯恩斯在白厅从事的工作要求他面对这个问题。他与怀特在布雷顿森林会议筹备阶段的谈判，从理论上说也许是最困难的国际谈判，其难度也许仅次于解决目前欧元区危机的谈判。

凯恩斯刚开始的想法比较审慎，尽管已经想到，但他不想采取那种多边对策。也就是说，他起初并没有提出使用汇率作为支出转换的政策。他最初持狭隘的贸易保护主义思想，基本想法如下：新的金融体系应该与金本位制有所区别，能够提供慷慨的国际资本流动，以保证有足够的时间完成必要的调整。在必要的时候（也许一直都必要）对资本进行控制，以消除国际资本流动的失序。他尤其担心那些处于困难中的国家遭到投机攻击。但从长期看，国际收支平衡的限制手段（即关税和配额）应作为必要的支出转换机制来平衡进出口，这正是他建议麦克米伦委员会采取的做法。[43]

正如我们一直在本书中强调的，这些狭隘思想的核心观点，是认为国际收支问题可能会妨碍充分就业政策的实施，也就是他在麦克米伦委员会面临的难题。但是，在面对美国坚持要在世界范围推行更加开放的国际贸易体制时，为什么凯恩斯没有马上提出我们此前提出的观点，并将汇率贬值作为应对困难的方法呢？部分原因是我们熟知的"弹性悲观主义"，即他认为出口和进口可能对汇率的变化无法做出及时的反应。部分原因是他担心全球经济体系可能会出现问题

（就像20世纪30年代那样，而2008年到现在再次重演），进而担心毫无保护地面对这种问题（即某个国家取消保护主义以后会发生的问题）的风险可能会太大。没有了保护主义措施，一个国家可能需要采取激进的以邻为壑的货币贬值措施保护自己免受全球经济衰退的侵袭。凯恩斯认为这种行为肯定是不可取的。[44]

但最关键的是，还存在着另外一个重要的担心，担心美国会采取保护主义政策。英国在1931年向保护主义政策的转变和随后英帝国内部贸易优惠政策的加强，加大了全球保护主义的风险，凯恩斯肯定能看到自由贸易中的全球利益，他也明白为什么美国要推动自由贸易的发展。但英国面临的战后前景是不得不跟这样的美国打交道：虽然它表面上提倡自由贸易，但实际上是要以保护主义的做法保护自己的工业。美国有财力阻止英国采取贸易保护主义，可以要求英国放弃1931年以来采取的保护主义做法。《租借法案》中的"对价"条款使美国可以行使这种权力。这使英国的经济前景阴云笼罩。难怪在面对这种威胁时，凯恩斯在1942年的一个周末派詹姆斯·米德就如何建立一个致力于国际贸易自由化的机构起草一份文件。就组建一个国际贸易组织提出的这些建议，导致1948年建立关税和贸易总协定（GATT），并于2003年演变成世界贸易组织（WTO）。英国人的谈判地位建立在一种顽固的想法之上，即英国需要全球性的制度保障，确保全球保护主义的囚徒困境博弈不会出现最糟糕的结果，即美国继续实行贸易保护主义，而英国在美国的逼迫之下取消帝国内的自由贸易，转而实行贸易自由化。[45]

思考这个问题可以让我们明白为什么凯恩斯花了那么长的时间才想通：布雷顿森林体系中的支出转换型国际收支调整机制，应该改变汇率变化的方式而不是改变保护主义水平的方式。如果世界上的其他国家实行贸易保护主义政策，那么英国实施汇率贬值对弥补可能出现的贸易赤字没有多大用处。但 1944 年的某一天，在贸易委员会的一次特别沉闷的会议上，凯恩斯在一个信封的背面勾勒出一份类似于表 3.1 的表格。他一边把信封递给米德一边说："我终于想通了。"⑯

**表 3.1　凯恩斯的国际政策体系**

| 目　标 | 工　具 | 责任机构 |
|--------|--------|----------|
| 充分就业 | 需求管理<br>（主要是财政方面） | 国家政府 |
| 国际收支调整 | 钉住但可调的汇率 | 国际货币基金组织 |
| 促进国际贸易 | 降低关税等 | 国际贸易组织 |
| 经济发展 | 官方国际贷款 | 世界银行 |

凯恩斯是如何得出这个结论的？在写了《通论》之后十年左右的时间内，他把宏观经济思想纳入其理论框架。他不再跟马歇尔较劲，相反，他坚决主张在一个均衡经济体中的几个市场都需要均衡。凯恩斯对自己基于希克斯的 IS/LM 体系建立的、早于萨缪尔森的新古典综合派之前的经济学新领域很满意。他的目标是多维度的。一旦清楚自己要做什么，凯恩斯就开始认识到要管理好国家经济，不仅需要考虑国内商品市场和实现充分就业的必要性（即内部平衡），还需要考虑国际贸易市场以及实现外部平衡的必要性（即令人满意的国际收支状况）。表 3.1 的前两行清楚地说明了相互依赖的必要性（而这也始终是本书的中心思想）。经济学家需要费时多年才能弄清楚如何建立分析模型，但凯恩斯不费吹灰之力直接跳到这第二步。凯恩斯在发展新模型的过程中，继续沿用他 20 世纪 30 年代初在 Circus 团队时的做法，把想法告诉他的同事和学生，让他们做具体工作。与那时大为不同的是，他现在对自己做的事情了解得更充分，所以能够传递出更完整的想法。

直到 1952 年这个国际宏观经济学模型才落到笔端，米德以《国际收支》（*The Balance of Payments*）为书名将它出版，并因此被授予诺贝尔经济学奖。正如豪森和莫格里奇所说，米德在凯恩斯发明这个模型的过程中起到了关键作用。米德描述他的工作是"在纯经济分析的基本原理方面默默地做着重要的原创工作"，他的工作"得益于伟大的凯恩斯的思想，（这一点）显而易见无须强调"。这个模型因为斯旺曲线而变得很容易把握，但只是到 20 世纪 80 年代中期才得到普遍使用。从那以后它便成为国际宏观经济学的核心组成部分。[47]这也是本书讨论的核心内容。附录中将对这个模型予以解释。它说明了确保外部平衡所需的汇率和确保内部平衡所需的国内宏观经济政策相互作用的方式。凯恩斯认为，国内宏观经济政策既影响经济的内部状况，也会影响其外部状况；更具扩张性的政策会提高需求和产出水平，也会提高进口水平。同样，汇率既影响国家的外部状况也影响国内经济活动水平，它可以使国家达成内部平衡或走向失衡。必须将两者结合在一起考虑。

我们可以做如下简述。在一个运行良好的经济体中，其政策目标必须既确保外部平衡（这需要有足够的出口以支付进口所需），也必须确保内部平衡（这需要充分利用资源）。很显然，要同时实现这两个目标需要进行艰难的权衡。在调节外部赤字（这是英国战后面临的问题）时，就要求减少国内支出，从而减少进口。但是为保持内部平衡就意味着必须通过扩大出口，同时将需求从进口商品转到国产商品。虽然扩大出口和减少进口需要改善经济的国际竞争力，也就是说，它需要该国的汇率贬值。这是在附录中要说明的内容。

如果没有金本位制迫使工资降低，以此作为提高竞争力的必要手段，在这种情况下，货币贬值显然就是必要的。如果决策者不考虑货币贬值，那么我们就明白了为什么凯恩斯最初认为贸易保护主义在外部困难国家仍然是必要的。但是一旦失去这种保护，他和其他人都认为，要实现调整，汇率贬值就必须是政策的一部分。

显然，凯恩斯在 1942—1944 年发明了这一模型，并在他与怀特讨论战后英美之间的关系时使用了这个模型。凯恩斯接着又考虑了不止一个国家。例如，他认为，如果有两个国家，在国内它们都应该实现内部平衡，而且它们之间也要实现外部平衡（即两国之间的国际收支状况达到令人满意的水平）。我们接下来还要广泛使用这个模型，我们会展示如何利用它（就像凯恩斯使用它的方法一样）思考问题，不仅要考虑国内的政策，也要考虑如何利用政策管理好国家之间的关系。[48]

凯恩斯甚至不用把这一模型写下来就明白了它的特性。他认为我们有多少目标就需要多少政策工具。战后随着经济学家越来越熟悉凯恩斯模型，这个要求逐渐显现，但凯恩斯 1944 年就表述得很清楚了。对一个国家来说，两个目标只能通过两个政策工具实现；对互相合作的两个国家，三个目标（这两个国家各自的内部平衡和它们之间的外部平衡）只能通过三个政策工具实现。值得一提的是，简·丁伯根因为同一概念的另一个更一般、更抽象的版本，获得了 1969 年的诺贝尔经济学奖。

此外，长期和短期目标必须一并考虑。要实现国际经济稳定，短期权宜之计必须与长期计划保持一致。应对暂时性危机的措施不应该破坏长期的发展条件。这些短期措施应该使世界经济更接近于长期均衡的实现。这一教训还没有被正确纳入正式的模型中，但对今天来说是一个宝贵的教训。

最后，凯恩斯以无所畏惧的精神大胆设想建立新的机构。如果政策杠杆不存在，凯恩斯就会创造出来。在其职业生涯的这一时期，他的知识优势如此明显，使他可以根据自己创造的模型大胆设想重建国际经济。这样近乎胆大妄为的惊人之举，本可以把世界经济带上充满希望之路。凯恩斯最大的贡献，或许也是他最为自豪的事情，就是国际货币基金组织、世界贸易组织和世界银行今天仍然在行使各自的职责。诚然，在这 70 年里，这些机构已经发生多次改变，但是它们仍然在履行着表 3.1 中指派给它们的职能。世界贸易组织在贸易自由化谈判的多哈回合中失利，面临很多困难。世界银行也经常饱受非议。但这三个机构的工作仍然是至关重要的，起初的安排仍在沿用，即欧洲人担任国际货币基金组织的首脑，而美国人担任世界银行的领导人。

为什么凯恩斯没有适时地制定出表 3.1 的模型？我们只能推测，凯恩斯的工作方法就是由他勾画出主要想法，传递给他的年轻同事，让他们完成数学计算。他在 Circus 团队里运用这个框架写出了《通论》，很显然他也希望在这里再次使用它。如果他活着，也许会写出另一本书，那本书将和他以前的书一样既有创新性又有影响力。

然而，这需要凯恩斯 1944 年之后继续活很多年才行。他认为在不同国家的不同市场之间存在相互联系，这个观点远远领先于他的学生。经过一代以上的经济学家精心钻研凯恩斯的思想，才凝结出他传递给米德想法中蕴含的世界经济模型。解析凯恩斯的思想精髓也许需要一种不同的智慧。或许需要一种剑桥或牛津式的沉着冷静才能将其发扬光大。

这最后的猜测才真正切中要害。实际上，凯恩斯反对凭空假设，并积极参与经济政策的制定。自 1919 年出版《和平的经济后果》一书之后，凯恩斯就一直从事这方面的工作和写作。他有 25 年的时间都在积极从事这方面的工作，经历了许多成功和失败。在仍然能够发挥作用的时候，他是不太可能退出这个公共舞台的。他的兴趣是如此实际，我们必须为此感到非常庆幸。

1944 年 7 月，凯恩斯的清算联盟提议发布了两年之后，来自 44 个国家的 730 名代表在位于新罕布什尔州怀特山区的布雷顿森林召开会议。会议的讨论分别由英国的凯恩斯和美国的怀特两人主持。凯恩斯和怀特怀有同样的决心，就是要避免第二次世界大战后出现另一次大萧条。更重要的是，他们希望确保世界经济恢复增长（就像第一次世界大战前伟大的维多利亚时代那样），并在国际市场开放和国际贸易不断增长的情况下实现世界性的增长。他们希望所有国家都实现增长。与会代表们对这些问题的讨论持续了整整三周。

布雷顿森林会议的与会者认识到，如果他们要实现理想的目标，世界经济需要新的领导方式和全球合作。在维多利亚时代晚期的扩张时期，英国行使了这样的领导权。但是在两次世界大战之间的时期没有这样的领导，由此导致的缺乏合作是世界陷入大萧条的原因之一，还造成了灾难性后果。现在需要把全球的领导权从英国转到美国手里。但凯恩斯希望人们知道，正在出现的全球经济体系是一个真正的多边合作体系，美国无法对英国这样面临巨大国际收支困难的二线国家强加无法接受的限制。[49]

近两年后的 1946 年 3 月，凯恩斯再次与来自世界各地的大批代表聚首，这一次是在佐治亚州的萨凡纳。他们在那里参加两个新机构，即国际货币基金组织和世界银行的成立仪式，它们是在布雷顿森林会议上发起的。凯恩斯在讲话中用芭蕾舞剧《睡美人》中的洗礼仪式做了类比，他几周前在重新开放的伦敦考文特花园歌剧院刚看完这部舞剧。凯恩斯希望布雷顿森林的这对双胞胎，“基金主人”和“银行小姐”，会收到其神仙教母的三个礼物：第一，一件多彩的外衣，“永远提示它们是属于整个世界的”；第二，一盒维生素提供“能量”，鼓励“大无畏的精神，不搁置和不回避难题，而是迎接困难并坚决予以解决”；第三，“充满智慧的思想……这样它们对每一个问题的处理都是绝对客观的”。凯恩斯警示各参与代表说任务还很艰巨：“几乎没有任何一个国际机构不负初衷持久履职的成功经验。”所以他希望黑暗的童话不会给这对双胞胎带来诅咒：“你们两个小家伙会成长为政治家；你们的每一个想法和行为都应当有逆向思维；你们的所有决定都不是出于对自身的考虑或为了自己的利益，而是着眼于其他。"凯恩斯说，如果国际货币基金组织政治化了，那么这对双胞胎最好"陷入永恒的睡眠，永远不要醒来，或者永远不要在人类的法庭和市场上再听到它们的声音"。[50]

# 第四章　美国世纪和全球金融危机

到 1944 年召开布雷顿森林会议时，美国已经取代英国成为世界经济霸主。美国在控制全球经济发展方面起着关键的作用，到 20 世纪末之前它一直都保持着经济霸主地位。本章论述了美国如何在世界经济领域取得领先地位，探讨了美国迅速扩大财富的过程中存在的内部因素和外部压力，评述了美国在第二次世界大战之后世界一体化方面扮演的角色，尤其是"马歇尔计划"的作用，同时也探寻了在面临内部因素和外部压力的情况下，美国经济后来的发展命运。

第五章将探讨美国经济及其在更大范围的全球经济环境中所起的作用，并分析发生欧元危机前几年欧洲的情况。这两章会让我们更深刻地领会第六章的内容。20 世纪后半叶，美国在全球经济中扮演着至关重要的角色，而在第六章，我们会论述当时全球的发展状况并指出未来发展的方向。

第二次世界大战的重大打击并没有带来两次世界大战之间的那种经济压力。第一次世界大战之后是维多利亚和爱德华时代的经济平稳发展时期。当时人们没想到这场战争释放出来的力量，所以也没有做好心理准备。相比之下，在俄国十月革命、大萧条以及纳粹对欧洲的统治之后，紧接着就爆发了第二次世界大战。如果决策者认真吸取了历史教训，他们就该充分意识到世界经济若无外力帮忙，不可能快速顺利地从战争的创伤中自行恢复。

　　联合国、国际货币基金组织和世界银行在战争还没有结束就已经开始酝酿成立了，但是，到1947年人们就发现这些新的机构根本不足以保证欧洲经济（进而保证其政治）的稳定。美国总统杜鲁门出台了"马歇尔计划"，向欧洲伸出援手，这是作为世界霸主的美国在20世纪的一次伟大行动。

　　美国的慷慨援助激励欧洲各国建立了合作，而这正是战后欧洲发展的一个标志。欧洲货币联盟、欧洲煤钢共同体以及其他类似的组织加强了西欧各国间的合作关系。这些组织的合作到1957年签订《罗马协议》之时达到顶峰，为日后成立的欧盟奠定了基础。这反过来又促成"欧洲经济与货币联盟"的建立，在欧盟许多成员国引入欧元作为统一货币。

　　杜鲁门政府为了推动这一援助行为大费周章，因为国会担心这次援助行为的代价巨大，会使战争本身造成的已有巨额负担雪上加霜。尽管随后迎来的战后大发展让人们对国会的这种看法无法理解，但是我们得记住，当时这种大发展还是未知数。从历史经验看，当时的形势不容乐观，大萧条还没有完全结束。稍做细想，国会就可意识到对欧洲的援助，要付出的代价不会很大，但是当时的形势与之前的形势差别如此巨大，且时事的发展如此多变，谁又能真正预见将来会是什么样。最终，国会推迟通过这一提案，并对之进行了仔细的研究。后来杜鲁门说，他之所以称之为"马歇尔计划"，是因为如果称为"杜鲁门计划"[①]，国会是绝不会通过的。

　　这一简短的提案审议过程提出了一个重要的问题。如果这个援助计划会付出巨大代价，杜鲁门政府为何要不顾国会的警告一意孤行？美国政府这么做是想要扩大美国的利益还是纯粹出于利他的考虑？20世纪40年代末，欧洲的经济和政治形势都非常不稳定。东欧的共产主义开始掌权，似乎也准备将西欧纳入其掌控之中。西欧刚刚战胜了纳粹的统治，杜鲁门不愿意看到苏联在此形成自己的统治势力。对外援助便是一种手段，用以推动政治向民主的方向发展，实现政治上的平衡并确保一定程度的政治稳定。如此行事，美国在其中能谋求到何种利益？

要想真正理解第六章要探讨的国际合作问题并为此做好心理准备，我们需要先了解一点博弈论中的"囚徒困境"理论。在这个博弈中，一个囚犯并不知道与他分开关押在另一个牢房中的同党会说什么。如果其同党交代与他合谋犯罪，而他却予以否认，他就会受到加倍的惩罚：既有罪又说了假话。可是，如果认罪，他就摆脱了因否认犯罪而带来的最糟糕的境遇，但同时也就失去了与其同党都否认有罪从而获得自由的可能性。（要想了解更多博弈论的简单知识，参见书后附录。）

对于这个抽象博弈的深入研究得出两个结论。第一，如果只有一次机会，人们会选择认罪的保守做法。如果两个囚徒都如此保守，他们两个人就都会选择认罪从而受罚。第二，如果有多次机会，他们就会找到一个比较好的均衡点，都选择否认犯罪从而获得自由。怎样才能做到呢？最流行的理论就是"针锋相对"。如果一个人选择认罪，那么下一个阶段其同伴也如此选择。如果一个人选择否认，下一个阶段其同伴也如此选择。如果第一个阶段两个人都心怀侥幸否认犯罪，那么第二阶段就达到了均衡。[②]

我们来看看美国主动提出的帮助欧洲恢复经济发展的"马歇尔计划"。如果欧洲各国能够报恩，维持民主体制，各国之间以及各国与美国能够相互合作，则出现全赢的局面。相比之下，如果美国拒绝执行"马歇尔计划"，而欧洲的部分国家变成共产主义的天下，则战后的世界便会呈现不那么友善的格局。

对"马歇尔计划"的研究就面临着这样的博弈难题。战后的形势瞬息万变，没有那么多可以反悔重新选择的机会。美国必须做出选择，是像第一次世界大战之后的协约国（以及第二次世界大战之后苏联）那样采取向战败者要求赔款的政策，还是采取对盟友和敌对国一视同仁施以援手的做法。在对西欧各国何去何从一无所知的情况下，国会必须对"马歇尔计划"是否实施做出决策。

（从博弈论角度来说）如果西欧国家比较理性，那么不论美国是否给予帮助，他们都会走共产主义道路，以获得苏联承诺的好处。但也存在另一种可能性，那就是西欧会玩"针锋相对"的策略。换言之，他们面对援助会答应维持民主，如果没有援助就会走共产主义道路。这种情况下，即使西欧各国不重新博弈，他们也会认为未来可以找到其他的合作方式。他们选择向美国表示，不管未来的博弈如何，合作都是基本原则。这种总体认识将单一的博弈变成重复博弈。

同样，美国也非常清楚地认识到这个决定会影响与西欧的长期关系。"马歇尔计划"是一个独立的计划，但也只是战后美国与欧洲关系的一个组成部分。援助欧洲的项目不只这一个，还包括"马歇尔计划"实施之前立即兑现的战后援助，以及之后诸如"欧洲支付同盟"等其他支持措施。就像我们第二章探讨的，杜鲁门政府从大萧条中认识到，世界大战的余波会持续很多年。

即使西欧对美国的援助行动不做出友好反应，但西欧采取针锋相对策略的可能性也大到足以使美国不能坐视西欧走共产主义道路。杜鲁门政府敦促国会冒险赌一次。这不仅仅是预见到对付共产主义比实施"马歇尔计划"和其他援助项目的代价更大，也会让欧洲国家明白，"马歇尔计划"是促进美国与西欧的合作及西欧各国之间合作的经济政策体系的一个标志。正是出于这种双重考虑才使"马歇尔计划"的论证复杂化了。

无论论证它的合理性有多么复杂，"马歇尔计划"都是美国企图获得霸主地位的一个重要步骤。美国拥有的经济和军事力量至少可以控制非共产主义世界，它表示愿意并且能够以建设性的方式行使这种力量。最终结果是出现了连续几十年的经济大发展，美国和欧洲都得以从中受益。这样既加强了美国的霸主地位，也带动了其他国家之间的合作，美国在战后树立起宽宏大量的榜样形象。

我们把这场赌博与第一次世界大战后的景象做个对比。凯恩斯预测《凡尔赛和约》之后将出现混乱局面，然后他提出了一个问题：有什么办法可以缓和持续不断的竞赛？一种办法就是向美国申请国际贷款。但是，凯恩斯承认：

> 无法保证欧洲会把经济援助用到正确的地方，或者保证它不乱花这些钱以免使两三年后的形势跟今天一样糟糕……如果我能给美国财政部施加影响的话，我就建议一分钱都不借给目前任何一个欧洲政府。它们没有公信力，只会用这些钱更进一步地……与美国作对。

1947 年，美国下了赌注：第二次世界大战以后它的贷款不会出现上述这种情况。没有《凡尔赛和约》的那种苛刻条件，就有合作的机会。美国慷慨解囊提供的贷款和援助推动了欧洲各国间的互惠行为。要成为霸主就必须能下这么一大笔赌注并获得丰厚的回报。[③]

就像凯恩斯希望的那样，围绕位于华盛顿的国际货币基金组织和世界银行建立的国际货币体系，在保障欧洲的追赶式增长中起到非常重要的作用。欧洲许多国家都利用这一体系，通过国内宏观经济政策手段促进了就业率的提高和产量的增加。每一个国家都把资源的充分利用作为目标，并运用自身的宏观经济政策（当时主要还是财政政策），努力实现这个目标。当然，如果某个国家为了实现充分就业而希望增加进口，但又不能通过出口补贴进口的话，这种政策就会面临风险。在布雷顿森林召开的那些会议并未打算恢复金本位制，因为在金本位制下，这些国家就会以通货紧缩的方式调控。相反，国际货币基金组织实行的是全球范围的钉住但可调整的汇率制度。如果某个国家为了实现充分就业而希望增加进口，但是又不能通过出口实现平衡的话，该组织就会宣布该"逆差"国处于"基本失衡"状态。钉住汇率不可调整（除非出现"基本失衡"），这是为了防止某些国家通过损人利己的货币贬值争夺就业机会。但是处于基本失衡状态的逆差国必须调整汇率。在调整阶段，国际货币基金组织可以提供贷款解决流动资产问题。处于基本失衡状态的顺差国，也就是那些出口额大于充分就业情况下的进口额的国家，也必须调整汇率。

随之产生的国际货币体系并没有完全实现其创立者的想法，因为那些处于基本失衡状态的国家并不愿意改变汇率。布雷顿森林体系于1971年解体，接下来以及第五章开篇都会对此做更详细的阐述。无论如何，它为国际金融体系的稳定提供了重要的手段，提供了三个要件，即美国经济学家弗里茨·马克卢普（Fritz Machlup）总结的言简意赅的三个词：流动资产、信心和调整。流动资产是困难时期由国际货币基金组织提供，调整是之前描述的情况下要采取的行为，能够保持信心是因为在某一段时期内没有发生危机。④

在布雷顿森林体系内，国际货币基金组织和世界银行是一对双胞胎，在华盛顿环城快道以内它们常被简称为"基金"和"银行"。世界银行的作用就是提供比国际货币基金组织提供的期限更长的资金支持，一开始是用于战后重建，后来是用于发展。凯恩斯曾做过深入浅出的评论：要想真正理解布雷顿森林体系，你就要明白"基金"是银行，而"银行"是基金！也就是说，国际货币基金组织以前（现在仍然）是要提供短期资金。对比之下，世界银行的贷款是为了使各国（在一个没有私人资本流动的世界里）能得到国外的贷款。从世界银行贷款可以使某个国家有能力从国外进口资本货物，尽管这反过来可能会造成这些进口国出现贸易逆差。政府将这些资本货物用于投资目的以实现快速发展。世界银行的重点是资助基础设施建设，比如道路、桥梁、港口、学校以及医院的建设。换言之，国际货币基金组织通常解决的是宏观问题，而世界银行更着力解决微观问题。⑤

除此之外，1947 年在日内瓦召开的一次会议确定了《关贸总协定》，通过鼓励国际贸易发展对布雷顿森林体系做了补充。更多国家加入进来，通过一系列关贸总协定谈判降低了关税，推动各国建立起许多出口市场。虽然贸易放开了，但是金融体系和私有资本的流动仍然受到严格限制，一直到 20 世纪 70 年代才放开。甚至 20 世纪 60 年代美国实行的也是对资本进行控制的政策。直到 20 世纪 80 年代，我们熟悉的金融全球化才加快了步伐。

对于国际货币基金组织、世界银行和关贸总协定在维持这段发展的黄金时代中起到的重要作用应该如何量化，还存在着争议。但是，"马歇尔计划"提供的原动力意义重大，这三个组织的后续作用也十分重要，在这两点上不存在异议。⑥

美国因为在战后明显主宰了这个世界，所以能对世界发号施令。不过，我们需要认真地思考，才能弄清楚为什么"美国世纪"不仅是指 20 世纪后半叶，而是指整个 20 世纪。为此，我们需要回顾 20 世纪上半叶发生的那两次世界大战以及美国在其中的作用。人们常说战争是政治失败的表现，但是从终止战争的意义上说，战争即是政治。最常见的终止方式是双方一致同意停战，双方起草停战协议，绝大多数情况下都会签订一份和平条约。即使这些恢复到战前状态的步骤没有完成，停战也同样是终止战争的唯一途径。

第一次世界大战因为双方都不能说服对方停战而陷入僵局。战线划定，壕沟深挖，战火不停。战争持续了三年之后，美国的介入打破了已有的平衡，战争得以终止。然后签订了停战协议及和平条约，但是许多德国人认为那份和平条约是协约国强加给他们的。这次政治意愿的失败在魏玛共和国引起了混乱，也影响了大萧条的政治结局。因为第一次世界大战的最终解决方案存在问题，所以埋下了第二次世界大战的祸根。

我们在第二章已经讨论了两次世界大战之间的那段动荡时期。在此再次提起是要把美国当时提供贷款的情况与"马歇尔计划"做个对比。不妨先回忆一下，在《凡尔赛和约》签订之后美国要给欧洲提供贷款，凯恩斯对此提出的假设性建议。战争结束五年之后，美国向德国提供了"道威斯借款"以帮助终止造成德国恶性通货膨胀的经济失衡。这次贷款的五年之后，为了改变造成 1931 年货币危机的德国经济失衡，美国又向其提供了"扬格贷款"。这些贷款都是救急性质，并不是要促进合作，而且都是在《凡尔赛和约》造成的恶性环境下提供的。美国对促进合作持消极态度，而欧洲各国也不愿意联手合作，因此这些贷款在人们眼里注定是杯水车薪，为时已晚。

第二次世界大战动用了坦克和飞机，使战争攻势比第一次世界大战时要威猛得多。法国的马其诺防线只是前一次大战已有的壕沟而已，对第二次世界大战的进程没有任何影响。纳粹在他们的侵袭中，运用新技术实施了闪电战而且绕过了马其诺防线。同盟国对欧洲的进攻，一旦离开了海滩地区，同样显示了现代装甲迅速和几乎无懈可击的抑制对手的能力。

这一段简短的陈述是为了说明美国在 20 世纪上半叶的两次世界大战中都起了主导作用。美国改变了第一次世界大战的僵局，在第二次世界大战中又拯救了英国。它在 20 世纪上半叶处于支配地位，下半叶也是如此。到第二次世界大战快结束时，美国人明白了自己在世界上的地位，他们首先利用自己的地位在战争中挽救了同盟军，使其免于被毁灭的命运。美国能在军事上具有优势地位正是由于它具有经济优势。截至 1950 年，它生产的产品和服务占全世界的

1/4 以上。[7]

　　美国在 19 世纪从沿海向内陆扩展的过程中播下了优势的种子。与其他潜在的霸主相比，美国在成长过程中取得了内部和外部的双重平衡。它没有采用出口导向的发展战略，相反，它始终立足于美洲大陆的发展，以满足其流动性强且主张平等的人口的消费。如第一章所述，美国形成于 18 世纪末，它通过宪法建立了政府的行政部门，并通过允许联邦政府在其各成员州向人们征税的方式赋予它财权。由于人口流动、全国性的税收体系以及有能力调配资源缓解地区性冲击等原因，美国实现了各州在货币上的统一，并且一直延续了两百年。

　　在 19 世纪的一百年间美国虽然经历了几次震荡，但是在内部和外部都保持了均衡发展。首先，为人熟知的"杰克逊通胀"与本书第五章和第六章要分析的现行难题有令人不解的相似之处。美国同中国的贸易在 19 世纪 30 年代鸦片战争前夕中断。通过此条贸易路线运送到中国的墨西哥白银寄存在美国的银行里。银行储备增加，价格上升，土地价格攀升更是一路领先。直到 1836 年英格兰银行叫停之前，从英国流入的资本推动了实际汇率的升值。其结果是引发了 1837 年的金融危机，导致美国货币的暂时贬值，接着是随后几年多个州的债务拖欠。[8]

　　为了使成长中的美国能保持完整统一，美国各州卷入了一场长达一代人之久的血腥而又残酷的内战。可以想见，这场残酷的内战打破了美国经济内外平衡。政府无法从财政税收方面获得足够的财力满足战争需求和后续的大量借贷需求，于是就像第一次世界大战中的许多国家一样，美国放弃了金本位制，结果导致了美元的贬值，即"绿背"（指美元纸币）与名义上的黄金比值的下降。战争结束时，因为绿背贬值严重，政府又决定恢复金本位制，英国康里夫委员会（British Cunliffe Commission）也随之响应。美国花了近 20

年时间才逐渐将美元升值，于 1879 年回到金本位制。

　　美国人普遍认识到内部失衡，但是，因为美国国家太大以及出现的地区冲突，外部失衡直到最近才被认识到。内战是美国南方和北方之间的战争。战后通货紧缩却变成美国东西部的竞争。西部农民是真正受到债务困扰和通货紧缩影响的人，他们不能理解为什么要强制降低物价。19 世纪晚期因为黄金匮乏，在实行了金本位制之后通货紧缩仍在继续。人们认为这是继续实行金本位制还是转而实行银本位制的观点之争（因为西部正在开发白银矿）。在内战货币贬值已经被人们淡忘很久之后的 1896 年，人们开始呼吁"不能把人类钉死在黄金十字架上"。⑨

　　这些冲突难以解决，但是为美国的经济繁荣创造了有利条件，这一繁荣是经济历史学家熟知的 19 世纪末的第二次工业革命。第一次工业革命是指在生产过程中大量使用机械、水力和矿物燃料替代人力。发生在英国的这次革命使英国在 19 世纪占据了世界领先地位，但它是以规模比较小的工业企业为基础的。美国在铁路方面的发展创造了巨大的市场，使大规模生产有利可图，如同 18 世纪末较高的工资和动力成本之比使英国的初始工业发现有利可图一样。美国出现了一些由职业经理人管理的大型工商企业，是它们各自产业内的领头羊。它们在那些各生产阶段的纵向一体化能有利可图的行业中迅速发展壮大，这些可纵向一体化的生产阶段包括保证原材料的稳定供应、运输过程中对产品的精心处理，以及产品的售后服务等。⑩

　　仰仗于所谓的"美式生产体系"，到 19 世纪中期美国的制造业已声名鹊起。这种"美式生产体系"主要由可更换零部件的各种机器构成。这种生产方式始于滑膛枪的制造，在"辛格"缝纫机的制造中达到顶点。它为日后意欲增加产量而建立的生产流水线奠定了基础，使用这种生产方式最著名的就是 1914 年的亨利·福特（Henry Ford）。

他实行"一天5美元"的工资标准,这对工人来说是一次幅度很大的工资上涨,他们愿意长期从事这份工作,也保证了生产线能够不停地运转。同时,他还把工作时间缩短到8个小时,这同样有助于保持生产进度。这种大规模生产方式常被称作"福特制"。

这些革新的结果使美国在20世纪的头几年里出现了经常项目盈余。但是,与美国在第一次世界大战中和大战后相比,这些盈余还差得很远,因为当时美国在参战之前就给参战中的英国及其同盟提供了支持。总体来说,美国在从一个农业出口国向工业出口国转变的过程中,其金本位制运行良好。关税谈判让政客跃跃欲试,但是实业家大多为供应国内市场而生产产品。[11]

这些发展的结果如表4.1所示。前两栏比较了西欧和美国在20世纪的总体增长。美国 GDP 保持高增长率的原因,部分是由于大量移民使劳动投入增加,同时还因为美国具有丰富的自然资源。由于第一次世界大战后限制了移民,总体增长率随时间推移有所降低。最后两栏显示的是人均 GDP 的增长,我们再次看到美国在多数时期都领先于欧洲。1950—1973 年这段时间例外,这段非正常时期恰好说明了这个规律的正确性。如本章前文所述,这正好说明美国在20世纪中期的霸主地位。[12]

表4.1 中显示的那段非正常时期,被称为欧洲增长的黄金时代,

表4.1 西欧和美国的经济增长(百分比/年)

| 时间段 | GDP | | 人均 GDP | |
|---|---|---|---|---|
| | 西欧 | 美国 | 西欧 | 美国 |
| 1870—1913 | 2.1 | 3.9 | 1.3 | 1.8 |
| 1913—1950 | 1.2 | 2.8 | 0.8 | 1.6 |
| 1950—1973 | 4.8 | 3.9 | 4.0 | 2.5 |
| 1973—2003 | 2.2 | 2.9 | 1.9 | 1.9 |

资料来源:Maddison(2007),第380页,第382页。

那是欧洲的人均收入增长率超过美国的唯一一段时期。你可能会把这归结为"趋同"现象，也就是说，欧洲各国在努力赶超领头羊，但是这种说法并不准确。欧洲的这种快速增长是这段历史时期独有的，并不是欧洲在整个 20 世纪的特征，因此也不是其长期发展进程的一部分。相反，欧洲的这种增长恰恰是受到世界大战破坏后的追赶式经济发展，而且由处于霸主地位的美国促成的合作精神对此起到了推动作用。

全球化在 20 世纪经历了巨大的起伏。第一次世界大战之前，国际贸易和旅游是自由而开放的，第二次世界大战后也大致回到这种状态。但在这两个端点之间的时期，受到两次世界大战和经济萧条的影响，商品、资本和人口的流动中断。对于今天的全球化是否在一个世纪以前就已经存在这个问题，学者们众说纷纭，观点各异，但是，对于两次世界大战和经济大萧条所起的阻断作用，他们都持一致观点。⑬

国际贸易被第一次世界大战中断。战后协议制造了许多新的边界线，为实施贸易关税提供了机会。大萧条催生了限制性的贸易政策，20 世纪 20 年代的所有进展都被逆转了。主要西欧国家 1938 年的出口量都低于 1913 年的出口量，与这段时期之前和之后的快速增长形成了鲜明对比。⑭

战后的世界贸易促进了经济增长，因为两次大战之间那些年的经济封闭并没有带来提高生产率所需的资源再配置。各国没有充分利用自己的比较优势，也没有摆脱对国内农业的依赖。第一次世界大战之前，加入国际贸易促进了工业化。只要回想一下关于 19 世纪末英国"更年期"的讨论，就能明白国际贸易在经济增长中的重要地位（见第二章）。英国之所以被超越是因为美国和德国更充分地利用了世界市场。⑮

需要注意的是，两次大战期间以及大萧条时期，国际贸易的缺失阻碍了欧洲国家的工业化进程。工业化进程放缓造成第二次世界大战以后的失衡。如表 4.1 显示，在所谓的第二个"三十年战争"期间，供给的边界在持续延伸。尽管受到大萧条的影响，但由于没有遭受两次世界大战的影响，美国得以继续从农业经济转向工业经济。在这场旷日持久的战争之前美国主要出口食品和原材料，而大战之后就变成工业产品的出口国。[16]

欧洲国家带着发展赤字（developmental deficit）从第二次世界大战中起步。这种失衡与低收入造成的失衡完全不同，后者会产生有条件的趋同。按照标准的解释，低收入是相对于储蓄率而言的低水平物质资本和人力资本造成的。这里所说的发展赤字是由资源错配造成的。前者发生在单一部门的经济中，后者出现在分散化（多部门）的发展模式中。

20 世纪上半叶由于自给自足造成的资源错配，可以用农业劳动力所占的份额衡量。划分经济的方法多种多样，但是划分农业和其他所有经济活动看似最重要。丹尼森分析了欧洲增长黄金时代的资源错配。他的分析表明，欧洲国家快速发展的时期就是它们从农业向工业发展转型的时期。[17]

因此，西欧各国在其增长的黄金时代之所以快速发展，正是因为发展失衡。在战争结束之初，普通意义上的常态追赶不是很重要，重要的是其他方面的发展失衡。在这之前的 30 年间，因为国际贸易缺失而造成的资源错配是最重要的之一。在工业化受到遏制的状态下，有太多的资源仍然被低效率的农业占用。劳动力再配置很快提高了劳动力供给。"马歇尔计划"和欧洲其他的制度安排推动了合作，帮助创造了基本需求。

在增长的黄金时代，不同国家因各自起点不同，发展的速度也有差别。相对于这些起点位置而言，国家政策的影响还在其次。意大利和英国的劳资关系都处于混乱状态，但意大利增长很快，而英国则很慢。在增长缓慢的英国，痛苦的政策争论可能是增长缓慢的结果而非原因。德国的增长处于中游水平，它的"奇迹"并不是"亲市场"的政府政策带来的结果，而是工业化滞后的结果。它的助力来自从战时的破坏中快速复苏、纳粹经济政策的延续，以及少量的国家债务。除了上述支持以外，最后一项是"马歇尔计划"送的"礼物"。[18]

虽然原因不同，但美国也出现了类似的井喷式发展。罗伯特·戈登称之为经济增长的大浪潮。这波浪潮在战前就已经开始，虽然那时的经济并不景气，但生产率却在快速提高。事实上，整个20世纪总生产率的提高在30年代是最快的。当大萧条和战争结束以后，这种技术优势带来的成果便开始凸显。美国也有自己的黄金时代。[19]

这波增长浪潮归功于四组创新。第一是电，第一次世界大战前开始应用，20世纪上半叶逐渐应用于越来越多的人类活动。第二，内燃机被应用于各种新的行业，主要是运输业；20世纪30年代私人小轿车就已经开始普及，但是第二次世界大战以后，城郊的开发以及高速公路网的建设才使人们对乘车出行的依赖度大大提高。第三组创新来自石油的广泛使用，相应产生了石化产品、塑料和制药业。第二次世界大战后抗生素的普及是医疗保健行业的一个重大进步。第四点也是最后一点，以收音机、电影、电视、录音机、报纸和杂志为媒介的消费娱乐方式的发展，使人们的生活变得更加丰富多彩，而这些并不总是能体现在国民收入统计当中。

美国战后的所有这些发展之所以能够实现是因为稳定的收入分配。最富有人群（即排名最靠前的0.1%）在收入中所占的份额在下降（我们的数据来自战争期间，或战争刚结束时所有有数据记载的国家）。20世纪80年代之前，他们在各国总收入中所占的份额总体上基本稳定。80年代以后，英语国家的最高收入人群在总收入中的份额有所提高，其他欧洲国家则没有提高。对这些顶层1%甚至

10%的最高收入人群的情况进行研究以后，我们发现这种模式重复出现。但是，在20世纪80年代的英语国家，顶层1%人群在顶层10%人群中所占的份额上升了。[20]

欧洲的工会参与了政府为促进经济增长所做的努力，它们要确保工人能从生产率提高当中受益，让工人的收入与其劳动贡献成正比。劳资之间存在着隐性的讨价还价。工人承诺不再坚持索要所有的收益也不再破坏生产。企业主承诺将收益投资于扩大生产和提高生产率。这些承诺并非一成不变，因为工人在了解资本家如何利用其利润所得之前要采取忍耐态度。政府通过让工会参与公司的管理或通过其他方式向工会保证它们可以保留这种隐性的谈判权利。[21]

因为工会成立的时间短，美国的情况更复杂。其战后黄金时代的非市场机制植根于大萧条时期和新政时期。乍一看很令人吃惊，那些规范和制度，即微观经济政策，竟源自宏观经济危机。但是，我们今天熟知的宏观经济政策在大萧条时期并不存在。第三章已经论述过，凯恩斯的《通论》1936年才出版。1933年是罗斯福上台的第一年，当时的失业率接近25%，微观经济政策看似当时唯一存在的应对政策。因为缺乏一个总需求的理论指导，罗斯福新政主要针对的是其他目标，尤其是要努力解决在政府看来具有毁灭性的通货紧缩问题。[22]

这个理论隐含在新政的第一个重要立法，即1933年《国家工业复兴法案》（National Industrial Act）中。《国家工业复兴法案》授权政府对雇主合同加以控制，鼓励劳资双方就行业规范，比如缩短工时、大幅增加工资以及提高价格等进行谈判。《国家工业复兴法案》还赋予工人有组织地与雇主集体谈判的权利，而这一点成了争论的焦点。罗斯福支持工会组织起来，但是负责该法案实施工作的休·约翰逊（Hugh Johnson）却迫切希望无论有无集体谈判都要尽快制定出行业规范。罗斯福成立了国家劳工委员会（National Labor

Board），由参议员罗伯特·瓦格纳（Robert Wagner）负责，对劳资纠纷进行仲裁。《国家工业复兴法案》的实施令人不解，也使劳资双方的关系剑拔弩张。[23]

1935年国会通过了《国家劳资关系法案》（National Labor Relations Act），即《瓦格纳法案》。该法案支持劳工权利，对雇主反对工会所能使用的手段予以限制，将非正式的国家劳工委员会转变为具有立法指导意义的全国劳资关系委员会（National Labor Relations Board）。1935年最高法院裁定《国家工业复兴法案》不合法，认为该法案是联邦政府对各州利益的越权干涉，且很可能给《瓦格纳法案》的通过提供了便利。在《国家劳资关系法案》下，工会组织快速增长，工人们对大萧条带来的失业所做的反应配合了国会的行动。[24]

1938年，最低工资制度出台，与其他支持工会的措施和集体谈判一起，推动了工资的大幅上涨。1938年第一次按照最低工资标准给付的年收入，占到每个工人平均经济产出的27%。1947—2005年，最低工资值只在另外四年里超过了这个百分比，目前的数值不到这个百分比的一半。

大家普遍认为股市的繁荣及后来金融体系的崩溃是造成大萧条的主要原因，因此政府控制金融部门也在情理之中。《美国联邦证券法案》（The Federal Securities Act）开启了政府对证券的监管，1934年此监管责任移交给新的证券交易委员会。1933年的《格拉斯—斯蒂格尔法案》对银行体系进行了多方位改革。该法案将银行的存款业务和投资业务分开，依据是这两类业务混在一起导致银行破产。该法案引入联邦存款保险，以防止因银行破产而导致社会恐慌。经过后来的若干次修订，法案的内容有所扩展，它在美国联邦储备体系中创建了一个真正的中央银行。

美国参与第二次世界大战期间，动员生产成为其经济重心。军方把工会看作对战争行动的破坏力量，几次采取措施削弱工会的权力。为解决劳资纠纷，非军事政府与美国国防劳工委员会进行交涉，最终工会和各公司承诺不罢工、不闭厂，事实上政府在战争期间冻结了工资。这种协议形成一种不稳定的和平局面，贯穿整个战争期间，工会、政府和资方的关系始终处于紧张状态。㉕

随着战争临近结束，许多人担心停止战时的罢工限制会对劳工市场造成破坏，从而引起第二次经济大萧条。战争结束时，1947—1949 年有组织的劳工罢工活动每年涉及超过 3% 的劳动力。企业对 1947 年的《塔夫脱—哈特莱法案》（Taft–Hartley Act，美国的劳资关系法案）持支持态度，该法案设置了严格的管理规定对工会加以限制。尽管《塔夫脱—哈特莱法案》明确收回了大萧条以及后来战争期间工会的一些利益，但是还远远没有瓦解《瓦格纳法案》和美国全国劳资关系委员会。

沃尔特·鲁瑟（Walter Reuther）设想在此背景下控制美国汽车工会。工会与"三大"汽车制造商（福特、通用和克莱斯勒）之间关系混乱，之前屡受困扰，现在开始进入谈判的新阶段。鲁瑟希望全面改善劳资关系使之朝有利于劳工的方向发展，但是战后的大环境给他的社会愿景造成了巨大障碍。工人们面临通货膨胀但工资停滞不前的现实，而在政府方面，总统和国会双方意见不合预示着这种情况不会有任何改善。

通用汽车公司总裁查尔斯·威尔逊（Charles Wilson）意识到，由冷战军费开支造成的通货膨胀压力会长期存在。通用公司当时刚投资了 35 亿美元的扩大再生产项目，急需保持生产的稳定。通货膨胀造成的压力可能导致工会通过毁灭性的罢工破坏生产，因此威尔逊认为，为了确保生产的稳定，在工资上的长期妥协是一笔有利可图的交易。㉖

通用汽车公司向美国汽车工会提出一个为期两年的建议，包括提高工资以及旨在保持工资长期上升的两个概念。第一，调整生活费，即工资可以随着消费价格指数的变化，根据通货膨胀率的提高做出调整。第二，设置每年2%的提高因子，即工资每年都有所提高，也能使工人从生产率提高中受益。这种年度提高因子的设置与欧洲让工人参与公司管理的做法类似，但是这种做法更死板更容易引起争议。

为换取生活费的调整和年度工资提高因子，工会同意资方对生产和投资拥有决策权，并放弃任职资历要求和抗议工作岗位调整的权利。鲁瑟及其顾问起初对此计划持反对意见，但工人急需帮助，鲁瑟只好对此计划和工资方案表示同意，"仅仅是因为大多数政府和产业决策者都没有表现出要为公众利益着想。他们正在强制实施一套以牺牲公众利益而谋取私利的拟计划体制"。1948年5月该合同签署。[27]

在接下来的两年里，工人见证了工资提高和生产率提高带来的好处。通用汽车公司也实现了平稳的生产和产出增长，1949年创造了美国企业净收入的新高。此次合同期满的时候，工会和企业都同意继续实行一项类似的计划，只是进行了几处修改。修改后的计划加入养老金，首先于1949年在福特公司实施，因为其劳动力年龄相对较大，管理人员资历也比较老。最终呈献给通用汽车公司的计划成为范例，即劳资双方在所谓的模式谈判*（pattern bargaining）中达成一致。克莱斯勒在经历了一场代价高昂的罢工之后，成为三大汽车制造商中最后一个同意实施该计划的企业。最终，包括橡胶业、伯利恒钢铁公司，以及后来的美国钢铁公司在内的其他行业也同意实施养老金计划。最终签署的五年期协议被《财富》杂志称为《底特律条约》（Treaty of Detroit）："通用汽车公司有可能为安定局

---

　*　此指工会在某个雇主那里获得某种新的优厚的权利型福利（entitlement），然后将这一协议作为先导，要求其他雇主也给予同等的权利型福利。——译者注。

面付出了 10 亿美元，但是最终的交易还是划算的。通用汽车重新获得了重要的管理职能之一……对生产计划、产品型号改变以及设备和工厂投资的长期规划权。"人们认识到工资调整和分享生产率提高带来的收益是必要且正当的，工会在壮大，而资方也从《底特律条约》带来的稳定局面中获利。[28]

《底特律条约》开启了一段劳资关系的稳定时期。整个产业都开始运用集体谈判的方式，随着模式谈判的推广，甚至没有工会的公司向工人提供的条件与工会获得的条件相仿。工会承认管理层拥有决定生产方向的专有权利，以此换取对管理层决策的影响进行谈判的权利。为限制资方对工作岗位的分配权，加强工会对工作岗位的控制权，工会起草了一套详尽的地方性规则。管理者运用《底特律条约》设定的框架紧紧抓住了生产决策权。工人有任何不满意见都必须以文件形式呈现，因此反对或修改变化的负担压在了工人肩上。[29]

《底特律条约》是为了保证美国黄金时代的产业稳定而签订的。那时相对价格保持稳定，美国大企业利用其市场势力获得了巨大的利润，然后，依照《底特律条约》与工人进行利润分成。事后我们可以看到，这种有利条件只能持续一段有限的时间。随着全世界范围内恢复和平以及经济恢复增长，新企业会壮大并威胁美国企业的市场势力。它们的销售压力会转变成工资压力，也许还有雇用压力，进而形成劳资纠纷。

20 世纪七八十年代经济增长放缓，因为之前带来经济超常增长的失衡现象不复存在。一代人的发展赤字在一代人之内消除殆尽。欧洲共同农业政策（European Common Agricultural Policy）在农业上虽然还保存了一部分剩余劳动力，但 20 世纪 70 年代石油危机发生之时，资源错配已经不再是重要的宏观经济问题。这些危机搅浑了历史之水，模糊了长短期因素。在 30 年以后，我们才看清楚，虽然石油危机具有破坏作用，但即便没有发生这些危机，增长的放缓也是必然的。

然而，20世纪70年代动荡的经济形势却对这种转变起到推波助澜的作用。1965年美国一意孤行在越南开战。同时，约翰逊总统在国内施行的多项改革加剧了这场战争的影响。在所有这些颇有争议的行动中，他面对提高税收的问题优柔寡断，使美国重演了内战时面临的内部和外部失衡。一个世纪之前发生的事情诡异重现，美国对资源产生新的需求导致经济过热，经常项目出现逆差。用我们简单的模型表示就是，国内需求的增长与其他因素结合共同造成美国国内通货膨胀和国际赤字。

美国进口顺差给布雷顿森林体系的其他国家造成压力，美元贬值的压力与日俱增，但因为美元是储备货币所以很难贬值。另外一种解决办法就是：同盟国以前的敌人，即德国和日本，其货币可以升值。但是，它们没有理由帮助这个世界上最富有最强大的国家。各国纷纷兑现黄金，美元的黄金支持下降。这种压力很可能会引起美元挤兑，尼克松总统采取行动先发制人，预防了这种破坏的发生。在1971年的"尼克松冲击"中，他"关闭了黄金窗口"，强制实施了90天的工资和价格冻结以及10%的关税。这些措施中只有第一条延续了下来，而设定一套新汇率的几次努力都徒劳无功而被放弃，推动了浮动汇率制的产生。

美国最终通过货币贬值纠正了外部失衡，而内部失衡却因为通货膨胀加剧而更加恶化。1973年因为石油和小麦短缺，导致物价飞涨，造成资本从工业化国家外流到中东地区，同时失业率升高。在全世界范围内通货膨胀转变成滞胀。人们一直遵从凯恩斯的经济理论，关注需求侧的变化，却没有与经济政策相关的供给侧理论。原材料价格居高不下是供给侧冲击，急需给予解释。宏观经济学陷入混乱。20世纪70年代令人困惑的经济政策，完全是为了终止通胀制定的。70 年代末，卡特总统任命保罗·沃尔克为美联储主席，人们终于看到胜利的曙光。沃尔克用高度紧缩的货币政策，显著降低了国内需求。利率大幅提高，由通货膨胀和失业率构成的可怕指数随即消失不见。卡特总统寻求连任失败，而他的继任者罗纳德·里根总统自然成为终止通胀的功臣。[30]

美国的通货膨胀又回到了之前的低水平，但是世界经济并没有恢复到以前的水平。发达国家实行了新政策，原来处于世界工业经济发展外围的亚洲国家站到舞台中央。1979 年里根和玛格丽特·撒切尔分别当选美国和英国的首脑。他们二人都反对黄金时代盛行的那些政策，开始重新制定公共政策。几乎同一时间，邓小平出任中国共产党的总书记，他也对之前采取的经济政策进行改革，在中国的经济中减少政府参与，给民营企业提供发展空间。撒切尔夫人和里根是在西方经济滞胀时期上任的国家首脑；邓小平是在毛泽东去世后接任。这些事件之间很难发现有什么因果关系，但是改变经济政策的时间如此巧合则意义非凡。

在混乱中挣扎找不到明确方向的美国总统卡特在 1978 年曾这样为自己辩护："国会能够通过的两项预防通货膨胀的最重要措施……（是）解除航空管制的法案……以及控制医院成本的立法。"他任命美国民航局局长出任政府反通货膨胀项目的负责人，主要职责是审查政府规制，并计划减少支持垄断定价的规制。[31]

里根执政的第一年就做出对收入分配至关重要的三个决策。他全力支持美联储收紧银根抑制通货膨胀的政策。他实行了一套对供给侧减税的政策，把非劳动性收入的最高税率从 70% 降到 50%，与劳动性收入的最高税率一致。空中交通管制工会是少数几个支持里根的工会。当该工会举行罢工时，里根给了他们 48 小时返回工作岗位，否则就会被开除。他的立场最终导致该工会被取消资格。

撒切尔夫人认为战后英国断断续续的政策是导致其发展缓慢的

原因。这种论断混淆了因果关系。英国发展缓慢是因为它没有受制于两次世界大战和大萧条的停滞不前。英国的农业已经衰落到1913年的长期均衡状态，世界大战结束后它没有任何可用于发展的后备资源。但是没有人认真地做过分析，所以国家受挫的说法就很有说服力。撒切尔夫人开始着手放松企业规制并反对工会。

日本在此黄金时代通过扩大出口机械设备得到迅速发展。从不太可靠的出口商品起步，日本学会了保证质量，它的出口产品逐渐有了名气，它的产品质量被认为高于美国产品。日本制造的产品从空调转向汽车，到20世纪80年代，开始威胁到美国的汽车工业，也就是《底特律条约》的诞生地。日本借给美国资金让其购买日本的产品，日本人缓解了里根总统执政期间的部分赤字压力，后来中国也如法炮制。用我们的模型来说，日本出口顺差的外部失衡也导致美国的外部平衡。

在邓小平的领导下，中国的政策越来越有利于民营经济。因为起点不同，中国的具体措施与西方也不同。中国生产出口产品的乡镇企业没有明确界定的私有产权，而私有产权在西方经济学家看来是经济发展的前提条件。尽管产权不明确，但中国经济迅速发展。随着城镇化的推进，更接近于西方概念的民营企业大量涌现。

中国采取了出口导向型的增长模式。美国、德国和日本都从农业向工业转型，从农村向城市发展，中国也经历了同样的过程。为了加快这个进程，中国采取的是由英国创立，最近许多亚洲小国，尤其是日本也采用的政策。这些亚洲国家不是坐等国内工业产品需求的增加，而是利用已经成功实现了从农业经济向工业经济转型的发达国家的现有需求。

日本和后来的中国在实行出口导向的经济增长战略过程中，从模仿走向了创新。日本用这一战略提高了国民的消费水平，达到以前只在西欧和以西欧移民为主的国家才有的消费水平。中国也开始步入这一发展道路，中国人的消费水平因此突飞猛进。这两个国家不仅在工业化的时间上不同步，国家的规模也相距甚大。中国的人口比日本多出一个数量级，所以它对世界市场的影响也相对更大。

这种"趋同"产生的一个重要结果是美国不再具备战胜其贸易伙伴的绝对生产率优势。比较优势决定了美国的贸易结构，对其工资水平产生了压力。图 4.1 显示了这些结果，从中可以明显看出，1980 年以来，最底层 4/5 的人口在总收入中失去的份额正好是顶层 1% 人群上升的份额。很难弄清楚造成这种收入不平等加剧的原因有多少是来自亚洲出口国家的增长，有多少是因为里根实行的国内政策。没有明确的实证研究证据表明贸易扩张对美国的工资水平和失业状况有什么影响，但最近的理论和实证研究说明，贸易的作用随着时间的推移有所增强。[32]

国家间的比较显示，这并不仅仅是低技能职业竞争的结果。在英国、美国和中国发生的政策逆转现象并没有在西欧出现。这种政策分化的结果也反映在它们收入不平等的差异模式中。我们在第五

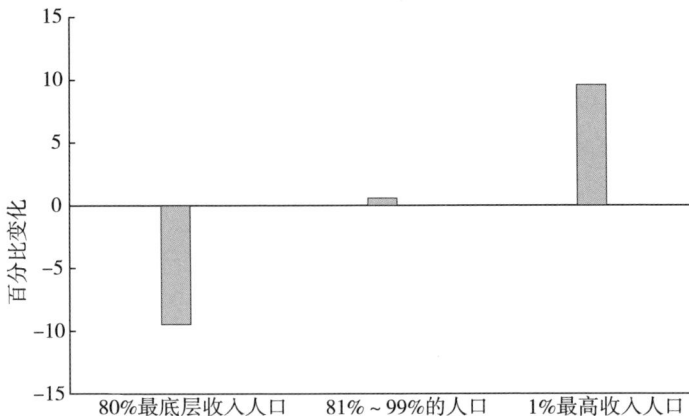

**图 4.1 收入份额的变化，1979—2007 年**

资料来源：Krugman（2011a），国会预算办公室（Congressional Budget Office）税后收入数据，2011 年 10 月。

章会探讨英国与欧洲大陆国家在经济战略方面的其他差异。

美国金融行业的崛起和与之相伴的高薪是收入差距扩大的一个主要方面。我们要想真正弄清楚经济政策对美国人民生活的影响，以及第一章探讨的现行经济乱象的根源，必须深入探究经济结构。金融行业的发展是美国为了对抗来自亚洲的新经济竞争。新的政策方向推出了大量放松管制和私有化的组合措施，后来被称为"华盛顿共识"，迎合了人们对需要变革的认识。

金融创新在 20 世纪 70 年代就已出现，但是直到 80 年代金融业才在宏观经济事件中首次占据了现在这样的重要地位。沃尔克的通货紧缩政策提高了名义利率，随着通货膨胀率的降低，20 世纪 80 年代初期实际利率也随之攀升。高利率限制了许多行业的成熟公司投资获利的机会，由此形成的自由现金流使这些企业成为收购对象。1981—1982 年经济衰退结束之后的低利率，使各企业和行业间发生了资本的再配置。战后最初的几年里，那些成熟企业都是使用自己的现金流投资。现在，新企业的投资都是通过金融中介机构完成的。其结果是，为了创造并销售与资本再配置相关的新债务，人们对金融专业人员，即金融行业的需求与日俱增。里根政府的预算赤字使美国国债市场迅速发展，而金融行业的重要性也因此得到进一步强化。1975—1984 年，信贷市场的总债务从 2.5 万亿美元增加到 7.2 万亿美元。[33]

抵押贷款支持证券是这些发展趋势的一个缩影。20 世纪 70 年代到 80 年代初的这段时间，随着利率的提高，储贷机构承受了压力，它们出售低息抵押贷款，希望把出售贷款所得的收入再投资到有更高回报的项目上。投资者对购买个人抵押贷款没什么兴趣，但是抵押贷款支持证券的引入就为销售这些抵押贷款创造了市场。到 20 世纪 80 年代初期，抵押贷款支持证券的市场繁荣发展，作为副产品也帮助重新定义了收入标准。豪威·鲁宾（Howie Rubin）的经历正好说明了这一发展过程。他不到 30 岁就从所罗门兄弟公司的培训项目中毕业，被分配去做抵押贷款支持证券的销售工作。1983 年是鲁宾工作的第一年，他创造了 2 500 万美元的收入，得到了 9 万美元的薪酬。工作的第三年他跳槽到美林证券公司工作，待遇是保证三年的年收入在 100 万美元以上。在所罗门另外一些成功的抵押贷款支持证券交易员中，有许多人也很快找到类似的工作离开了公司。㉞

同样，20 世纪 70 年代还发行了一些垃圾债券，为企业收购（即试图从现行持有人手中夺取公司的资产控制权）提供资金支持。其中的一个结果就是让垃圾债券的交易员和投资银行的老板以及在交易中充当顾问的律师们获得了高薪。图 4.2 概括了这段历史，从中可以看到所选行业的每个全职雇员的薪酬和公司利润之和，这是代表经济租金的一个变量。从 1950 年到 70 年代末，金融、保险和房地产行业的每个全职雇员经济租金的增长率与其他行业的增长率不相上下。从 80 年代中期开始，金融行业的每个全职雇员的经济租金随着债券市场的扩大和股票市场的复苏而急速增长。㉟

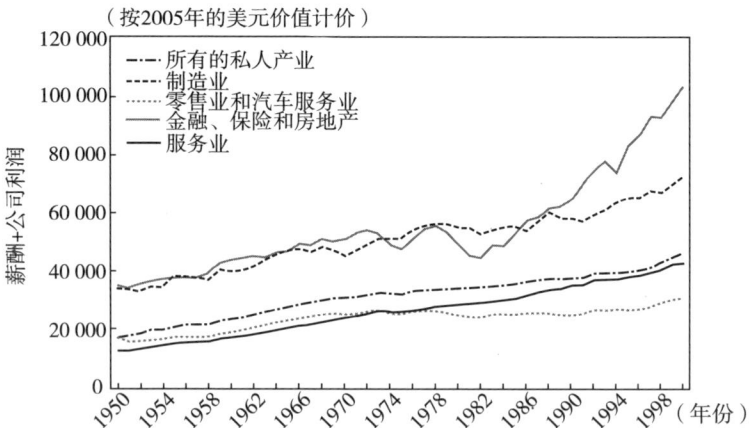

图 4.2　每个全职雇员的薪酬＋公司利润

资料来源：Us Department of Commerce, National Income and Product Accounts, 6.2, 6.8, and 6.16.

　　所有这些发展变化意味着美国霸主地位开始衰落。但若认为这都是由于 20 世纪 70 年代的冲击造成的螺旋式下降则是误导。接下来的几十年充满了各种选择，很有可能会带来不同的结果。我们探讨的是美国世纪，所以我们着眼于美国的经济命运，以此阐述重大决策的作用。但是，我们需要清楚其他国家的经济发展对美国意味着什么。外国对美出口的增加减少了美国企业可获得的经济租金，从而导致工资水平降低。如果工资不变，国际竞争的不断增强便会导致失业。

　　公共政策的这种改变让亚当·斯密的思想重新当道。这也意味着从 20 世纪末开始，人们又退回到工业革命之前（当然也是第二次工业革命之前）的思想上，而正是工业革命造就了我们今天生活的这个世界。斯密的主要思想是：为了鼓励个体经济活动应当大量摒弃集体行动。这意味着一方面要放松管制和推行私有化，另一方面还要降低税收。唯一可容许的例外情形就是为了支持国家目标而采取的军事行动。[36]

　　如果说在经济发展的黄金时代起主导作用的观点是基于《底特律条约》，那么这种新观点则体现为"华盛顿共识"。20 世纪八九十年代，这些观点在美国这个霸主国家开始盛行，然后传播到世界其他地方。刚开始这只是知识分子针对发展中国家提出的建议，后来发展成为被普遍采纳的观点。"华盛顿共识"认为要想促进经济增长发展，就必须实行开放式经济，将政府的干预降到最低。要想使经济开放得以实现，就要有稳定的汇率，并对国际资本流动实行低关税壁垒政策。将政府干预降到最低意味着根据某个国家的初始地位，实行私有化和放松管制相结合的政策。该观点认为，政府对经济活动的最低干预应该与低税率相关。美国的这种观点与西欧盛行的观点有着明显区别。中国领导人并没有参照亚当·斯密的观点，也没参考"华盛顿共识"，但是他们追求的目标却完全相同。[37]

　　这些启发性的重要观点引发了几个累积性发展进程，且随着时间的推移不断加速。首先，拉大了收入差距。1980 年以后与美国金融从业人员的高工资相对应的是其他行业工资的相对停滞。图 4.1 显示，2007 年之前的 20 年间，底层 80% 人口的收入份额呈下降态势。下降幅度如此巨大意味着实际上绝大多数美国家庭的收入根本没有提高。中间 19% 的人口保持收入份额不变，顶层 1% 的人群增加的份额正好与底层 80% 人群的份额下降相抵。顶层 1% 的人群在目前的经济萎缩出现之前的 20 年间攫取了国民收入中最大的份额。

从美国家庭收入的基尼系数中可以明显看到"华盛顿共识"的巨大影响。基尼系数衡量的是平等程度。系数从 0 到 1，0 代表所有美国家庭的收入完全均等，1 代表所有收入都集中在一小部分富人家庭。图 4.3 显示的是第二次世界大战以来的数据。从 1950 年到 1980 年基尼系数的变化范围很小，之后开始稳步上升，达到的数值显示美国已经成为当今世界上最不平等的国家之一。

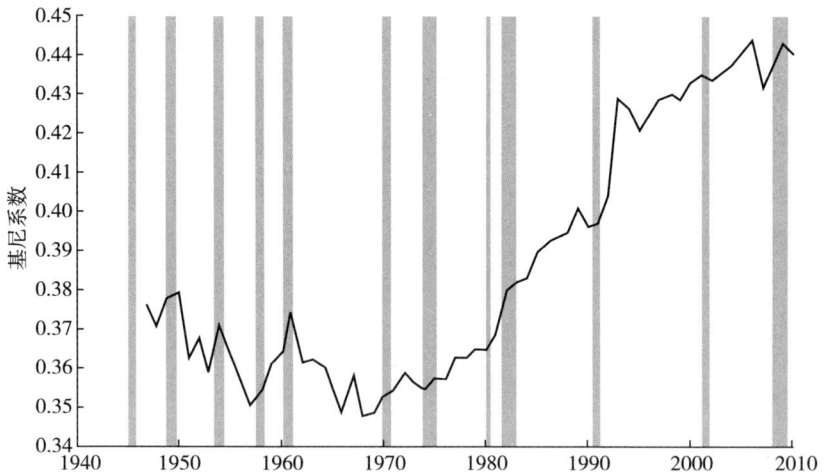

**图 4.3　美国家庭收入的基尼系数，1947—2010 年**

注：阴影部分表示美国的经济衰退期。

资料来源：US Department of Commerce, Census Bureau。网址 http：//research. stlouisfed. org/ fred2/。

高收入的增加使政府制定政策鼓励更高的收入，与保持高收入的政策相对应的是保持低工资的政策。战后初期，政府曾经制定政策鼓励工会，但是随着这个过程的发展，政府开始压制工会，最终对工会进行打击。反对工会的举措被当作给工人多了一个选择的机会，这个说法同样也被用于在其他市场推进放松管制。

美国的工人也受到中国进口商品的影响。首先是因为制造业转移到国外造成工人失业。另外，在其他受到进口影响的行业里，其从业人员工资下降。失业增加和工资水平下降相叠加使家庭收入明显减少。最后，对于贸易开放度更大的行业，政府通过提供伤残补贴、退休金和医疗服务等形式给予更多的转移支付。国家的贸易收入由于这些抵销作用而减少。[38]

美国的家庭通过各种途径保持之前工作收入的年增长水平。因为工资停滞不前，父母双方都出去工作以保持家庭收入的增加，如图1.2所示2000—2008年的就业人口与总人口的比例上升了。即使收入平平，也要借贷增加消费，这是引发目前危机更重要的因素。金融创新鼓励人们借贷，进而提高了图4.2所示的金融业的收入。由于对放贷者放松管制，他们就想出各种复杂的花样鼓励更多的借贷。这些借贷大多数以家庭中最大的财产住房作抵押。这反过来又增加了金融业的收入，最终带来房地产市场的巨大繁荣。20世纪70年代发生的事情令经济学界措手不及，于是又重拾亚当·斯密的经济理论。就像我们在后面几章的进一步讨论指出的那样，亚当·斯密取代凯恩斯成为宏观经济学的守护神。经济学理论证明了放松管制的合理性，但也使现代宏观经济学对我们现在这个充满危机的世界束手无策。[39]

这些理论的局限性被掩盖了20年，因为"大缓和"似乎证实了这些新宏观理论的所有论断。尽管存在着一些小的危机，但美国在稳步增长，而我们现在才知道这些危机实际上已经预示了我们现在的问题，可经济学家说话的语气就好像是说金融危机甚至经济波动已经成为过去。这段时期正好处于美国的两轮借贷之间，而且美国政府，尤其是克林顿政府，似乎已经使外部关系趋于平衡。欧洲的成功和来自亚洲异军突起的出口迫使美国对外部平衡问题有更加清醒的认识。

在 20 世纪 80 年代和 21 世纪初，美国有过两段政府大量借贷的时期，都与战争有关。不遵守"华盛顿共识"的只有军方。精简政府不等于减少军事预算，相反，这意味着打仗变成政府唯一的合法功能。18 世纪的英国政府正说明了这一点。罗马帝国政府的功能也是如此。当然这两个先例都发生在工业化之前。[40]

里根建立了对抗苏联的冷战军事力量，而乔治·布什则在阿富汗和伊拉克发动了战争。结合之前降低税率的做法，这些扩张行为都是靠借贷融资的。图 4.4 显示的是政府赤字。里根执政之初时的第一次赤字规模与第二次相比看起来要小。若不是在布什任期结束时发生了经济衰退使赤字激增，赤字本会更小一些。20 世纪 90 年

（10亿美元）

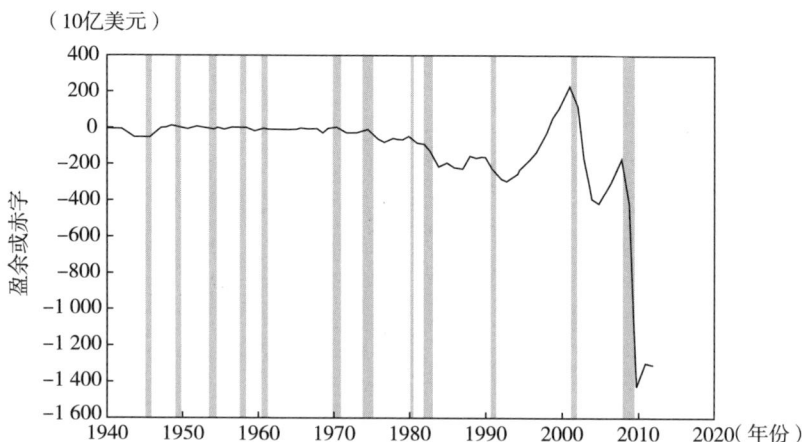

图 4.4　美国联邦的盈余或赤字，1940—2011 年

注：阴影部分表示美国的经济衰退期。

资料来源：White House, Office of Mangement and Budget。网址 http://research. stlouisfed. org/fred2/。

代克林顿努力纠正这种失衡状态，使政府的预算在 20 世纪末实现了短暂的平衡，但是这种努力维持的时间很短。政府负债的增长可以说明这些赤字造成的影响。政府的这种负储蓄行为必须通过减少国内投资、增加个人储蓄或者增加资本进口（即外国的储蓄）才能抵销。我们从美国经常项目余额的发展变化中看到，最终采用的是最后一点。

第一次扩张中出现了几次小规模的金融危机。第二次则经历了一次非常大的危机，我们称之为霸权解体危机。第一次危机始于 20 世纪 70 年代。在大萧条时期创立的储蓄贷款协会（S&Ls）是为了给人们提供抵押贷款，这些机构的作用如同银行，通过短期负债为非流动资产融资。20 世纪 70 年代为终止通货膨胀实行了货币紧缩政策，名义利率迅速提高，储蓄贷款协会已经无力支撑自己的放贷，而在通货紧缩时期实际汇率提高之后，它们仍然亏损。应对这场危机的手段是给储蓄贷款协会放松监管。其指导思想是，在比较自由的环境下，它们可能会更好地发挥作用，恢复自身的偿付能力。在这种情况下，因为已经失去了净资产，所以它们变成了“僵尸银行”，甘愿冒任何风险。如果赌赢了，它们可以获得一些收益；如果输了，它们抬腿走人就是。随着利率的下降，银行重新有了偿还能力，并把资本大量投资于得克萨斯州蒸蒸日上的房地产市场中。接着房地产市场崩溃，许多不受监管、大胆冒险的储蓄贷款协会便随之破产。

由此导致的对政府的保险索赔得到兑现，但是保险公司需要更多资金。没人愿意承认政府的债务到底有多大，但就在十年以后，乔治·布什政府支出了 500 亿美元的一般性收入清偿政府债务。这些支出在当时看来十分恐怖，但是与 2008 年的经济崩溃相比可谓小巫见大巫。储蓄贷款协会遭遇的这次危机只是目前经济崩溃的一次预演，都是低利率、房地产大繁荣，以及对金融中介机构放松监管等因素的综合作用。然而，这些损失还没有大到引起大多数人的注意，但是布什总统没能连任，很可能就是因为他的政府对这些债务负有责任。[41]

如同储蓄贷款协会，房利美也是大萧条时期的产物，1970 年又多了一个房地美。这两个政府支持机构（government‐sponsored agencies）买下抵押贷款又转手卖给投资商。这两大抵押贷款巨头在转卖那些既不是非常安全（非常安全债券的信用等级为 AAA）也不是非常赚钱但高风险（垃圾债券级别）的抵押贷款时遇到了困难。1983 年房地美想出了解决这个问题的办法，即采用分层（tranches）方式销售房地产抵押贷款。最上面一层对抵押贷款收入有最优先级的索取权，下面各层收入索取权的优先级依次递减。最下面一层被称为"有毒废料"，潜在的抵押贷款出现任何问题，毫无疑问都是这一层首先成为受害者。这些层级被称为抵押担保债券（CBO），它们及其衍生品在 20 世纪末金融活动的扩张中都起到巨大的作用。

十多年前推导出的布莱克—肖尔斯期权定价公式（Black‐Scholes formula），为评估质押品的各种风险提供了一种方法。运用此公式建立的模型，评级机构将最上面的一层定为 AAA 级，任何信托机构都可以购买。"有毒废料"越来越多，可我们怀疑那些喜欢冒险的投资者在购买这些"有毒废料"时显然并不了解他们承担的风险到底有多大。尤其要提到的是，布莱克—肖尔斯期权定价公式采用的是最近一段时间的数据。在房地产繁荣时期收集的房产价格数据对繁荣一旦崩盘的风险只字未提。

泰国、韩国、印度尼西亚和马来西亚，在 1997 年遭遇的失败生动地诠释了期限错配问题（即借短贷长）。这几个开放的工业化小国在过去几年内产品出口激增。它们的政府和银行通过国际贷款和对短期贷款展期的方式为出口扩张提供资金支持。投资者拒绝继续提供资金之后，这些国家失去了偿还贷款的流动资产，危机席卷整个东亚地区。国际货币基金组织适时出手相救，并迫使这几个亚洲国家更紧密地依附于"华盛顿共识"。

俄罗斯似乎与亚洲相距甚远，而美国的一家对冲基金认定，俄罗斯债券的低价格是东南亚市场风险向其他市场无端扩散的结果。于是，这家名为长期资本管理公司（Long Term Capital Management）的对冲基金大量投资于俄罗斯债券，1998年俄罗斯拖欠债务，长期资本管理公司破产。与20世纪80年代的储蓄贷款协会面临的情况一样，对冲基金受到的监管也很宽松。它们主要投资于短期收益项目，利用杠杆放大其套利收益。如果杠杆率为1:10，一笔资产回报率为0.2%的交易可以使权益回报率达到2%，而如果杠杆率为1:100，权益回报则为20%。长期资本管理公司的杠杆率差不多达到100%。

对冲基金不是银行，不受联邦存款保险公司（Federal Deposit Insurance Corporation）的监管，也不像储蓄贷款协会有自己独立的监管机构。尽管如此，纽约联邦储备银行还是精心策划并组织了对长期资本管理公司的救助以避免其倒闭。20家投资银行同意投入40亿美元用以偿还长期资本管理公司所欠的债务。事实上，它们把之前从长期资本管理公司获得的部分收益还给了它。那些长期资本管理公司的投资人损失了90%的投资，但是他们并不穷。[42]

美联储为何要拯救长期资本管理公司？他们说是为了防止市场崩溃。当然，中央银行的人总是这套说辞，也没有人知道一家高杠杆对冲基金的失败是否会让国际金融市场瘫痪。如果说这个恐怖的预言还有点价值的话，那就是这场小小的危机预示了2008年的金融危机。储蓄贷款协会遭受的危机说明，面对糟糕的局面过度使用杠杆会鼓励冒险并加速失败。长期资本管理公司的危机说明，即使是企业行为失当也会如害群之马，危及互相联系的世界体系，但是这个结论却言过其实。1995年霸菱银行的破产并没有给市场带来大厦将倾的危难。美联储的解释不能自圆其说。

一个更可信的观点是，美联储不愿意承认自己对长期资本管理公司实行高杠杆的做法负有责任。这场小小的危机没有储蓄贷款协会的危机那么大，但也预示了 2008 年会出现的问题。如大萧条时期费舍尔所说，大量的冒险行为加上高杠杆共同构成了不稳定局面。[43] 当出现冒险行为时，中央银行不得不采取行动。尽管美联储主席格林斯潘支持放权的做法，但他也赞同对长期资本管理公司施以紧急援救的做法。

格林斯潘的矛盾心理也许恰好体现了 20 世纪末各种复杂的趋势。图 4.3 显示的收入不平等在 20 世纪 90 年代继续加剧，而且政治也越来越受制于极富有人群的影响力。他们要保证自己的利益不足为奇，但他们的某些短视行为却让人不可思议。他们的影响力贯穿于政府决策的始终，从大选到行政管理的基本规则，无处不在。20 世纪末出现的新贵拥有传播媒介，同时利用政治捐款和游说，提升影响力。在美国的选举制度下，他们的压力很难抗拒。

从图 4.4 显示的政府储蓄路径可见，对美国财政施加影响的决策空间仍然存在。回想一下，当税收收入多于支出时，政府会把钱存起来，而如果支出多于税收收入，即出现赤字的时候（图中显示的是负储蓄），政府就会减少储蓄。里根政府增加的债务相对于2000 年以后的赤字来说似乎微不足道，但在当时看来增幅巨大，因为对美国的汇率产生了重大影响。

在克林顿政府时期，美国财政的收支平衡发生了明显变化。在他的两届任期内，每年的政府储蓄都在增加，20 世纪末，预算出现了结余。虽然两党都受制于新贵的影响力，但是克林顿的预算修正案只有他自己所在的民主党投票通过，根本没有共和党人投票。这种逐年盈余的局面在小布什执政时完全颠倒过来，美国的赤字远远高于 20 世纪 80 年代的水平。然而，最大的赤字却是全球金融危机期间税收下降的结果。

图4.5所示的政府债务显示出政府的这些逆转政策的累积性影响。债务从里根执政时期的赤字开始不断增多，甚至当克林顿已经减少了赤字的情况下债务仍然在增加，只不过增速有所减慢。直至克林顿任期快结束时，才出现盈余，但是就这几年的盈余额不足以偿付已有的大部分债务，而当时已经开始探讨在政府不负债的情况下，货币政策将何去何从。图4.5清楚地说明，这些探讨简直就是无稽之谈。2000年后，小布什政府的巨额赤字逆转了克林顿时期的盈余，对联邦债务问题出现了明显不同的观点。如果继续执行克林顿的预算政策，债务与GDP之比（即便不是债务额本身）就会随着时间的推移而减少。

（10亿美元）

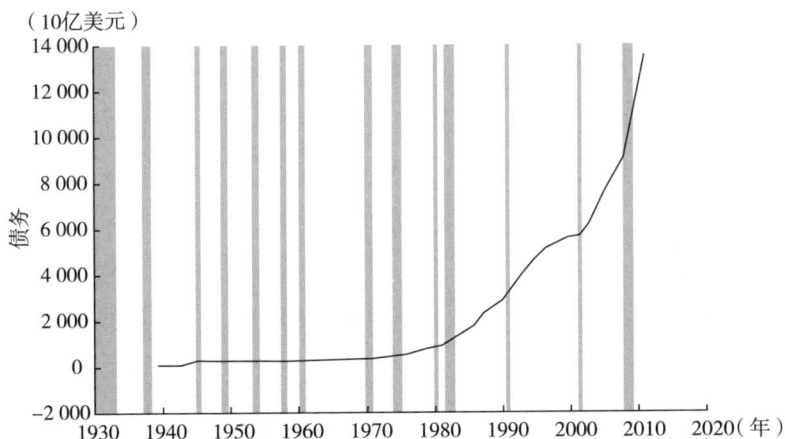

图4.5　美国联邦政府债务，1940—2011年

注：阴影表示美国的经济衰退时期。

资料来源：白宫经济顾问委员会。网址：http：//research. stlouisfed. org/ fred2/。

因为2000年以后政府不再储蓄，肯定也带来了某种其他变化。国内投资和私人储蓄变化不大，但是国外储蓄增加，抵销了美国的支出。如图4.6显示，这种转变伴随着美国经常项目的收支余额变化。20世纪八九十年代的经常项目波动，激起了人们在资本进口方

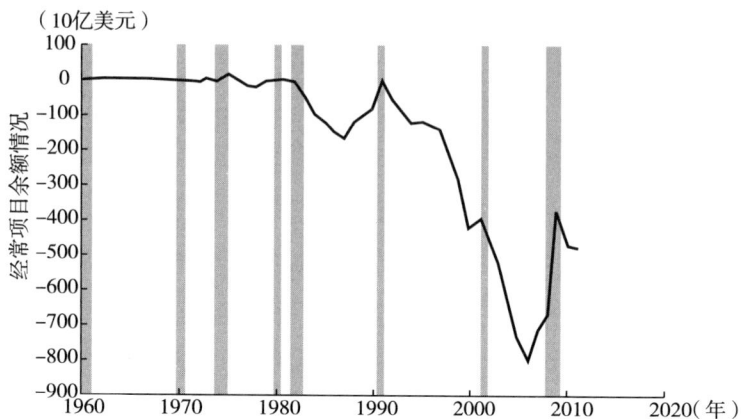

**图 4.6　美国经常项目余额情况，1960—2011 年**

注：阴影表示美国的经济衰退时期。

资料来源：美国商务部，经济分析局。网址：http：//research. stkmisfed. 0rg/fred2/。

面的极大兴趣。最后的 10 年时间里，外国投资将国外储蓄引入美国，抵销了政府的支出，但这些做法在巨大的赤字面前收效甚微。

这些国外的投资来自亚洲。在日元低迷的助力之下，日本在 20 世纪 80 年代实行了出口导向型战略。中国在邓小平的领导下进行了经济体制改革，同样实行了出口导向型战略，经济迅速发展。在这一扩张过程中工资水平一直没有提高，因为工业化的发展使大量人口离开乡村，同时政府还采取了抑制消费的政策。与 20 世纪六七十年代的日本一样，中国的发展也立足于扩大出口。如前所说，二者的区别就只在于中国比日本大得多。

美国和亚洲的做法看似串通一气，但是其中的因果关系却很难理清。从美国的角度来说，小布什总统通过降低税率和提高政府（即军事）支出刺激了国内需求。而亚洲国家，在扩大出口的同时却在抑制国内需求（我们在第六章会对此做更详细的探讨）。如此结果只能是美国的国际收支出现赤字。这是幸运的巧合？说明美国乐于帮助亚洲？或者说亚洲利用美国的挥霍无度从中谋利？

中国并没有效仿里根的赤字消费政策将货币升值，而是实行与美元之间的钉住汇率以促进出口，使其经常项目呈顺差状态。美国的进口呈逆差状态，中国发展政策的结果是美元资产的不断积累。2008 年金融危机以后这种趋势受到抑制，因为接下来的经济衰退使中国对美国的进口下降。就美国政府的全部债务而言，外国所持的债务并没有像年度贸易收支平衡那样出现大的逆转。中国的美元资产增长速度比以前有所下降，但在经济衰退期其美元的持有量仍然在继续扩大。

图 4.6 显示了这些金融交易的影响。中国对美国的出口增长呈跨越式发展。中国如同以前的日本一样实行出口导向型增长模式，中国商品的大量涌入带来了"美国已成明日黄花"的反响。这只是问题的一个方面，另一方面是中国正在迅速从农业经济向工业经济转变。

美国的教育水平在下滑也是问题的一个方面。在 20 世纪中期，美国不仅拥有大量劳动力，而且劳动力的受教育水平也遥遥领先。例如，1944 年美国颁布了《退伍军人福利法案》，为美国的退伍老兵提供**上大学**的学费，而同年的《英国教育法案》却只是给其年轻人提供**高中**教育费用。20 世纪初新英格兰州的高中教育运动在全美范围内得到普及，到第二次世界大战开始时，大多数州的高中毕业率都超过了 50％。当时其他国家的高中教育难望美国之项背，那个时期的美国，因为拥有劳动力数量和质量优势而在世界经济中占据主导地位。[44]

第二次世界大战以后，美国的教育蓬勃发展，20 世纪 60 年代颁布的《民权法案》也惠及了非洲裔美国学生。在接下来的十年中，由于美国广泛改进了教育方法，白人和黑人之间的教育差距缩小。20 世纪 80 年代，里根总统实行的联邦政策不仅加剧了收入不平等，也加剧了教育的不平等，扭转了这一趋势。标准化测试取代了创新型的教育方法，城市里的学校逐渐分化，教育投入也转做他用。这种不平等导致今天的美国在国际教育测试中成绩低下。与其他国家相比，美国白人学校表现还好，但因为黑人学校成绩落后而全国平均水平令人沮丧。[45]

这些因素不可能说明全部问题，因为中国扩大出口的部分原因还在于中国实行了保持人民币与美元汇率不变的政策。在后面的章节中我们会进一步探讨其中复杂的因果关系。

我们探讨了美国在金融、财政和货币等方面采取的相应政策，总结了过去十年这些政策给美国带来的结果。现在我们要回顾一下已经做出的选择。图4.4中所示的财政政策说明，可供选择的道路本还有很多。

第一个选择是1999年《格拉斯—斯蒂格尔法案》的废止。克林顿政府对这个法案的废止也揭示了那些新贵暴发户的影响力。国会对这些新贵持支持态度，放松监管的热情高涨。金融业急于将商业银行和投资银行业务合并，而这正是《格拉斯—斯蒂格尔法案》禁止的做法。这个决定恰好在2000年大选命运发生逆转之前出台。决策者和经济学家支持放松监管可能是把它看作"华盛顿共识"的一部分，他们希望政府的财政机构能发挥作用，使后续的国际收支达到平衡。结果显示，这一废止决定引起了后来的消费高峰。

第二个选择是小布什总统在上任的第一年做出的。他提出对最富有的纳税人大幅度减税，2001年该提案通过。与克林顿1993年提出的预算平衡方案得以通过的方式一样，这次减税得以通过主要仰仗本党派的投票。一些民主党的立法者也无法抵御减税带来的好处，所以这次投票并不像克林顿那次完全依靠一党的支持。为了让所有的共和党人同意，政府耍了花招，这反过来又让政府日后受害不浅。为了使一些持反对意见的参议员能够投赞成票，降低税率的做法设定为短期行为，只有十年的时间，以使降低后的税率带来的预期预算赤字保持在很小的范围内。

　　这次减税，加上 2003 年的再次减税以及入侵伊拉克，使世纪之交的美国走上了图 4.4 至图 4.6 显示的道路。所有这些选择都朝着同样的趋势发展，即让个体有更多的自由，能够按照自己的意愿经营企业，也让政府自由度更高，可以随意花钱不用考虑税收收入。这些选择加在一起造成了收入日益不平等的结果，其中金融界和其他富人的影响尤为突出。

　　减税的同时，伊拉克爆发了新的战争。这再次证明美国政府的军费开支不是通过提高税收获得而是通过挪用政府经费。如同美国内战和越南战争时一样，国内需求（即吸收）的扩大，导致内外部的双重失衡。布什总统做出的决策非常糟糕，减税外加军事开支。之前没有哪一任总统曾通过提高税收（或者说提高的程度不够）抵销增加的军事开支，也从来没有哪位总统在减税的同时又增加开支。当然，里根曾在减税的同时增加了军费开支，但是他并没有真正投入战争。布什的减税政策加上扩大军费开支帮助降低了消费热潮，与 20 年前里根的政策如出一辙。

　　第三个选择是美联储主席格林斯潘做出的，2000 年互联网经济繁荣崩溃，这是他为修复股票市场而采取的应对措施。他的政策被称为"格林斯潘对策"（Greenspan put），即创造足够的廉价货币以保持资产的价格，并使许多公司的贬值资产也能卖出好价钱。2001 年美联储将贴现率从 6.5% 降至 3.5%，到 2003 年又降至 1%。这一低水平的贴现率一直保持到 2004 年中期，而实际贴现率呈负值。投资者有了可以进行投资的自由资金。

　　显然，还有一个很可能会保持经济增长的调整路径就是美元贬值的同时降低美国的利率。如果采取这一手段，美国的利率也不用大幅降低，因为互联网会通过改进经常项目的状况，美国经济本可以从互联网泡沫破灭中复苏。当时的美国经常项目赤字大概是 GDP 的 4% 左右，处于史无前例的水平。美元贬值带来的外部赤字会大幅下降，很可能会弥补投资的减少。

但是，美元当时的贬值没有到位。东亚为保证出口的快速发展而追求过低的汇率，这不仅意味着美国的利率还要大幅下降，也意味着三年里都要保持极低的水平。这样，美国的需求会快速增长以确保对资本的充分利用。这一政策导致全球经常项目失衡，即在东亚、其他快速发展的新兴市场经济以及商品出口国出现顺差，而在美国、英国、澳大利亚、西班牙和爱尔兰等国的经常项目却出现了不断增长的巨额逆差，两者刚好相抵。美国承担了"最后消费者"的义务，也就是说，美国保持低利率的时间比可能需要的时间要长。这么做对美国和全球经济来说都具有非常重要的影响，我们在第六章将对此进行探讨。⁴⁶

当代观察家认为，世界储蓄似乎很充足。为实施出口导向战略，中国政府通过购买美国政府债券以保持低水平的汇率。最终，美国需要保持财政赤字和低利率实现内部平衡，从而导致国际收支逆差的结果。金融中介机构利用此次赚钱机会扩大了抵押贷款投资。这种将不同风险的贷款组合成不同层级的金融创新使各公司可以向它们的客户兜售各种有明显风险的证券。抵押担保债券（CMO）由两部分组成：一部分是普通的担保债务凭证（CDOs），另一部分是不同层级资产的各种奇特组合，以此消除这些资产的风险。事后看，这就像是某种金融炼金术。担保债务凭证在 2003 年开始迅猛发展，但是在 2008 年破产的大部分担保债务凭证都是基于 2005—2006 年出现的抵押贷款。

所有这些资金都流入房地产市场，产生了预料中的影响。资本流入提高了进口国的消费需求。贸易品的价格由于进口量充足而受到遏制，但是对非贸易品的需求却抬高了其价格。房地产是最大的非贸易品，因为地理位置是住房最重要的属性。从中国流入的资本被结构化金融进一步放大，增加了住房销售压力。住房价格提高，在这十年的中期出现暴涨。[47]

过去持有抵押贷款的银行和其他金融中介机构开始重新组合出售这些抵押贷款，从委托人的身份摇身一变成为代理人。它们也因此发生改变。抵押贷款行业的分解产生了许多代理机构，而在这些日趋复杂的市场上却很少甚至没有任何监管。轻松赚钱的诱惑吸引了所有投资者的注意，因此也就出现了五花八门的不可靠活动。简单地说，代理人通过初始抵押贷款和对这些抵押贷款的每一次改造来赚钱。他们根本不关心抵押贷款的最终命运。

信用评级机构与这种信用扩张行为串通一气。它们用评定产业债券的方法评定各个层级的证券。它们臆断每一笔抵押贷款都是特质贷款，除非一个人搬家了，或丢了工作或遭受了纯粹的人身损失才会还不上贷款。它们通过从一些潜在的概率分布中抽取一系列独立数据对相关的风险建模，概率分布则来自抵押贷款违约的历史记录。这些评级机构将 AAA 的评级标准公之于众，因此，金融中介机构可以有针对性地调整自己的呈报材料，从而获得更高的评级。[48]

这种估测忽略了那些新抵押贷款的具体情况。第一个问题是刚刚提到的动机的改变。这些机构在操作中假设新的抵押贷款与以前的抵押贷款质量相同。鉴于代理人发放抵押贷款的动机，这一假设是不明智的。第二个问题是它们忽略了住房价格暴涨是大量新的抵押贷款导致的。新的融资加上低利率的抵押贷款导致住房需求大增。只要在平原地区有建房的空间，就可以建更多的房子。但是在一些老城和沿海城市没有建房的空间，房价上升。结果导致在那十年的中期产生了巨大的建房热潮，到 2006 年达到顶峰。这让人想起了 19 世纪 30 年代的地价暴涨。

随着住房价格上涨停滞甚至下降，抵押贷款的违约情况加剧。同样，抵押贷款违约不再是独立事件，而在危机的初期阶段这一点被严重忽略。随着房价下跌，许多抵押贷款无法偿还，之前对相关风险的估测根本无法显示哪些衍生资产是安全的，哪些存在风险。
投资者开始担心所有这些资产。风险通过另一种叫作"信用违约掉
期"的相关金融工具，向整个金融体系蔓延。信用违约掉期是一种
金融保险，但为了避免被划分为保险类产品后需要缴纳保险准备金
而被结构化为可销售的证券。本着在繁荣市场的精神，信用违约掉
期又被组合成很多层级的合成担保债务凭证，随之加入了其他各种
稀奇古怪的金融衍生品大军。

出现问题的第一个信号来自一家法国的大型银行——法国巴黎
银行。2007 年 8 月，该行终止了参与买卖这些资产的两家对冲基
金。伦敦金融市场的基准利率，即伦敦银行同业拆借利率（LIBOR）
剧烈攀升并始终高居不下，如图 4.7 所示。由于美国联邦基金利率
没有变化，因此伦敦银行同业拆借利率上升是相对于安全的美国联
邦基金利率的风险溢价上升。因为投资者开始躲避那些已经显现出
实际风险超过表面风险的资产，伦敦银行同业拆借利率的上升说明
风险价格在上升。美联储降低了利率并开始接手有问题的资产，借

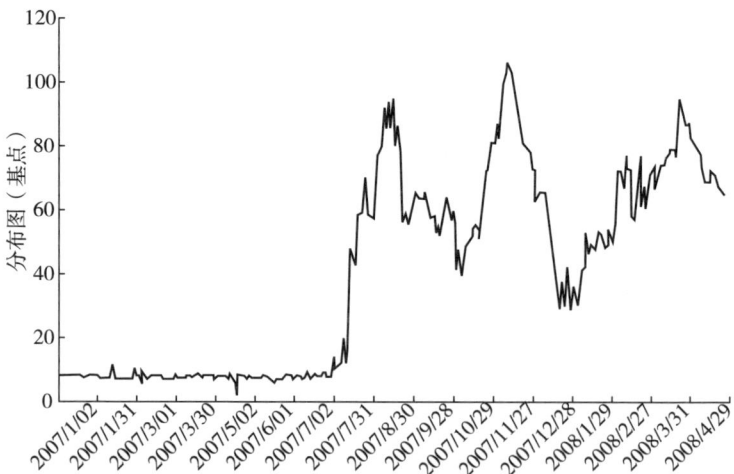

**图 4.7　伦敦银行同业拆借利率—美国联邦基金利率分布，2007—2008 年**
资料来源：Cecchetti（2009）。

此将储备金注入遇到困难的银行。伦敦银行同业拆借利率上升后的半年间，美联储之外的情况如同1939年的"假战争"般沉寂：投资者极力让自己相信一切正常，但危险却在分分秒秒逼近。

贝尔斯登公司（Bear Stearns）是一家不受美联储监管的投资公司，2008年3月接近破产。它无法借贷，正在经历现代版的19世纪银行挤兑。那时的储户都要赶在银行储备耗尽之前蜂拥挤兑自己的存款，而现在的情况是，银行的债权人要赶在银行储备耗尽之前蜂拥把自己的资产抢回来。美联储先借钱给贝尔斯登公司，然后安排摩根大通银行接手贝尔斯登。与处理长期资本管理公司的情形一样，美联储表面上掩盖了一个企业倒闭带来的广泛影响。某个"事后诸葛亮"发表言论说，美联储就该让贝尔斯登破产，这样就可以让其他的银行和投资公司自我约束，以避免遭受相同的命运，从而避免9月出现的市场恐慌。这个建议真是饶有创意。[49]

金融市场保持了几个月的平静。然后在2008年8月，半政府性质的抵押贷款放款机构房利美和房地美崩溃，亟须政府出手救援。它们创立时是政府机构，后来被出售。它们的做派是私营金融中介机构，但利用其政治影响力享受着"公共机构"的好处。特别是它们还抱着一种想法，认为如果自己陷入困境，政府会出面救助。这样的想法使它们能够在繁荣时期低价借贷，而繁荣时期结束的时候也证明了它们所言不虚。

9月形势恶化的步伐加快。雷曼兄弟遭遇了贝尔斯登曾经的命运，但是美联储和财政部决定不借钱给它。因为没有政府支持这一优厚条件，雷曼兄弟无法出售，2008年9月15日，它被允许宣布破产。这似乎是一个信号，说明政府将坐视金融崩溃。那些在繁荣时期过度冒险的公司在这场崩溃中摇摇欲坠。

在雷曼兄弟倒闭之后，美国国际集团（AIG）的麻烦也接踵而至。虽然美国国际集团不是投资银行而是一家跨国保险公司，但是它在那些现在看来是有毒资产上押注过大，面临着马上倒闭的险境。这场金融风暴从抵押贷款市场开始，席卷了整个金融体系。

亨利·保尔森、本·伯南克和蒂莫西·盖特纳当时分别任财政部部长、美联储主席和纽约联储的行长，他们表示无能为力，并在9月17日将美国国际集团国有化。他们致力于自由市场的行为只维持了一天。众议院议员巴尼·弗兰克（Barney Frank）建议我们把这一天定为"自由市场日"。紧随雷曼兄弟倒闭之后的美国国际集团的国有化让市场困惑不解。投资者无法预测事情下一步会如何发展。金融市场处于冻结状态。除了信用评级不同以外，结构化金融的各个层级都很相像。住房价格决定了风险，而且相关度极高。房地产繁荣的终结使评级变得不相关，因为关于评级背后的独立风险假设显然是不准确的。资产变卖让资产负债表一塌糊涂，美国经济陷入衰退。

最先来自法国巴黎银行的警告显示，这场危机既涉及美国也涉及欧洲。像美国国际集团这样的跨国大公司以及许多国家的银行都试图通过投机赚钱，但是最终都被套牢。英国和西欧的许多政府学习美国的做法拯救自己国家的银行，以避免出现更大的金融崩溃。结果是将私有的金融中介机构社会化。经济衰退期间由于税收收入下降，很多政府都是赤字运行，而对银行债务的主观臆断夸大了这一行动。

"大缓和"很快就被全球金融危机和第一章描述的世界经济混乱取代。我们在本书中提出的观点是，世界经济以如此不同凡响的方式崩溃，是因为没有一个经济霸主主导出台和谐的经济政策。这个观点也适用于描述美国在过去十年的经济繁荣与衰退过程中的作用。在一片批评指责声中讨论有关危机原因的各种线索，我们追踪了自危机以来美国各界的对话。没有霸主，所有人所有事都难辞其咎，各种原因综合在一起造成了现在的糟糕结局。

罪魁祸首看起来不止一个。首先也是最明显的就是消费者，他们用抵押贷款买了房子，却在房价下跌以后还不起贷款。但是，他们可能要承担的责任最轻。如前所说，工资在过去 30 年里一直处于停滞状态，消费者为了保持消费水平不变只好借贷。囿于"华盛顿共识"的政府没有顾及他们的利益，他们便采取了唯一能采取的措施以增加消费。另外，轻易拿到的廉价资金使抵押贷款经纪人在放款时毫无顾忌。只要房价继续上涨，抵押贷款就是不花钱的买卖。许多精明的观察家根本不承认有什么住房市场的大繁荣，但因此就责备普通的劳动阶层没有鉴别能力难免有些勉强。这里不包括那些明知道买卖不划算还去做，根本没打算偿还债务的消费者。相反，那些受到报纸和电视青睐的事例，不是繁荣和萧条的征兆，而是原因之一。

金融中介机构也有错。它们不是将精力和财力用于真正的投资，而是用于零和博弈。它们发明了如此复杂的投资工具，甚至连专家也无法对其风险做出评估。它们也利用了廉价的资金牟利。追逐利润是它们的本性但不是它们的问题。然而，它们应该在合法的范围内赚钱。越来越多的证据说明，许多金融中介机构一窝蜂地趋利，走了太多的捷径。用签名机器人（签名机）转让贷款所有权，以便将贷款组合成不同档级，这种做法很有可能违反了所有权法。止赎也许是不可能的情况，因为放款机构拿不出承受抵押人出具的票据。这只是繁荣时期金融中介机构众多欺骗行为中的一个例子而已。发生危机时金融机构的合并已经将这些令人质疑的做法导致的债务转移给那些更大的金融公司。㊿

房利美和房地美这两个半政府性质的放款机构，与其他金融中介机构有区别。由政府成立，然后政府在管理上放手，因此它们既不属于政府也不是私人机构，算是半政府机构，因此有着发展壮大的优势。它们是否有义务更谨慎些呢？它们似乎一直都在大力支持问题贷款的销售。它们这么做是不是在滥用其半政府机构的权力呢？这是一个难有定论的领域，但是这两个实体机构似乎既犯了私人中介机构所犯的错误，也逾越了合理的界限。[51]

美国政府也难辞其咎，因为是它建立了繁荣与衰退得以发生的金融体系。急于放松监管以及疏于监管使私有企业毫无束缚随心所欲。21世纪初正是"华盛顿共识"风头最盛之时，一般人都认为，公司根本不需要什么监管，因为好企业必然会将坏企业逐出市场。从长远来看这可能是对的（当然这一点也存在争议），但是从短期来看这很显然是行不通的。

但这种选择却是一个恶性循环过程。消费者通过大选选举了政府，而企业在选举中也施加了影响力。政府允许企业增加杠杆，如果企业能以此为自己开脱的话，难道政府就不能作为企业决定自己命运的工具而开脱吗？这种异议站不住脚是因为图4.3所示的基尼系数上升带来的影响。不平等的加剧意味着选民中那些新贵的影响力在增加。政府制定政策可能代表的是他们的利益，而不是人民的整体利益。

美联储也有责任，因为它在那十年的头几年里一直保持了低利率状态，后来又没有及时发现危机的苗头。美联储虽然受制于政治形势，但是它具有的独立性足以让有些人认为它对危机的产生负有理所当然的责任。然而，这种批评似乎认为美联储具有特异功能，认为它有能力提前预见金融危机的发生。看起来美联储在预测未来这件事情上并没有特殊的本领，而仅凭这一点就足以引起人们对它的指责了。

最后，人们可以把责任归咎于中国，因为它一直在实行出口导向型发展战略。中国政府为了保持低汇率和高出口量，买了不计其数的美国债务。这种做法提高了美国债券的价格，却降低了回报率。而这反过来又拉低了世界金融体系的利率水平。甚至美联储本身也是中国政策的受害者。这种观点产生了一系列问题，我们在第六章会探讨，这里只是想说明，我们轻而易举就能找到这场危机的罪魁祸首，而这场危机标志着美国世纪的终结。

我们如何知道这意味着终结呢？这是因为在解决这场危机时美国并没有起到领导作用。2001 年 9 月 11 日遭到自杀式袭击之后，美国卷入战争之中，与德国在两次世界大战之间的那段时期执行的政策不谋而合，世界经济处于群龙无首状态。在危机期间美国率先救助银行，但是接下来就从世界经济领头人的位置上跌落了。即将执政的奥巴马政府发起一项受到强烈质疑的刺激法案后，为了控制住后危机世界的混乱状态，美国政治也争抢着加入政府精简的热潮之中。国际货币基金组织似乎将所有的工业化大国都视为发展中国家，一味坚持推行"华盛顿共识"。天知道，美国之所以执行该政策是其内部压力使然，而结果美国没有成为协调解决问题的领导者，却使自己也成了问题的一部分。

奥巴马总统的第二部刺激法案没有得到通过就充分说明了这一点。他在 2011 年末提出了该法案，想以此恢复美国经济中损失的一些工作岗位。共和党参议员阻止了这个法案。他们在 1993 年克林顿执政时就投票反对政府提出的提高税收以恢复政府预算平衡的提案，他们在 20 年间始终反对实施使经济发展恢复平衡的措施。民主党人在 1993 年足够强有力，以微弱优势通过了提高税收的法案；2011 年他们的票数不够，这部支出法案流产。美国政府的无能显而易见。美国已经成了问题，而不是解决方案，这种情况与一个世纪之前的英国大致相同。由于税收收入下降，又不能持续以赤字状态运行，美国各州政府从经济崩溃以后就已经开始精简。随着全球金融危机的大面积发生，政府的整体支出持续减少。[52]

总之，美国在面临自身国际影响力下降的情况下做出的选择至关重要。美国的主要问题，不是确保美元贬值，而是实行减税，对金融行业放松监管，实行低利率。这些做法实现了美国的内部平衡，但是外部仍处于失衡状态。美国通过对金融行业放松监管和低利率鼓励消费。这两种措施的不当结合产生了金融泡沫，从而导致崩溃。

我们的论点是，美国的政策虽然大多数都只针对内部平衡，却是在全球背景下制定的。如果当时美国的宏观经济政策可以在支持紧缩财政政策的同时让美元贬值从而降低汇率，那么我们本可以在确保内部平衡的同时，避免让经济受到外部脆弱环境的冲击而最终陷入金融危机。后面两章会探讨欧洲和世界其他地区的做法。第七章会探讨从现在开始所有国家面临的抉择。

# 第五章 恢复欧洲的国际平衡

第四章探讨了美国的情况,揭示了全球金融危机是如何爆发的。第一章的数据说明了欧洲和美国的内部失衡。要搞清楚美国的结构化金融如何能破坏这两个大陆的稳定局面,我们就需要进一步说明由"马歇尔计划"刺激推动的欧洲合作局面,以揭示欧洲的脆弱程度。这方面的探讨要先回顾第三章谈到的金本位制,然后展望第六章对世界不均衡局面的分析。回顾是因为欧洲的货币体系就像金本位制一样执行的是固定汇率。展望是因为按照描述的美国和中国之间固定汇率的调整过程如 1930 年凯恩斯对麦克米伦委员会描述的那样已经破裂。这说明,我们探讨的三种汇率体系,即金本位、欧元以及美元对人民币,存在着同样的调整障碍。

如第四章所述,第二次世界大战结束时与第一次世界大战结束时面临的局面完全不同。在第二次世界大战结束时没有经济衰退,也没有惩罚性条约。美国加入联合国并帮助领导联合国的工作。这与第一次世界大战以后在国际联盟领导下产生的结果也非常不同。布雷顿森林体系(即国际货币基金组织和世界银行)得以创立,之后又有了关贸总协定(最终变成世界贸易组织),1948 年"马歇尔计划"得以实施。美国利用其霸主地位与以前的朋友和敌人携手重建世界经济并保持和平局面。由此建立的国际体系帮助巩固了经济增长的黄金时代(即 1945 年到 1971 年这段时间)。

本章要叙述欧洲黄金时代的勃兴，并探讨欧洲在黄金时代结束之后如何走上创立欧元这一共同货币之路。然后我们会转而讨论欧元区现在面临的危机，并指出造成这场危机的两个相关原因。我们认为，共同货币的创立，是建立在对货币联盟工作机制的错误分析之上，主要是没有正确理解有关内部和外部平衡的观点，而这些观点正是本书讨论的核心问题。我们也将证明共同货币的创立并没有足够的政治基础，它只是法国和德国在德国统一时期达成政治协议的直接结果。我们揭示了错误分析和缺乏政治基础两个因素的相互作用，而且这两个因素也为彼此埋下潜在的祸根。

众所周知，1945 年到 1971 年这段黄金时代是世界经济发展过程中最重要的时期。这段时期的经济增长速度甚至超过了大英帝国统领世界时的维多利亚时代后期。在二战后的这段时期，欧洲消除了第二次"三十年战争"带来的发展赤字，其经济快速增长的过程带动了全球经济的增长。同时，日本也在奋起直追。今天，同样的经济追赶过程正在新兴市场上演。

第四章叙述的有利的世界环境在欧洲本土带来了一系列合作。欧洲人下定决心绝不会再参与前三十年里两次使其饱受折磨的战争，他们的领袖也是具有这种合作视野的政治家。现在回过头来看，我们需要先弄清楚这些政治家当初做出的选择，这会帮助我们理解欧洲现在所处的困境。他们犯了关键性的错误，而这些错误具有深远的影响。

战后，法国和德国的领导人都认为，如果欧洲各国仅仅在国家主权的基础上重建，欧洲的和平不会长久。这些领导人认为欧洲各国都太小了，仅以一己之力无法独立确保其国民享有基本的繁荣和社会发展。他们的领导人是法国经济学家、外交官让·莫内（Jean Monnet），他认为欧洲国家必须最终形成一个联邦，但他也决心要以一种不构成威胁的循序渐进的方式来实现。

欧洲一体化的机会很快就来了。与第一次世界大战之后的情况一样，在第二次世界大战之后对于如何开采和利用鲁尔山谷的煤矿存在明显的紧张局势。莫内决心通过高度合作的方式解决这一问题。1950 年 5 月，法国外交大臣罗伯特·舒曼（Robert Schuman）启动了欧洲煤钢共同体，该共同体成立时他宣称：

> 通过对基本生产的合并以及建立一个新的高级权力机构，将法国、德国和其他成员国家联合起来，这项提案代表了向欧洲联盟迈出的第一个具体步骤，而这是维护和平的势在必行之举。①

不久之后，除了法国和德国之外，比利时、意大利、卢森堡和荷兰也加入欧洲煤钢共同体。

在当时的西德有很多与莫内一样雄心勃勃的政治家，其中最著名的是康拉德·阿登纳（Konrad Adenauer）。他从 1949 年到 1963 年担任西德总理，领导自己的国家从第二次世界大战的废墟中再次崛起为一个强大繁荣的国家。这一成果的取得全依赖于阿登纳与自己国家的宿敌——法国和美国——建立了密切关系。当时是冷战时期，阿登纳做了极大的努力，实行以西方为主导的外交政策，极力恢复西德在世界舞台上的地位。在西德向法国的妥协行动中，他起了至关重要的作用。他的行为也促成了西欧的进一步融合。他一直与东德的对手针锋相对，他带领自己的国家加入北大西洋公约组织，成为美国的坚定盟友。

英国拒绝加入欧洲煤钢共同体，而它的结局本来也不会有更多不同。在战争刚刚结束时，英国就面临着一个至今仍然悬而未决的根本问题：它的前途是取决于盎格鲁—撒克逊世界——那些大英帝国曾经的成员国，那些战争中紧密合作的盟国？还是取决于欧洲大陆，尤其是德国这个不久之前还与自己激战的国家？欧洲近在咫尺，劳动力受教育水平很高，显然会有巨大的发展潜力。但是英国毕竟与盎格鲁—撒克逊世界有共同的历史、文化和语言。英国至今仍然与其以前的殖民地有着紧密的经济联系，这些殖民地不仅包括加拿大、澳大利亚和新西兰，也包括印度和许多非洲国家。这些国家共同为英国提供了大部分的食品和其他原材料，它们利用不同的气候条件，种植大量各种各样的植物产品，也为英国提供了大量不同种类的矿产。不仅如此，这些国家虽早已不再是殖民地，但它们的民众仍然与英国有着千丝万缕的联系。一百年来，它们为英国提供了原材料，并以此换回英国的工业产品，自 20 世纪 30 年代初开始，帝国特惠制对这一做法实施了保护主义。此外，它们的教育体制和法律框架基本上还是追随英国。英国和欧洲大陆国家在关于欧洲一体化优势的看法上始终存在巨大分歧。

在欧洲大陆，西欧各国的经济和政治迅速进一步一体化，而不仅限于钢铁。1957 年的"罗马协议"创立了欧洲经济共同体（EEC，通常称为共同市场），目的是促进欧洲各国的自由贸易发展。

共同市场的核心宗旨是实行相同的农业政策。欧洲经济共同体的创始成员刚刚摆脱第二次世界大战期间及之后十多年食品严重短缺的困难。作为自由贸易计划的一部分，这些国家之间需要解除农产品贸易关税，但实行起来困难重重。每个国家对农业都实行高度干预政策，各国之间的干预规则也大相径庭。自由贸易与这种干预政策出现了冲突。有些成员国，尤其是法国，想要继续实行国家严控的做法，这种想法得到欧洲经济共同体当中专业农业组织的支持。但要想实现目标，必须在欧洲经济共同体层面而不是在国家层面对干预政策进行协调和管理。最终形成的"共同农业政策"（CAP）具备了预想的干预特点。但是这主要是针对欧洲经济共同体外部而形成的高度保护主义色彩的干预：共同农业政策引入一套补贴、价格补助以及限制进口竞争的制度。共同农业政策除了对国际市场具有破坏作用外，从那时到现在，实施成本也始终居高不下。共同农业政策在2006年的支出是500亿欧元，接近欧盟预算的50%。这个水平预计会降低，但鉴于农民在政治方面的持续影响力，也只能是逐渐降低。改革举步维艰。

正是在共同市场的框架内，20世纪五六十年代欧洲的经济才得以快速增长。早先，芝加哥的雅各布·维纳（Jacob Viner）和伦敦的詹姆斯·米德等经济学家开始认识到，共同市场诱发的贸易让某些国家逐渐利用从其他共同市场国家进口的产品取代在本国生产起来比较低效的产品。这种观点与欧洲内部发生的一个根本性转变相伴而生。这个根本性转变就是从农业经济向城镇化、工业化经济的转变，这在美国和英国发生得要早得多，我们在第二章和第四章已经有过很多论述。[2]

如第四章所述，布雷顿森林体系在1971年8月解体。欧洲和日本在黄金时代的经济增长弱化了美元在布雷顿森林体系中的核心作用。20世纪60年代初期美国开始出现国际收支平衡问题，60年代后期由于越南战争而在国际收支上出现巨额赤字。因此，人们渐渐开始认为黄金的美元价格会上涨。1968年，中央银行不再控制私人市场的黄金兑美元价格，这就意味着占主导地位的黄金固定价格只适用于中央银行的交易。黄金的市场价格上涨，1971年8月，美元遭到大规模的投机性攻击，美国政府终止了由中央银行控制的美元与黄金的兑换。结果，在布雷顿森林体系指导下的整个黄金交易标准彻底崩溃。造成这种结果的几个特点将在下文论述，这些特点与过去15年里东亚的经济发展，即"布雷顿森林第二体系"密切相关（对此我们会在第六章加以讨论）。[3]

第二次世界大战以后创立的凯恩斯宏观经济政策体系对通胀并没有提出明确的预防措施。虽然在美国和欧洲都出现过对价格或收入进行调控的阶段（通常都以失败告终），但恰恰是缺乏这方面的措施才是造成初期通胀产生的根源。不同国家发生的通胀程度各不相同，造成了不可持续的竞争力差异，最终要求改变汇率。

许多国家在面对基本失衡状态时都不愿意按照布雷顿森林体系的要求调整其货币汇率。德国尤其不愿意这样做，因为它正在产生越来越巨额的顺差。日本也是如此，因为日本也是顺差状态。对于处在核心地位的美国来说更是困难重重，它处于逆差状态，又因为美元的价值与黄金挂钩，无法对其汇率进行调整。由于美国的生产率增长率落后于那些赶超它的国家，尤其是德国和日本，到 20 世纪60 年代末美国的贸易地位岌岌可危。此外，美国刚经过越南战争，并在没有充分提高税收的情况下同时推出了"伟大社会"（Great Society）计划。

其结果是美国国际收支平衡的巨大逆差，我们已经把这认定为外部失衡。要想改变这种失衡局面，需要同时降低美国的实际汇率并在其国内控制消费。这两方面做起来都不容易。1971 年危机最终出现时，不可避免地要在汇率和国内开支方面大动干戈。

最后，黄金时代带来的稳定的国际形势，部分推动了国际资本流动的增加，而这又削弱了布雷顿森林体系的作用，使其面对投机行为时很难招架。1967 年的英国货币危机显示，国际货币基金组织和各国政府在制定汇率时已经不可能无视私人市场对可持续汇率的前瞻性看法。随着流动资金越来越多，一旦怀疑某个国家可能需要通过货币贬值保持其外部平衡，投机行为就可能使中央银行很难或不可能维持住现有的汇率。

到了 1971 年，美国的国际收支逆差造成离岸美元或欧洲美元账户大量积累可流动的美元。这一动向受到了美国银行业监管中的 Q条例的推动，因为该条例禁止银行对活期存款支付利息，促使储户将钱存到国外。1971 年，这些钱被大量用于投机活动从而使整个体系崩溃。

布雷顿森林体系的崩溃导致美国和欧洲十年的宏观经济混乱。这十年发端于阿拉伯—以色列战争引起的 1973—1974 年的严重通胀。这场战争造成油价上涨了 5 倍，从每桶 2 美元涨到每桶 10 美元。这次通胀导致许多国家的实际汇率发生了大幅波动，毁掉了当时为重建钉住汇率的国际货币体系而做出的几乎一切努力。只有其中的一个努力还一息尚存。它存在于欧洲，最终促成欧洲内部的货币统一进程。对于此种局面的探讨是本章的主要内容。④

由于实行浮动汇率，国际货币基金组织的《协议条款》于 1976 年进行了修改，1978 年正式实施。布雷顿森林体系正是国际货币基金组织实施钉住但可浮动汇率机制的载体。国际货币基金组织修改后的《协议条款》确立了新的货币体系。在这个体系内，一个国家不需要建立汇率平价，而是可以自己选择汇率安排。

20 世纪 70 年代的大通胀不仅导致布雷顿森林固定汇率体系的崩溃。凯恩斯主义的干预主义高就业政策的整个架构，曾经是战后政策架构的核心，现在无论是在美国还是欧洲全部轰然倒塌。1971 年后的十年里，整个世界的宏观经济政策都处于无序状态，甚至让人感觉凯恩斯主义的宏观经济政策可能会被某种无干预的货币政策取代，如此一来，所有货币当局要做的只是"固定货币的供给"。

随后，美国和英国决定重新确立积极的宏观经济政策的价值，尽管这一积极政策是在一个各为通胀目标制的框架内执行，并与财政约束措施相结合。通胀目标制由中央银行通过利率的变化，而不是通过凯恩斯首倡的操控货币供应量或调整财政政策来实现。其基本想法很简单，就是当通胀加剧时，通过提高利率抑制经济需求和对资源的利用来抑制通胀率。中央银行甚至还可以遵循著名的泰勒法则之类的做法。这个法则以斯坦福大学著名的宏观经济学家约翰·泰勒命名，他在乔治·布什总统执政时曾任美国财政部负责国际事务的副部长。泰勒法则建议为了应对通胀加剧，应该相应提高利率水平。例如，如果通胀率提高 1%，那么按照这个法则，名义利率就应该马上提高 1.5%，也就是 150 个基点。如果实行这个法则，那么当通胀加剧时，金融市场就知道利率水平会如何变化。而且，因为这个数字超过了 1∶1，市场就知道通胀越严重，实际利率就越高，货币形势就越收紧。因为这个法则在起作用，市场也就知道只要看看通胀的数据就能预测紧缩的货币形势。本章后面在探讨欧洲中央银行的做法时，以及第六章论述许多国家目前实行的宏观经济政策时还会再次提到这个观点。

虽然执行这类政策的主要目的是控制通胀，但它也能使中央银行对经济支出水平产生影响，从而使经济发展接近充分就业水平。在正常情况下，如果通胀处于可控状态，中央银行的任务则是降低利率从而刺激消费以应对失业问题；如果需求太大则要提高利率。一个成功的中央银行只要认为有必要控制通胀，就可以让经济发展偏离资源充分利用的状态。因此，如果通胀上升的速度太快，就可以通过提高利率造成失业从而降低通胀水平。当通胀率下降时，又可以把利率调整到正常水平。如果通胀率过低，情况则相反。除此之外，货币政策可以影响消费从而控制经济活动中的商品和服务需求，并改进条件让生产者确保对资源的充分利用。这正是欧洲央行为欧元区作为一个整体而努力确保做到的事。

这一政策与当初布雷顿森林体系创立时的政策大不相同。它大大地偏离了凯恩斯的追随者可能会做的事情。凯恩斯主义的决策者强调以财政政策调控经济，但是到 21 世纪初期，以财政政策调控经济被认为太老套了。人们认为货币政策可以控制经济，但是应该允许它独立进行控制。相比之下，因为对税收的调整只能缓慢进行，财政政策大幅滞后。那些能借到钱的人可以保护自己不增税。减税时，他们知道将来税收还会再次提高。财政政策也难免受到强烈的政治干预，比如竞选准备阶段会实施扩张性财政政策。

矛盾的是，新的框架被称为"新凯恩斯主义政策"，虽然它强调的是货币政策的运用而不是财政政策的运用。之所以有此称号，是因为它是积极的干预性政策。中央银行的货币政策委员会约一个月召开一次会议，并在这些会议上讨论利率是否要上调或降低，还是保持不变。就像我们在第三章看到的，这一干预活动具有凯恩斯主义色彩，因为凯恩斯自己制定政策时就一直是高度干预胜过谨慎。这种干预主义与英格兰银行行长蒙塔古·诺曼的立场形成鲜明对比，1930 年凯恩斯在麦克米伦委员会上与他有过交锋。诺曼认为中央银行的任务不是要影响整个经济的运行。干预主义与由米尔顿·弗里德曼倡导的货币主义者的立场也截然相反。现在看来弗里德曼也很老套，因为他们想要做的事基本一样。

这些货币主义经济学家希望中央银行制定"自动运行"政策，他们不是从通胀角度，而是从稳定价格水平的角度定义这个词。他们认为"固定的货币供应"是价格稳定唯一需要的。他们不再依赖金本位来提供必要的制约。不管怎样，他们还是认为不需要任何微调的干预政策。相比之下，新凯恩斯主义政策是积极的干预主义。提倡积极干预的根本原因就跟驾驶车辆的道理一样：没有驾驶员车就会驶出马路。凯恩斯告诉我们经济不是自我约束的。

人们在接受这些中央银行政策的同时，也接受了进一步开放国际资本账户的国际货币体系，用以取代布雷顿森林体系。人们还接受了对国内金融体系放松监管的做法，认为不应该为了控制经济而相机抉择地调整财政政策。美国和英国似乎出现了极为适用的战略，且一直沿用到最近的全球金融危机之前。21 世纪中期，决策者曾沾沾自喜地庆幸自己造就了低通胀和低失业的"大缓和"时代。

这一新的通胀目标制，加上新的浮动汇率制度，使自布雷顿森林时代结束以来快速增长的国际资本流动发挥了重要作用。的确，在通胀目标制中，由国际资本流动促成的汇率波动日渐成为整个宏观经济政策过程中一个重要的组成部分。如果某个国家遭受通胀上升的冲击，那么，其货币政策的制定者就需要设置较高的利率，该国的名义汇率也会因此上升。这种做法会在利率上升、需求减少的基础上减少该国的出口，从而强化高利率降低通胀的效应。货币升值也会引导国内消费从国内生产的产品转向进口产品，进一步减少对国产商品的需求，因而也就进一步帮助降低通胀率。另外，货币升值还会使进口商品价格下降，更低的进口商品价格是提高利率降低通胀率的额外手段。但是，当通胀率达到目标水平时，利率也会恢复到原先的水平，接近于世界其他国家的利率水平。

我们开始意识到汇率变化是一个重要手段，它会使总体需求在浮动利率体系中得以稳定。比如，假设因为其国内消费者都想少花钱而使某个国家遭遇国产商品需求下降，那么，如果通胀率在控制范围内，货币政策制定者就希望通过降低利率来抵消这种冲击，以防止国内产品需求下降。但是，在一个国际资本高度流动的世界里，那些掌握国际流动资金的人就会看到这种变化趋势并将资金撤走，导致汇率自动降低，根本无须任何政策方面的调整。汇率的降低会增加出口减少进口，从而导致需求上升，从而抵消消费减少对需求的影响。如果金融资本的国际流动性很高，且国际投资者确实了解形势的变化，那么利率低于国际水平就只是暂时的行为，在此期间净出口对汇率的变化进行调整。这个分析来自 20 世纪 60 年代首次在国际货币基金组织提出的蒙代尔—弗莱明模型（Mundell - Fleming Model）。我们在第三章讨论过，第二次世界大战期间凯恩斯及其同事建立了关于内部和外部平衡模型，蒙代尔—弗莱明模型就是对它的改进和发展。这个模型说明，在实行浮动汇率的情况下，货币政策如何操控汇率，从而使政策向支出方面转换以满足实现内部和外部平衡所需的条件。在这样的世界里，决策者有能力通过适当调整汇率对外部平衡做出必要的调整。这种政策框架是凯恩斯、米德和斯旺关于内部和外部平衡模型的现代翻版。我们在第三章已经做过解释，在附录中还会做更详细的阐述。⑤

面对布雷顿森林体系的崩溃，以及随后发生在 20 世纪 70 年代的危机，欧洲大陆在宏观经济、微观经济和机构方面采取的应对措施与美国大为不同。总的来看，欧洲的决策者似乎没能汲取我们刚刚阐述的那些宏观经济政策制定中的教训，而这些都是美国和英国已经得到的教训。

20 世纪 80 年代，大多数欧盟国家在宏观经济政策制定方面都没有任何改变。相反，它们把注意力集中于在欧洲重建一套相当松散的钉住但可调整的汇率制度，这个制度被称为"蛇形浮动汇率制"。在这个相当混乱的体系中，宏观经济失衡的情况持续存在，到 20 世纪 80 年代以前一直在进行一系列调整。这期间还伴有高通胀和高失业，在某些国家（尤其是比利时和意大利）公共债务积累已达到岌岌可危的程度。债台高筑毫无疑问成为经济失衡的标志。

西德是这一趋势中一个引人注目的例外。德国央行（即德意志银行）一直在施行反通胀的铁腕约束政策，并建立了严格的财政制度。欧洲其他国家逐渐形成一种观点，即它们可以通过组成欧洲货币体系与德国建立紧密联系，并通过这种手段获得德意志银行的反通胀能力。

希望货币一体化还有另外一个动机，那就是欧洲对自由金融市场持怀疑态度。布雷顿森林体系崩溃后的十年里，汇率持续波动，欧洲国家对此十分担忧。人们认为这种波动对欧洲内部的自由贸易市场以及受到严格保护的农业价格体系都构成了威胁。欧洲各国普遍认为，如果各国的货币与德国马克之间实行钉住汇率，汇率波动就会大大减少。不仅如此，许多欧洲人不满地发现欧洲内部各种货币之间的兑换还有交易成本，尤其像在法国和西班牙之间旅游这种小事上。

因此，20 世纪 80 年代欧洲货币体系正式出台，使欧洲踏上了货币一体化的道路。这种更加一体化的宏观经济政策新体系首先使法国引入了政策约束，为该国后来十年的成功发展铺平了道路。有些讽刺意味的是，这种果敢的政策改变是在密特朗总统执政时期发生的，他本想推行一套更具社会主义色彩的经济政策，但迫于市场的反应而放弃。这么做的结果是迎来了多年非常成功的发展，因为法国建立了新的"强势法郎"货币管理体系。20 世纪 80 年代末同样的情况也出现在意大利，它也在致力于要成为货币一体化的创始国。意大利在这方面的行动也部分受到西班牙（它加入欧盟的时间比意大利晚很多）快速发展的刺激。经过了经济政策制定者之间大量的公开交锋后，英国于 1988 年很不情愿地加入。

20 世纪 80 年代初，欧洲经济共同体（欧盟前身）请求远见卓识的法国人雅克·德洛尔（Jacques Delors）出面领导一个咨询委员会，旨在提出利用微观经济手段促进经济增长的进一步措施。德洛尔是追随莫内的那代人，他与莫内的观点一致，认为要想使经济有所增长，就要建立一个更加一体化的欧洲。因此，德洛尔委员会在 1985 年出台了一份白皮书，提出重新建立共同市场的办法：它针对如何更好地完成自由贸易进程提出上百种可以采取的措施。这份白皮书被普遍接受，尤其是受到玛格丽特·撒切尔领导下的英国的欢迎。她看到进军更大的欧洲市场的前景，同时，她也意识到这对英国生产者来说是件提高竞争力的好事。

于是，1993 年 1 月 1 日，欧洲单一市场（Single European Market）正式启动，并通过了《单一欧洲法案》（Single European Act），这是一个改革和加强欧洲经济共同体决策机制的条约。这一新举措带来了一体化的积极发展趋势，比如各种法律和标准更加和谐统一。但也导致消极的发展态势，如严禁成员国采取不合法的歧视性行为。

欧洲对十年危机采取的另一个应对措施是在机构方面。与共同市场不同,欧洲的机构一体化进程一直都相当缓慢。20世纪60年代,机构一体化进程体现在欧洲经济共同体执行机构的建立,即欧洲委员会及欧洲部长理事会的成立。但是,直到布雷顿森林体系崩溃后出现了各种压力的情况下,欧洲经济共同体才开始进一步的机构建设。1973年,英国在国内经历了不同观点的激烈辩论之后加入欧洲经济共同体。1974年欧洲理事会成立,1979年创立了欧洲议会。在1993年签订了《马斯特里赫特条约》之后,欧洲经济共同体演变成欧盟。从1950年加入欧洲煤钢共同体的6个创始国开始,随着新成员的加入,欧盟的规模不断扩大,目前已经有27个成员。

从宏观经济、微观经济和机构建设等不同角度对20世纪70年代的危机采取的应对措施,很多方面都有紧密联系。其中之一是宏观经济和微观经济之间的联系。正如我们所说,欧洲单一市场的开创者普遍认为,要想让欧洲经济一体化按照预想的方向发展,欧洲国家内部实行固定汇率体系至关重要。欧洲国家的这种观点与美国和加拿大的观点一直存在差异,这两国的货币之间多年来一直实行浮动汇率。这种状况似乎没有对北美市场的一体化造成任何阻碍。的确,加拿大的决策者一直都认为他们与美国之间就应该实行浮动汇率,因为有时候美国会实行对加拿大极为不合适的货币政策。这就提出了一个问题,为什么欧洲不愿意采取类似加拿大的模式,即欧盟其他国家的货币与德国马克之间实行浮动汇率的模式?

原因之一是欧洲体系和北美体系之间存在一个重要差别,即美国是北美经济体系的中心。因此,从政治上就有可能让加拿大这样处于次要地位的经济与美元实行浮动汇率。而对法国来说要想与德国马克之间实行浮动汇率并非易事。也许前面所说的欧洲单一市场的势在必行也使这种结果成为不可能。因此,20世纪80年代欧洲经济一体化并没有遵循美国和加拿大的先例，而是效仿了北欧的德国马克集团的成功模式。例如，1983 年荷兰最后调整了马克平价，之后荷兰的社会合作伙伴（一个典型的欧洲词语）之间签订了一份协议，确保货币的稳定。更令人瞩目的是，比利时在债台高筑的情况下，最终也与德国马克之间实行了类似的钉住汇率。当然，各国加入的是一个以德国为中心，与德国马克挂钩的不对称货币联盟，这种体系就会带有货币联盟的不同政治内涵。我们在后面还会探讨德国统一以后这么做会面临的困难。

但对这个结果起决定作用的是欧洲决策者的观点，他们认为如果欧洲单一市场要繁荣发展，固定汇率体系非常必要。该观点的核心在于，对于一个成功的单一市场来说，大型生产企业需要在欧洲的许多国家通过投资扩大经营，从而变得更加高效。但是大家普遍认为，如果要承担汇率风险，这些企业就不可能投资。例如，如果空中客车要使用其他欧洲国家的组件在图卢兹组装飞机，显然就有汇率风险。在欧洲的不同地区制造飞机零部件满足飞机的最终制造所需，就必然会使空中客车公司面临汇率市场的风险。这种风险从根本上来说是不可控的，因为进行必要投资的时间跨度太长。人们认为汇率风险会阻碍单一市场中的有助于生产率提高的长期投资。

从一开始欧洲经济共同体的共同目标就是建立一个欧洲内部的共同市场，以使欧洲内部的商品、服务、人员以及资本能自由流动。于是正如我们所见，这导致了单一市场的建立。然而，在没有一个强有力的决策机构的情况下，欧洲经济共同体推行单一市场举步维艰。长期存在的贸易保护主义态度意味着各国很难相互承认标准和建立共同规则，以此消除那些无形的障碍。此外，一些成员国之间的资本流动直到 20 世纪 70 年代末和 80 年代之后才得以实现。

这种混乱局面的存在自有其理由。政治一体化进程从一开始就面临着根本的两难困境，这种欧盟层面上的进退两难与英国面临的境遇如出一辙。欧洲经济共同体只是要在欧洲实行单一市场和贸易一体化吗？或者进一步说，是要实现欧洲经济的深度一体化，还是从更根本的意义上说，这个计划的终极目标是舒曼所说的创造一个政治一体化的欧洲呢？

各国对此问题的回答有着根本的不同。英国在除了贸易自由化和竞争政策之外的其他方面一直都实行最少干预主义的政策。对于该规则有一些例外但只是局部问题，比如与欧洲范围内的防务合作相关的政策，虽然有部分重叠，但还是保持着西欧联盟的独立。

法国与英国一样，在 200 年前曾是世界大国，它的野心一直都不限于此。法国人把欧洲经济一体化计划视为法国重获更大政治权力的途径。法国的策略一直都非常明确：法国应该支持这个计划。如前所述，这个计划需要逐渐建立起控制一体化进程的各种机构。而法国希望能够把这些机构作为渗透法国力量的工具，也借此遏制德国在欧洲政治方面占据主导地位。

尽管许多德国人也认同把建立欧洲政治联盟作为最终目标，但是德国的战略一直与法国有相当大的差异。德国谨记自己在第二次世界大战中的历史，所以在创立欧洲单一市场的管理机构方面一直采取拖延态度。拖延的目的是为了保证在欧洲实现充分的政治一体化，从而能在实现全欧洲民主化的情况下对这些机构进行管理。最终证明，德国的做法比法国更民主，法国的做法技术性更强。正如我们将看到的，货币一体化计划的出台需要民主政治的支持，对此德国做法体现了比法国做法更深刻的认识。

然而有一段时间，似乎一切都进展顺利。然后，出现了令人震惊的德国统一，这一局面在联邦德国产生了巨大的财政需求。民主德国百业待兴，基础设施完全跟不上时代，工厂也处于完全落后状态。我们许多人还记得，民主德国生产的特拉贝特牌（Trabant）汽车，只要发动起来就会喷出一团一团巨大的黑烟。总理赫尔穆特·科尔（Helmut Kohl）决定统一德国货币体系，在民主德国与联邦德国之间实行 1∶1 货币兑换率，这使德国的财政问题变得更糟。这一决定让民主德国完全丧失了竞争力，它不仅需要投巨资于基础设施建设，还要向失业工人支付福利。这些基本支出意味着联邦德国突然之间出现了巨额的财政支出，这最终促进了经济的繁荣。

面对巨额的财政赤字，德意志银行大幅提高了利率。其他欧洲货币体系内的国家不得不效仿德国，而这一做法在这些国家却没起到理想的作用，尤其是已经处于经济衰退中的英国。当时英国的执政党是保守党，士气消沉，而国家在撒切尔夫人十多年的领导下也几近崩溃。众所周知，保守党希望在 1992 年的选举中获胜，而英国成为欧洲货币体系成员国后面临的经济状况很可能会使这一希望落空。英国竞争力太差，就像在 1931 年金本位时期的情形一样，尤其是它实行的高利率进一步把经济拖垮。德国央行的加息行动导致激烈的反德意见，尤其是英国选民，他们意识到所谓的"欧洲"货币体系内的货币政策完全是根据德国的需求决定的。

最终，英国被迫退出欧洲货币体系只是时间问题而已。不过，英格兰银行为了捍卫欧洲货币体系，使乔治·索罗斯有机会在牺牲英国纳税人利益的前提下获利数十亿美元，1992 年 9 月 16 日，英国退出欧洲汇率机制。破釜沉舟的最后一搏，是将英国的利率飙升至 15% 的超高点位以捍卫英镑。但最终，金融市场无可辩驳地证明此种政策根本不可能持续。

英国退出汇率机制的第二天，意大利被逐出欧洲货币体系，很快，瑞典也被踢了出来，因为此前它想利用高利率保护瑞典货币，结果导致整个瑞典银行体系破产。接下来的一年里法国几次遭受重创。显然欧洲货币体系已经难以为继，欧洲需要恢复浮动汇率或继续发展货币一体化。今天它又面临几乎一样的选择：货币一体化要么走回头路（即崩溃解体），要么继续发展成为完全的货币一体化。

1992 年，法国普遍存在着向前发展的意愿。人们认为，如果能够与德国及德意志银行联手，法国在欧洲控制宏观经济政策的长期政治目标就极有可能实现。此外，法国被迫退出欧洲货币体系的经历强化了他们的认识，让他们确信市场波动是大敌。法国被迫退出欧洲货币体系一年之后，法国法郎与德国马克的汇率已经回到相当于一开始的水平，这向法国决策者展示了市场情绪可能带来的损害。

相比之下，德国人的意见却存在很大分歧。许多德国人强烈反对创立货币一体化，他们认为如果德国央行放弃了其权威地位，那么德国和整个欧洲的货币政策制定的可信度都会大大受损。此外，这些人也认识到未来货币联盟的任何弱势成员国都会存在财政扩张的风险，并担心这些成员的债务和义务会落在德国身上。这一派的人下定决心，在欧洲内部没有达到充分的政治一体化的情况下，延迟货币一体化。他们特别希望确保通过全欧洲的民主政治制度，掌控那些试图对德国有财政需求的弱势成员国。作为必要的第一步，他们在美国、加拿大和澳大利亚等联邦制国家寻求某种财政约束，在这些国家里，中央联邦政府对联邦内的各州施加财政约束，而且可以用民主合法的方式达到目的。

相比之下，德国产业界却对货币一体化表示强烈支持。20 世纪七八十年代他们曾遭受德国马克升值的重创，他们认为全球浮动汇率体系对以出口为主的行业极为不利。他们希望在欧洲继续实行固定汇率，这样才有能力快速提高劳动生产率，控制工资需求，使他们在欧洲内部和外部提高竞争优势，从而有所发展。这种观点之争一直到今天仍然存在。回首 1992 年初，当时的德国没能真正看到，以牺牲欧洲其他地区为代价谋求自我发展的野心勃勃的第二组人，最终加重了德国的财政负担，而这显然是第一组人非常担心的结果。

最终德国在法国的压力之下投了赞成票。因为当柏林墙倒塌时，德国拱手将讨价还价的权力送给了法国，完全失去了阻止货币一体化的机会。1989 年许多欧洲人都对德国统一感到恐惧，尤其是法国人，因为法德之间曾发生过战争。德国的过去令美国和英国也很担忧，它们害怕德国会强大，所以站在了法国一边。最终，法国捡到了大便宜。

双方达成的交易是，只要德国支持法国在欧洲实行货币一体化，让法国得到它一直想要的强大的政治影响力，法国就支持东西德统一，而统一对德国人民是非常重要的大事。世界其他国家，尤其是英国和美国对此感到欣慰。它们觉得这样法国就会把德国牢牢拴在欧洲一体化的事务中，将其纳入西欧大本营，而不会让德国变成一个独立的大国，成为中欧地区的权力掮客。当两年后的 1992 年欧洲货币体系崩溃之时，德国因为 1990 年统一时获得过国际支持，根本不可能对欧洲货币联盟的成立有任何反驳之力。这次德国向法国的让步行动是在总理科尔的领导下进行的，他赞同法国人的欧洲政治一体化，认为德国可以在这个联盟内承担起自己的责任。近 20 年以后，德国受到了财政负担的威胁，而这正是令德国一部分精英人物，也是德国其中一部分民众深感恐惧的事情。法国当时丝毫没有意识到德国的承诺会使欧洲一体化处于非常大的风险之中。

1992 年《马斯特里赫特条约》之后货币联盟的创立工作正式启动。英国签署了"退出条款"（opt – out clause），从其历史看来，这也不足为奇。这个条款使英国在货币联盟成立之初可以不参与其中，愿意加入时再加入。对通过高级别外交手段达成的这一交易，欧洲公众持十分怀疑的态度。英国没有给出令人满意的解释，它的担忧在欧洲少有共鸣。

经过了七年的准备之后，欧洲货币联盟最终在 1999 年成立。从最初的 12 个成员，发展到后来的 17 个。直到几年前，欧元的创立看起来还是非常成功的。很多成员国因为加入货币联盟而受益，尤为显著的是因此而获得的高速增长。这个地区对经济冲击有一定的缓冲能力，欧洲内部汇率调整带来的破坏作用已经成为过去。尽管批发银行、证券市场比零售银行和企业的短期贷款要强，但是金融市场一体化在不断加速。欧元区各国的增长率有显著差异，联盟成员国在竞争力水平和国际收支状况上的分化更严重，但似乎都在可控范围内。欧洲各国觉得，它们终于得以摆脱近 30 年前布雷顿森林体系解体带来的混乱。

接着出现了第四章详细阐述过的 2008 年全球金融危机。英国当时不加入货币联盟的选择此时显得极为重要，这使英国能够降低汇率以应对危机。显然，欧洲货币联盟的成员国在增长率、竞争力和国际收支状况上的分化突然变得非常重要。事实表明，上述各种现象都是货币联盟变得脆弱的征兆，在金融危机的冲击面前不堪一击。2010 年上半年，欧洲货币联盟开始解体，起因是希腊出现的财政动荡。接着困难局面逐渐蔓延至整个欧元区，一直到 2011 年中期危机爆发。直到此时，欧元区变成十分危险的区域，对全球经济稳定构成威胁。

造成这次欧洲危机的原因有二。首先，共同货币的确立是基于对货币联盟运作机制错误的分析之上。其次，没有充分认识到货币需要的政治支持程度。人们认为法国和德国之间达成的本末倒置的交易（即法国以在货币联盟地位的提高作为回报去支持德国取得统一）就足以将欧元区团结起来。即使许多德国人认为欧洲创立欧元区的政治条件还不充分，但大家还是对此抱有希望。

我们会通过详细阐述欧元区计划进程中的不足，支持这些德国人的主张。我们认为那些策划该联盟的人未能理解有关内部和外部平衡的观点，也就是本书论述的核心观点。然后我们强调欧洲货币联盟计划缺少的政治条件。最后，我们会阐释这两个不足是如何相互作用共同对欧元区的发展产生不利影响的。

继续探讨之前，我们需要申明，本章要探讨的是欧元区各国**彼**

**此的相对地位**。欧元区各国的绝对地位，以及欧洲的通胀、就业、产出和增长等由欧洲央行管理。如我们阐释的，欧洲央行对整个欧洲的总体结果管理得很不错。在第六章探讨全球形势时我们再来讨论这些欧洲国家的绝对地位。

图 5.1 和图 5.2 是西班牙和德国在欧元区的财政收支情况，这两幅图清楚地显示了 20 世纪 80 年代初以来欧元区的状况。以西班牙为例有助于解释大多数欧洲外围国家的情况。只有希腊的情况极为特殊。

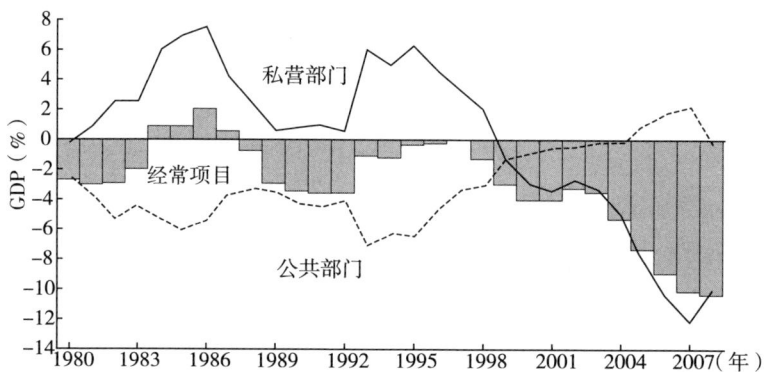

**图 5.1　西班牙：不同部门的收支平衡情况**

资料来源：Oxford Economics/Haver Analytics。

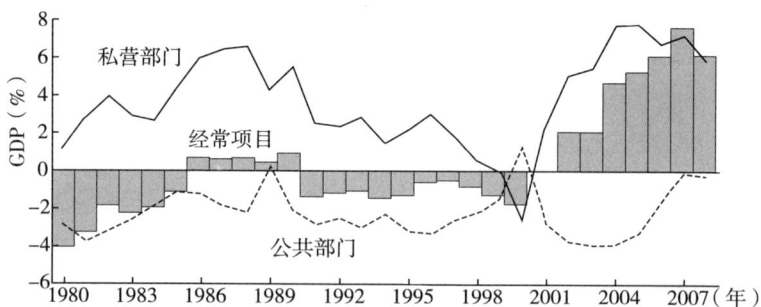

**图 5.2　德国：不同部门的收支平衡情况**

资料来源：Oxford Economics/Haver Analytics。

我们在第一章曾指出，国内投资和国内储蓄之间的差距相当于政府储蓄和国外储蓄的总和（政府储蓄等于税收收入减去政府开支和政府利息支出之和，而国外储蓄等于进口总额加上国外的利息支出减去出口，也就是，国际收支经常项目赤字）。图5.1和图5.2中，曲线上的正值表示盈余和资产积累，负值表示赤字和债务积累。黑色柱状表示经常项目的收支平衡情况。因为经常项目的赤字表示外国储蓄是正值，图中用向下延伸的柱状表示。图中没有显示投资的情况，因为投资不像各种各样的储蓄一样多变，如果只是简单地假设投资不变并忽略不计，对我们的研究结果不会有太大影响。

图5.1显示的是1980年以来西班牙的情况。在1999年欧洲货币联盟成立之前，西班牙经历了政府储蓄下降和私人储蓄上升两个阶段，但每次变化都有限，且每次变化的效果都相互抵消了。欧洲货币联盟成立以后的十年间，私人储蓄较以前大幅下降，而这次下降并没有通过政府储蓄上升予以抵消。相反，是国外储蓄抵销了这次下降。外国人购买了由私人行为产生的私人债务。欧洲采用欧元之后，储蓄的波动加大，导致国内和外国的私人债务都有所上升。

图5.2显示的德国状况几乎就是西班牙的真实写照。20世纪80年代，私人部门大量储蓄，而在90年代国家统一过程中逐渐下降。政府，即公共部门，在90年代走向财政统一过程中则积累了赤字。德国一直向国外少额但不间断地借款，因为与其贸易伙伴相比显然缺乏竞争力。1999年成立欧洲货币联盟之后，私人储蓄飞速增加，同时，不断增加的境外金融投资起到了抵销作用。这个时期即将结束时，政府储蓄的迅速增加使这些变化升级。因此，德国的经常项目盈余越来越多，外国资产的积累给西班牙的快速发展提供了资金。

因为德国的经济体量比西班牙大，所以我们不能把图5.1和图5.2放在一起对比。德国既向西班牙也向其他国家提供贷款。但是德国和西班牙之间的相互影响看起来确实无处不在。两国都处于外部失衡状态，尽管各自的情况正好相反。

我们首先要问为什么成员国之间经常项目的收支平衡会成为货币联盟的政策目标？托斯卡纳和西西里岛之间的国际收支平衡不是意大利的政策目标，而为什么在欧洲层面就是呢？

要求经常项目平衡显然不是月度或者年度目标。因为各国遭受的冲击程度不同，其经济活动有可能加速或减缓。如果某个国家的加速增长导致通胀加剧，那么由此导致的竞争力下降就应该成为一种自然的平衡机制，使这个国家的增长步伐回到适应该国需要的水平。共同货币政策之下，利率无法发挥作用，因为直到最近一段时间，在整个欧洲货币联盟之内各国的利率都是一样的。经常项目平衡是一个必须长期保证的条件，因为每个国家及其政府都不能有太多债务。当一个国家的经常项目连续多年都处于巨额赤字时，就会积累起外债。一个国家的政府连续多年以巨额赤字状态运行时，就会积累起公共债务。在一段时间内，市场会对这类债务提供资金支持，但在达到某一程度时（也许很晚而且很突然），会质疑这个国家的政治是否需要拿出相应的调整措施让债务有所下降。尽管公共债务问题也很重要，但是接下来，我们要集中探讨外债问题。

如果一个国家因为竞争力差而导致收入比支出少，就会出现外部失衡，也就会为了支付进口而积累外债。税收会减少，政府的预算状况就会很困难。政府会因为政治压力而花更多的钱抵销丧失竞争力造成的经济损失，从而使财政状况恶化。金融市场开始担心该国政府会拖欠债务，出现主权债务风险溢价。相比之下，在某个国家内部，比如在意大利，情况却有所不同。西西里和托斯卡纳同属于意大利国内财政联盟。这意味着西西里不会出现主权债务风险溢价。防止出现风险溢价显然是（或应该是）欧元区内的一个政策目标。

2008 年前主权债务风险溢价基本为零。所有使用欧元的国家的借贷利率都相同。全球金融危机开始之后，这些风险溢价越来越大，最终在 2011 年中期达到巨额规模。这种情况不仅发生在希腊，也同样发生在爱尔兰、意大利、葡萄牙和西班牙（这些国家与希腊一起被称为"欧猪五国"）。由于不存在西西里和托斯卡纳之间的那种财政联盟，欧洲国家的收支平衡仍然是一个政策目标，因为国际收支平衡的分化会导致公共债务的风险溢价。

2011 年，金融市场的参与者开始担忧货币联盟内部各国的收支赤字会导致第二种风险。他们开始担心如果自己仍然留在欧元区内，"欧猪五国"的竞争地位是否会有所改善，足以让私营部门偿还其债务。竞争力是价格和汇率的产物。如果汇率固定，一切调整就必须通过通货紧缩实现。这就使市场在主权风险之外又多了一层担忧：金融市场开始担心这些国家会脱离货币联盟。结果，国家风险和主权债务风险同时出现。很显然，要防止这种情况的发生也是一个政策目标。

金融市场的参与者也开始担忧发生第三种风险：金融危机。他们开始担心"欧猪五国"的下行趋势会弱化其国内银行的地位。如果"欧猪五国"还留在欧元区内，这些国家银行的金融地位能否得到改善已经成为一个公开的问题。这导致市场担忧的不仅仅是主权债务风险和国家风险。从 2011 年以来，金融市场已经开始担心，为了使这些债务国的银行地位有所改善，这些国家需要脱离货币联盟提高其生产商的竞争力，而这些生产商则从他们的银行系统得到贷款。更令人担心的是，这些债务国的银行还持有本国政府的债务，而政府又因为主权债务风险的上升而遭到削弱。不仅如此，这种担心成了一种循环。金融市场开始担心这些因主权债务风险上升而被削弱了的国家政府将无法成为其国内银行的最后贷款人。于是，与主权债务风险和国家风险一样，金融风险也在恶化。

这种金融风险是一把双刃剑，因为货币联盟内部的银行资金大部分都来自成员国之外。因此，如果此债务国离开货币联盟创建自己的贬值货币，那些已经向外国人欠债的该国银行的债务负担就会越来越重。我们在第六章会谈到，在 1997 年的亚洲金融危机中，先是泰国，然后是其他地方的货币崩溃，此时，他们采取的行动就犯了灾难性的错误，韩国、印度尼西亚，以及马来西亚等国家的银行系统崩溃。一旦货币联盟内的某个国家已经开始出现巨大的经常项目赤字，投资者担心其金融体系已面临风险是很正常的事情。如果这个国家还留在货币联盟内，继续增长就不太可能，所以让债务人还债给银行就很困难。但是，如果这个国家退出货币联盟，银行本身的借贷就成了问题。不管哪种选择看起来都有风险。

直到 2008 年，我们所说的这三种风险——主权债务风险、国家风险和金融风险——才从欧元区消失。这就是欧元区的名义利率趋同于德国利率的原因。事实上，决策者不再关注欧元区国家的国际收支状况。而金融市场也有类似的看法。金融市场认为，从长远来看，欧元区各国政府会清偿债务，特别是实施（我们下面要讨论的）《稳定与增长公约》以后，就能避免不良财政行为。金融市场也认为，私营部门的借款也将被偿还，除非出现在任何国家都会偶尔出现的一些导致破产的困难情况。因此，北欧的银行似乎很愿意向西班牙和爱尔兰提供大量资金，为其房地产的繁荣发展融资，因为有人认为，西班牙和爱尔兰的经济会继续增长，而这些国家的借款人总体来说有能力偿还贷款。

此外，当时还出现了现在看来很奇怪的一个形而上学的观点。这个观点认为，因为欧元区国家用的是同一种货币，因此各国之间的国际结算在某种程度上已经不复存在。成员国之间的外部赤字概念似乎不再有任何意义，就像谈论西西里和托斯卡纳之间的外部赤字一样，根本没有任何实际意义。

上述观点现在已经没有人再相信了，特别是最后一个观点！报纸头版上讨论的问题都是金融风险、主权债务和货币风险。对我们来说至关重要的是，只有欧元区国家的经常项目赤字不是太离谱，才能避免这些不同的风险。国际收支失衡迟早会导致外债过多以及主权债务风险、货币风险和金融风险。这就是货币联盟中，成员国之间的经常项目收支平衡确实需要成为政策目标的原因。如果在充分实现政治一体化的条件下确保永久消除主权风险、货币风险和金融风险，它就可以不再是政策目标了。

此外，一个货币联盟（假设该联盟不解体）内汇率不能变动可能会导致外部失衡的调整过程变得十分缓慢，而漫长的缓慢增长，可能让人们质疑整个欧元区国家的经济调整过程是否可持续。今天，我们又回到相当于在 1992 年实行欧洲汇率机制时英国遭受的危机形势。我们的形势甚至可能更接近 1930 年麦克米伦委员会面临的英国危机。这就使消除主权债务风险、货币风险和金融风险变得更加困难。

我们可以通过第一章引入的、第三章进一步发展的模型以及附录部分理解经常项目失衡背后的力量。正如第一章探讨的，我们目前面临的困难有两个指标：失业和国际收支状况。经济政策有两个目标：一是在没有通胀的情况下实现充分就业；二是实现可持续的国际收支平衡。这两个目标我们通常用内部和外部平衡表示。我们现在要回到这两个政策目标上来，以理解货币联盟内部存在的问题。我们想弄清楚同样在欧洲为什么某一地区能够快速发展，并在经常项目赤字的情况下存在极高的通胀率，而另一个地区的情况正好相反。就像第一章和第三章以及附录中所说的，有两个因素决定了是否能同时实现这两个目标，即商品的国内需求水平和经济的竞争力水平。

欧洲目前的问题可以归结为一个非常简单的示意图或模型，可以用它列出那些关键问题。下面就是这一模型的概括，它涉及国家之间的相互作用，因此有助于我们了解在欧元区发生的问题。

为此，我们假设欧洲有两个地区（而不是实际上的 17 个成员），我们暂且称之为"德国区"和"西班牙区"。在这个假设的欧元区里，要实现三个政策目标：在德国区和西班牙区都要保持内部平衡，它们之间要保持外部平衡。在我们这个假设的世界里，德国区的外部失衡，即顺差，必然会导致西班牙区的外部失衡，即逆差，除非欧洲作为一个整体与世界其他地区相比都是顺差或逆差才会有例外情况发生。我们从经济理论角度，将这种可能性暂时搁置一边以得到最简单的解释。我们会在第六章重新从更广泛的角度探讨这些观点。

在我们设想的这个有两个国家的欧洲，有三个可行的政策工具。各国都可以利用自己的国内需求，国内需求受到财政政策的影响（请记住，我们本章探讨的是欧元区国家的相对地位。在欧元区内，这两个国家都执行由欧洲央行设定的相同利率，所以货币政策不考虑在内）。因此，这是两个政策工具，即每个国家的国内需求。还有第三个工具，即两个国家间的竞争力水平，这是可以调整的。西班牙要提高竞争力就会增加对德国的出口，减少从德国的进口（这可以理解为德国的竞争力下降，会导致其减少出口增加进口）。

竞争力是每个国家的汇率和价格比率的结果。这个结果被称为实际汇率，它把竞争力与我们在报纸上看到的名义汇率区分开来。显然，西班牙可以在两个工具之中任选其一来提高竞争力。其中比较容易且不那么痛苦的工具就是改变汇率，即实行货币贬值。这个工具在欧洲货币联盟内部行不通，因为在欧元区内根本不可能改变汇率。第二个提高竞争力的工具是改变相对价格。西班牙可以通过通缩实现这一目标，即降低需求和减少经济活动迫使价格下降，这是凯恩斯曾与蒙塔古·诺曼讨论过的策略。当然这个做法难度要大得多。德国增加需求和经济活动，提高价格也可以实现这个目标，但是德国也许不愿意这么做。因此，在货币联盟内部就很难对竞争力进行调控。

在两个国家的内部平衡以及两个国家之间的外部平衡这三个目标的世界里，这两个国家需要就外部平衡目标达成一致意见。因此，这两个国家需要就相互之间的竞争地位达成共识。凯恩斯认为，竞争力协议应当由国际货币基金组织监管。欧洲的决策者现在也开始认识到，在制定新的欧洲政策时，竞争力协议是必要的组成部分。⑥

这个由两个国家构成的假设的欧洲体系，其运行原理一目了然。假设德国保持了内部平衡，那么德国的资源得以充分利用；如果西班牙也保持了内部平衡，欧洲的资源也会得以充分利用。于是德国和西班牙之间的竞争力水平便能够确定。如果德国竞争力太强，它就会大量出口极少进口，德国和西班牙之间就不可能实现外部平衡。同样，如果德国竞争力太差，它就会出现外部逆差，西班牙顺差。两国之间适当的竞争力状况就在这两个极端之间。

假如竞争力保持在这个水平上，德国就需要运用财政政策确保其内部平衡。如果在现有的竞争力水平上，进出口处于平衡状态，但是德国的国内商品需求过高，内部失衡，政府就需要削减支出或提高税收。反之亦然。因此，德国可以算出其政府支出和税收在什么水平上能保证其实现充分就业。

同样，我们也要知道西班牙需要实行哪种财政政策才能保证其内部平衡。如果西班牙在现有汇率下出口与进口持平，但是国内商品需求过高，那么则出现内部失衡。那样的话，西班牙政府就必须削减支出或提高税收。反之亦然。因此，我们也可以确定西班牙政府的支出水平和税收水平。

假设我们能知道两国的内部平衡和两国间外部平衡须具备的条件。这样，回到我们之前的讨论，我们知道两国间需要保持什么样的竞争地位，也了解两国各自在国内应该采取什么样的财政政策。请注意，在这种简单的经济中，财政政策需要做的就是"担起重任"。在欧元国家之间的关系调整中，货币政策不起作用。于是财政政策就必须与竞争力一起做调整以取得内部和外部平衡。为避免这两个目标之间产生冲突，这两个国家必须在外部平衡方面达成一致。

这是一个政策制定体系，其中国际合作必须放在核心地位，因为这关系到外部平衡目标和竞争力水平这两个实现国际合作的必要条件。这两国必须就它们之间想要达到的顺差或逆差达成一致意见。如果两国都想实现国际收支顺差（比如为了刺激国内产业发展），这样做就毫无意义，因为只有欧洲与世界其他地区相比实现顺差才有可能出现这种结果。两国一旦就这个目标达成一致，它们就需要在彼此之间就竞争力水平达成共识。但是，虽然受制于此，两国还是应该按照其国内财政政策，追求各自的国内目标。

那么为什么德国和西班牙之间的这种协议是必要的，在托斯卡纳和西西里之间却没有必要？因为托斯卡纳和西西里是同一个国家的不同地区，它们之间的交易是通过借贷和财政政策完成的。一个地区给另一个地区提供支持可以通过支出或减税的形式，而且账户里是资金的流动，而不是资产的积累。意大利各部门之间不存在内部债务这种问题。当然也会有一些非正式的义务，但这些都是影响财政政策方向的政治力量，而不是必须偿付的债券。

若财政政策不足以达成合意的资源配置，人口流动便开始发挥作用。劳动力会从供给过剩地区向需求过剩地区流动。工人在意大利的北移和在德国的西迁都很容易。劳动力在国家内部流动比国家间流动的障碍少得多。相对于整个欧洲范围而言，在一个国家内部，其语言、习俗和法律都更相近。劳动力流动会重建内部平衡。从更大的欧洲范围看，劳动力流动对欧元区的平衡状况会有所改善，但不足以实现完全平衡。

让我们走出简单的理论建模世界，看看欧洲的真实情况。欧元区的经济政策体系有四个明显的组成部分。但是这个经济政策体系最终被证明极不负责任。我们看到这个政策体系的问题在于，它的各个组成部分没有保证欧元区各国的内外部平衡，而这正是我们反复强调极为关键的一点。我们首先要阐述这个决策体系的四个组成部分，然后仔细分析，看看它们组合在一起以后是多么没有意义。这样做也会让我们看到欧洲决策者根本没有记取凯恩斯在 20 世纪30 年代和 40 年代做的总结。

欧元区决策体系的第一大组成部分就是，新创立的欧洲央行被赋予控制整个欧元区经济的任务。欧洲央行和美联储不同，它只有一个清晰的目标，就是通货膨胀，而美联储有两个任务：通货膨胀和充分就业。欧洲央行基于通胀目标制而建立的制度管理经济，通胀目标制在美国（没有正式命名）、英国或瑞典已经很好地发挥了作用。欧洲央行要针对整个欧元区的通胀目标，旨在把整个地区的通胀率控制在每年 2% 及以下的水平。同时（在其所谓的"第二支柱"之下）它要对金融总量做外围观察，以便检验在价格水平上表现得还不太明显的各种压力之下，货币政策是否会变得脆弱，这依稀折射出德国央行关注货币总量的做法。

欧洲央行的这一政策制度意味着，对作为一个整体的欧洲货币联盟来说，当通货膨胀率过高时，欧洲央行通常会提高利率，而当通货膨胀率过低时，就会降低利率。欧洲央行的行为方式本章前面已经有所描述。它甚至可能会遵循著名的"泰勒法则"以应对整个欧洲货币联盟的通胀问题。正如已经讨论过的那样，这种政策的实施方法与凯恩斯主义决策者要实行的方法有明显不同，后者会强调通过财政政策调控经济。在欧洲货币联盟的政策框架中，欧洲各独立经济体的财政政策在欧洲宏观经济管理中不起作用。[7]

欧洲货币联盟的宏观经济政策制度的第二个组成部分涉及财政政策的作用问题。正如已经指出的那样，财政政策在欧元区经济管理中根本不起作用。当然，各国政府都要在本土发挥职能，确保提供例如卫生服务和教育等公共产品。每个政府也要向失业人员和其他福利受益人提供福利。政府需要通过征税确保在不积欠巨额债务的情况下有能力支付这些费用。然而，人们认为在宏观经济方面，财政政策只需要确保税收的水平与长期公共支出水平基本持平，不至于到最后让公共债务积累太多。当然，从短期看，这种制定政策的方法会要求公共债务水平的发展速度不能太快，因此也就要求控制公共赤字。

20世纪八九十年代，即在1992年汇率机制危机之前，欧洲的公共债务和赤字严重失控。因此，政策制定者决定创立货币联盟，以帮助防止这种情况的发生。奠定欧洲货币联盟基础的《马斯特里赫特条约》的第104C款规定，除非在极特殊的情况下，公共赤字不能超过GDP的3%，公共债务要逐步降低，达到GDP的60%的目标水平。该条款要求"成员国……要避免出现过多的政府赤字"。它呼吁"（欧盟）委员会要监控成员国的预算走势和政府债务存量的走势，以便发现重大失误"。[⑧]在本条约所附的超额赤字程序议定书中，对参考值超额标准做出了具体规定（赤字占GDP的3%，债务占60%）。这些参考值的规定并不具备约束力，因为某成员国违反了这个规定并不会导致自动制裁的结果。不管怎样，第104C条款还是有预见性的，因为如果成员国坚持不矫正其状况的话，欧洲理事会就可以对其实施制裁。

根据德国政府的建议，1997年又出台了一份进一步的协议，以加强《马斯特里赫特条约》中的这些财政条款。《稳定与增长公约》（SGP，即这个协议后来的名称）规定欧洲货币联盟成员国必须承诺"尊重预算接近平衡或有盈余的中期预算目标"。[⑨]这就允许欧洲货币联盟国家在保持政府赤字低于GDP 3%的同时，能够有正常的周期性波动。实质上，《稳定与增长公约》是要在《马斯特里赫特条约》

规定的3%这一参考值保持不变的情况下，将其变成硬上限。由于德国担忧货币联盟可能带来的财政风险，它建议出台《稳定与增长公约》不足为奇。

《稳定与增长公约》中体现的财政政策实施方法赋予财政决策者一项特定的任务，它的目的是借此将财政政策变成自动运行，而不是刻意的政策决策，就像实施货币政策的目的就是控制通货膨胀一样。根据《稳定与增长公约》的规定，财政政策的任务是确保公共债务水平有一个令人满意的结果。但是，除此之外，财政政策没有被赋予其他宏观经济责任。

《稳定与增长公约》排除了把财政政策作为实现内部或外部平衡的工具。既没有货币政策也没有财政政策，各国就没有任何工具可用于实现内外部平衡。在我们刚才的理论分析中，两个国家有三种可用的政策工具。《稳定与增长公约》排除了第一个，欧洲货币联盟显然排除了货币贬值。现在只剩下最后的工具：内部的通货膨胀或通货紧缩。

因此，《稳定与增长公约》的重要影响体现在欧洲货币联盟宏观经济政策制定制度的第三个组成部分：政策制定者对如何在欧元区进行工资谈判和定价的理解。政策制定者认为，私人部门会理解他们作为货币联盟的成员而应接受的约束。这一理解也涉及责任分配：各成员国在设定工资和价格水平的时候都应该认识到，工资和价格水平的设定，需要与联盟其他成员国之间保持相对竞争力。奥特玛·伊辛（Otmar Issing）清晰地解释了这一运作机制。他是20世纪八九十年代德国央行的重要成员，是欧洲货币联盟成立后最初十年对欧洲央行极有影响力的人物。伊辛的观点强调在货币联盟内制定工资和价格的人必须意识到竞争力和降低成本的必要性，以确保他们为之工作的企业在国内市场和全球市场都具备竞争力。[⑩]

因为汇率固定，成员国缺少了货币政策工具。因为不能实行货币贬值，这些国家放弃了实现外部平衡的最轻松途径。欧盟各国既没有可用的简单工具能影响国家的相对竞争力，也没有办法阻止可能破坏整个体系稳定的竞争力转移。只有出现更高的风险溢价和失去了出口收入时才能终结这个循环，而且极有可能是硬着陆。

比利时和荷兰是两个成功趋同的有趣案例。比利时在最初与德国马克确立了硬钉住汇率时，根据三个主要（也是欧元内）贸易伙伴的发展趋势建立一个三方工资设定系统，该系统在平均工资的"阻尼运动"中非常成功地发挥了作用。荷兰在 1983 年通过"瓦森纳协定"（Wassenaar agreement）也确立了硬钉住汇率，在这之后也大致同步经历了比利时的发展过程。但有趣的是，在 20 世纪 90 年代中期，荷兰当局变得自满起来，允许出现不对称的繁荣和严重的经济过热。随着新情况的出现，工资制定者及财政当局就实施欧洲货币联盟内部那种必要的约束，使经济回到内部均衡状态。在硬钉住汇率之下，高负债的比利时的财政和工资约束，以及经济景气时的荷兰在事后的快速调整，似乎向我们证明，主权国家可以适应货币联盟的严苛规定。

欧元区建立的宏观经济政策体系的第四个也是最后一个组成部分依据这一地区的金融体系本质而确立。建立欧元区的人打算在欧元区建立一个一体化的、有竞争力的欧洲金融体系，用单一的银行执照经营单一的欧洲市场。他们认为，欧元区内的各个国家都不会有货币风险。他们还认为，因为各个主权国家都在《稳定与增长公约》的约束之下，因此它们也都不会有拖欠债务的风险。

如此一来，在整个欧元区的利率也会趋同。欧元区的创立者认为，这对欧洲银行体系和那些想在欧洲借钱的国家来说是好事。在这样一个稳定的欧洲金融体系中，金融监管可以安全地委托给各个国家本身。各国当局可以安全地实施金融监管。它们还会在必要的时间和必要的条件下，作为最后贷款人为各自国家的银行提供融资，每个国家都可以通过这种方式消除金融风险。欧元的缔造者认为不需要在欧洲范围内预先协商为欧洲主权国家作为最后贷款人提供融资的问题，也不需要在欧元区的层面为欧洲各银行设置最后贷款人或银行处置危机管理，以及银行资本重组等相关制度。

我们现在已经探讨了欧洲货币联盟政策制定体系的四个组成部分，分析了发挥作用及没有发挥作用的部分。这个经济政策体系的一个组成部分发挥了很好的作用，但其他几部分极不胜任。无论是在全球金融危机之前，还是在危机初期，欧洲央行对整个欧洲的宏观经济管理一直非常成功。在大缓和时期，通胀始终受到严格控制。在危机初期，利率大幅降低以帮助缓和经济下滑趋势，并按需注入了流动资本。欧洲央行依然坚定地实行通胀目标制，我们认为这是一件好事。

但是，当我们把目光转向欧洲政策体系的其他三个组成部分时，却发现几乎所有事情都出了问题。财政政策没有达成目标。在全球金融危机的特殊情况下，所有旁观者都很高兴地看到最先的政策反应就是放弃遵守这份公约。相机抉择的政策行为，任由税收收入随经济衰退而下降，没有立即提高税率维持收入增长，这一切都是造成巨额财政赤字的罪魁祸首。甚至在危机之前，《稳定与增长公约》就受到了公然的漠视。2005年左右，法国和德国就对此公约视而不见。《稳定与增长公约》的精髓既没有得到充分理解也没有得到正确实施。如我们所见，这对进入货币联盟的高负债国家，以及因危机爆发而产出下降和税收收入崩溃的国家都造成毁灭性的后果，使它们陷入财政动荡。希腊并不是唯一一个不遵守《稳定与增长公约》的国家，但它是公认的最无视公约的国家。[11]

此外，该政策体系的第三个组成部分也没有起到预期作用。欧洲内部对竞争力的调整显然没有按照预期方式进行。欧洲货币联盟成立十年之后，欧盟委员会在评估中承认：

在通货膨胀和单位劳动成本方面，各国有着持久的重大差异。造成欧元区成员国之间持续分化的部分原因是缺乏对价格和工资的快速反应，而且没有顺利地在产品、行业和地区之间进行调整。这导致竞争力的不断下降和巨大的外部失衡。

同样，希腊不是唯——个陷入困境的国家，但有可能是处境最艰难的国家。[12]

最后，随着欧洲更大范围的金融一体化，欧元区经济会如何发展，人们对这一问题的认识最终被证明是一个灾难性的错误。欧元区成员国金融体系成功一体化的希望最初得到了很好的回报，外围国家的风险溢价消失。但在欧洲主权债务危机的压力下这些认识解体了。如前文所述，巨大的风险溢价出现。因为针对金融一体化的政策框架并没有建立，一体化程度如此之高的欧洲金融体系本身已经成为诸多问题之一。

要理解到底哪里出了错，就要先看看竞争力的情况。图 5.3 显示了竞争力问题的严重程度。德国在 1999 年加入欧洲货币联盟时，根本不具备竞争力，多年来都是缓慢且通胀率较低的状况。结果，相对于其他欧洲国家，德国在整整十年的时间里，其成本都是处于

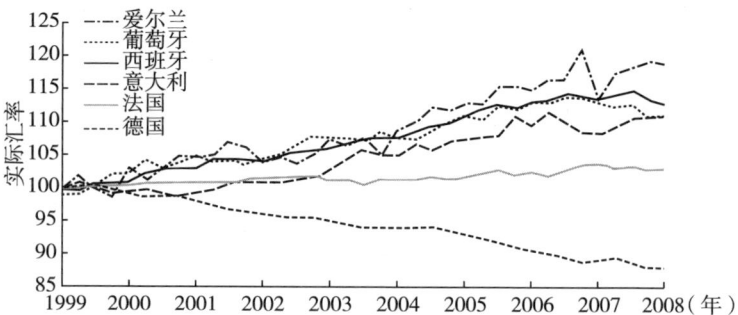

**图 5.3 实际汇率**

注：1999 年 =100，以单位劳动力成本计算。
资料来源：牛津经济学/哈沃分析。

下降状态，所以相对于其他联盟成员国来说，德国的实际汇率和竞争力在稳步提高。

相比之下，欧洲的外围国家希腊、意大利、爱尔兰、葡萄牙和西班牙，1999 年加入欧洲货币联盟时却是竞争力极强的状态。这些国家在加入欧洲货币联盟之初的十多年里，经历了国内需求和通货膨胀的过快增长，竞争地位逐步恶化。

图 5.3 显示欧洲货币联盟成员国没能保证其经济的持续同步增长。各国在通货膨胀和劳动力成本方面存在着持久的重大差异。造成欧元区成员国之间持续分化的部分原因是缺乏对价格和工资的快速反应，没有在产品、行业和地区之间实现顺利的调整。这导致竞争力不断下降。欧洲宏观经济框架造成的困难没有得到充分的应对也是部分原因。

在繁荣发展的外围经济体中，某些竞争力的丧失是有益的（用经济术语来说，是一种均衡现象），这对放缓特定国家的快速增长也是必需的。但无论是财政政策还是银行监管政策，都没有转向调节竞争力的波动和平衡。在某些情况下，政策还起到火上浇油的作用，例如，放任竞争力恶化，使之达到真正需要大规模的工资成本调整（15％或30％，或更多）才能把经济带回到一个较长期的内外平衡状态。资本市场的风险溢价也没能早些提高或很快提高，以解决为长期失衡融资而导致的紧张局面。这些失衡是由银行体系的低利率或者预算，或者两者共同造成的，所以很难在竞争力差别如此之大的情况下予以纠正。

这是不应该出现的局面。在一个像欧洲货币联盟这样的共同货币体系中，调整的目的是为了使某一国家的经济恢复到与其他成员国步调一致。如我们所见，在这样一个使用统一货币的地区，实施的是中央集权的货币政策。因此，如果整个欧元区的平均通胀率接近目标，在"欧猪五国"出现的相对于德国较高的通胀水平就不会导致利率上升，因为欧洲央行是针对整个区域的平均通胀率做出反应的。欧洲央行不相应提高利率就意味着对图 5.3 显示的问题没有货币政策方面的应对。然而，越来越高的通胀率导致"欧猪五国"的成本逐步提高（使这些国家生产的产品失去竞争力），这就意味着这些国家的出口萧条，进口增加，经常项目恶化，经济景气不再。这些变化的目的就是要阻止"欧猪五国"的竞争力越来越低下。

但是如图 5.4 所示，南欧各国的经常项目却出现了巨额赤字。这是图 5.3 所示的实际汇率的数量方面。资本进口提高了"欧猪五国"的实际汇率。但是竞争力的削弱并没有带来预想的调节作用。经济景气和通胀一直并存至 2008 年。这些国家在持续的一段时间里始终处于内部失衡状态，因此它们的外部失衡情况也变得越来越糟。

趋同一定会实现的想法相当于诉诸理性预期。人们默认每个国家的生产者和消费者都很了解他们的行为会产生怎样的长期影响，并能据此做出相应的调整。我们通常会假设某个经济体中只有一个消费者和生产者，而这个默认的假设要比通常的假设更严格。在真

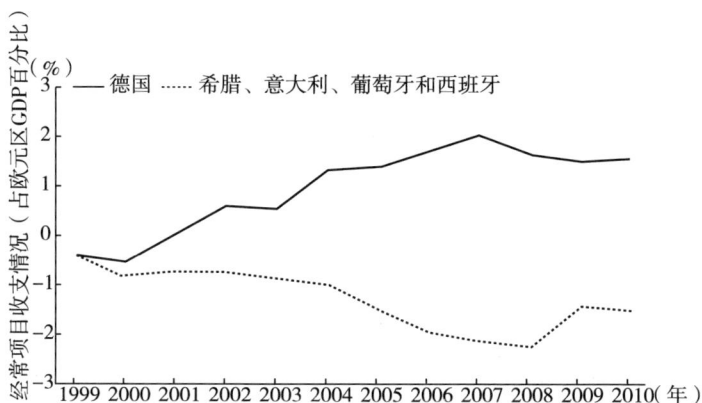

**图 5.4　经常项目的收支情况**

注：这个图略去了爱尔兰，所以只表示了南欧国家的情况。

资料来源：克鲁格曼（2011b）。

正的经济活动中，某企业和个人必须理解，并与其他同样了解自己需求的企业或个人相互协调。如前所述，比利时和荷兰有这种协调，但在欧洲南部逐步确定工资和价格的过程中却没有任何协调。

欧元设计中的自我修正机制在长期运行过程中可能会很好，但在短期内它却忽视了低利率会刺激泡沫的产生。欧洲的经历与2003年至2006年出现在美国以及2011年出现在中国的房地产市场繁荣有相似之处。

德国本应出现相反的局面。低水平的通货膨胀，提高了德国竞争力，出口增加，进口减少，经常项目的收支情况得以改善。这应该顺理成章地导致德国的支出增加，意味着在该国提高相对通胀率，并阻止它拥有相对于其他国家来说过强的竞争力。图5.4显示德国经常项目的确出现了巨额盈余，但这没有在其国内产生调节效应。德国的景气仍然持续，其竞争力越来越强，并一直持续到最近。德国经常项目盈余仍然在持续增加。

传统观点认为，均衡过程会按照我们上面所述的伊辛提出的方式实现圆满的结果。这一过程会确保欧洲货币联盟成员国之间的调整。2006年欧盟委员会发表的一篇论文中曾对此传统观点进行过周密详细的探讨。现在回想起来，这篇文章用正确的术语（这在当时其他官方文件中难得一见）定义了调整问题，认识到西班牙和其他国家竞争力的削弱反映出随着时间推移为宏观经济过程松绑的必要性，并警告在德国和其他地方还没有认识到财政周期超调就是这个过程产生的副产品。然而，现在看起来，该文得出的政策结论对欧元区调整过程的稳定性过于乐观。事后看，对某些国家竞争力严重削弱的分析显然出现了重大错误，这些国家（不像在荷兰，甚至也不像爱尔兰）的工资在当时乃至今后也仍将是刚性下降。这意味着这些国家（特别是希腊、葡萄牙和西班牙）需要长时间的资金支持来调整失衡状况，而雷曼兄弟对全球风险溢价的冲击以及希腊出现了极为特殊的财政控制和报告失控事件以后，这种说法就越来越没有说服力了。⑬

显然，决策者头脑中没有形成内部和外部都需要平衡的模型。有一段时间盛行的观点认为，竞争力的系统性差异并不是由欧元区调整机制造成的，而是在提高欧洲市场灵活性的发展中长期存在的问题造成的。这一观点与欧洲普遍存在的悲观主义观点不谋而合，认为欧洲生产方法的现代化过于缓慢，有必要采取促进采用新思路和新工作方法的战略。其目标是让欧洲成为世界上最具竞争力和活力的知识型经济体，能以更多更好的工作和更强的社会凝聚力实现可持续的经济增长。2000 年在里斯本举行首脑会议后实施了"里斯本战略"，旨在让所有欧盟成员国采取各种政策措施解决欧盟内部生产率低下和经济增长停滞的问题。"里斯本战略"制定的那些更大的目标将在 2010 年前实现。

截至 2010 年，这些战略目标没有几个得以实现。在过去的十年中，一个完全没有说服力，却得到广泛认可的观点认为，里斯本议程寻求的改进供给侧灵活性的目标会有助于纠正图 5.3 所示的竞争力差异，从而有助于消除图 5.4 所示的经常项目失衡。这意味着里斯本议程可能有助于给缺乏竞争力的区域施加压力，让它们调整成本和价格以缩小这种差异。但稍加思考就会发现这完全是荒谬的想法，因为无论如何都无法确定给"欧猪五国"施加的压力比给德国的要大多少才合适。事实上，倒是德国采纳了里斯本议程。西尔维奥·贝卢斯科尼领导下的意大利，还有希腊，当然没有采纳。

我们现在集中探寻欧洲的货币政策和财政政策是如何处理欧洲货币联盟中出现的失衡问题。我们从货币政策开始。在欧元区，"欧猪五国"与包括德国在内的其他成员国面临同样的利率：它们有很高的通胀率却没有导致利率的提高。图 5.5 显示，其结果是

"欧猪五国"的实际利率下降。对这种结果引发的情况，保罗·克鲁格曼做了简洁的描述：

> 在我看来，欧元区情况的基本脉络非常简单明了。欧元创立后，投资者对借贷给外围经济体产生了一种虚假的安全感。这导致资本大规模地从核心向外围流动，从而造成相应的经常项目失衡。[14]

资本流入使这些国家的支出增加，促进了它们的经济景气，也使通货膨胀更加恶化。而德国的情况正好相反。实际利率高以及由德国银行体系组织的资本外流，意味着德国的储蓄不是用在国内，而是流向欧洲外围国家。德国的支出保持在低水平，德国境内的通胀率保持在全欧洲的目标值以下。相反，"欧猪五国"的支出增加，导致这些国家出现通货膨胀。这些不同的通胀压力加剧了图 5.3 所示的竞争力问题，也导致图 5.4 所示的失衡。这个问题持续存在了将近十年。

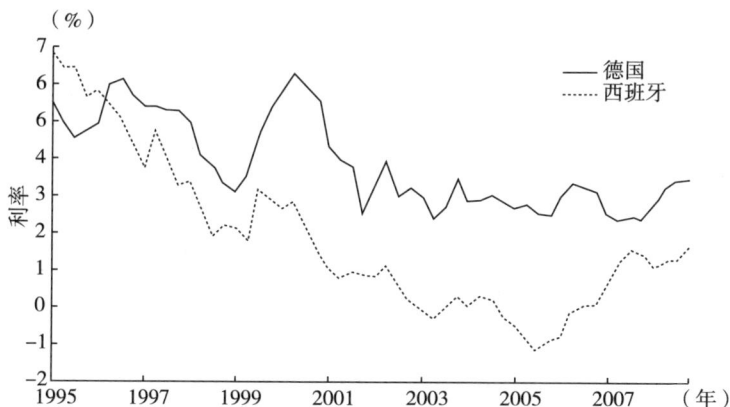

**图 5.5　实际长期利率**

注：显示的数值已经随着 GDP 的平减指数而缩小。

资料来源：牛津经济学/哈沃分析。

是否有人注意到这十年的情况？大多数人都在为这些年的稳定局面而欢欣鼓舞，但有些观察家发现了在欧洲货币联盟中潜伏的这类问题。这种背道而驰的观点在英国被称为"沃尔特斯批判"，以艾伦·沃尔特斯爵士（Sir Alan Walters）的名字命名，他是首相撒切尔夫人的经济顾问，对 20 世纪 80 年代英国加入欧洲货币体系持强烈的批评意见。根据"沃尔特斯批判"的观点，随着欧洲金融体系的一体化，欧洲货币体系内某个经济体的名义利率水平将被迫与这个区域整体的名义利率持平。但如果这个国家通胀率较高（如 21 世纪初的"欧猪五国"），实际利率就会降低，因为实际利率等于名义利率减去通胀率。图 5.5 显示，这正是欧洲货币联盟创立最初十年中发生的情形。但是，沃尔特斯在谈到欧洲货币体系时说，这种较低的实际利率会刺激经济高涨，加剧通胀问题。他说，所以这样的体系会很不稳定。他的批评既适用于欧洲货币体系也同样适用于早期欧洲货币联盟。[15]

许多宏观经济学家，包括欧盟的大多数宏观经济学家，都反对撒切尔夫人和沃尔特斯。现在看起来这些反对者真是荒谬，严重损害了宏观经济学家的声誉。例如，与沃尔特斯观点相左的米勒（Miller）和萨瑟兰（Sutherland）认为，因为工资和价格制定者会认为货币联盟的约束是可信的，所以经济景气的国家会对通胀有所控制，其竞争地位会稳定下来而不是变得更糟。景气国家缺乏竞争力，使外国对本国出口的需求受到重大的负面影响。缺乏竞争力会造成国内需求从国内商品和服务转向进口。这些结果将导致失业率上升，抑制通货膨胀，并对一直处于景气国家的全部产品生产中的单位劳动成本施加下行压力。回想起来，这种观点看起来乐观得可笑，如图 5.3 所示，米勒和萨瑟兰设想的过程根本就没有出现。[16]

凯恩斯很清楚"沃尔特斯批判"指出的困难。他公开了他在 1930 年麦克米伦委员会的证词，解释了他如何看待金本位调整机制的运作方式。正如第三章所述，他认为存在着两步走的过程，包括识别需要采取措施纠正失衡的信号和根据这个信号要采取的行动。在 1930 年的时候，这个信号由利率发出。在欧元区内，利率由欧洲央行控制，任何国家都没有单独的利率。凯恩斯十分明确地指出，一个缺乏竞争力且饱受净出口下降（即外部失衡）折磨的国家，需要提高利率以吸引资本。凯恩斯说，这会引起经济中的支出下降、失业率上升以及工资水平下降，从而使经济再次变得更具竞争力。如果缺乏这种调整的情况，失衡状态就会一直持续到金融市场出现恐慌，直至各国利率上升为止。

如果凯恩斯描述的机制在欧元区行之有效，就会缓和"欧猪五国"的经济景气，使这些国家的通胀率降低，并限制竞争力的累积波动，而这恰恰是问题的核心所在。但是，在欧元区的金融体系一体化加上欧洲单一市场带来的竞争压力，阻止了这一机制的形成。当时许多人都认为以上两点是好事，因为这有利于开拓欧洲金融市场，提高其竞争力。此外，爱尔兰和西班牙当局（起初它们的公共债务水平都很低）没有认识到私人部门出现了严重的超调，主要表现为房地产市场繁荣，因此没有采取相应措施减缓依赖外部融资的银行贷款的快速扩张。

因此，市场风险溢价、国家财政政策，当然还有宏观审慎政策，在国内景气期间没有发挥逆向干预的作用。它们没有遇到外部失衡（在其上升和随后的调整期都需要融资）或工资的快速上涨（需要扭转）。

这是我们在第三章批评的微观经济学思维的一个实例。本章各图揭示的问题需要从宏观经济的角度去理解，即我们的模型提供的理解。但是，艾尔弗雷德·马歇尔（Alfred Marshall）不会理解凯恩斯革命，马歇尔的学生丹尼斯·罗伯森（Dennis Robertson）也未能理解。欧洲决策者与他们一样都没能理解欧元区开放金融市场的微观经济政策对宏观经济意味着什么。这些决策者未能理解，如果与凯恩斯对麦克米伦委员会提出的金本位机制类似的货币机制不能奏效（因为他们在欧元区各国已经放开了资本流动），就需要采取其他的一些调节机制把这些国家带回内部和外部平衡的状态。然而，其他的调整机制根本不存在。事实上，欧元区实施的财政政策与所需的调整机制完全背道而驰。需要注意的是，对两次世界大战之间那段时期由金本位带来的可怕教训，20 世纪 90 年代并没有人给予冷静的思考和重视。

另一个被忽视的理论是最优货币区理论。在英国的沃尔特斯反对欧洲统一货币计划的同时，美国的经济学家也在用这个理论反对该计划的实施。他们的理论依据是，一个货币区要取得成功需要满足一定的条件。其中一点就是，一个货币区要持久存在就必须有广泛的劳动力流动。如果该地区的某一部分受到了不利冲击，人们必须能够从这一地区转移到另一地区，以便在共同货币区内分散该冲击的成本。[⑰]

这一说法显然是指具有不同语言、民族和文化的欧元区。这种多样性与美国的单一语言和美国人的自由流动形成了反差。然而，它忽略了 18 世纪末美国货币区创立之初的情况。诚然，当时大多数人都讲英语，但他们对自己所在州的忠诚度与目前欧洲各民族一样强。只是随着时间的推移，劳动力流动才逐渐发展成 20 世纪的状况。

最优货币区理论中的劳动力流动可以用财政一体化替代。再一次以美国为例。正如第一章所述，由各州组成的美国联邦使联邦政府能够对个人征税，而欧洲货币联盟不可以。这种结构建立了一个可以将局部损失有效社会化的税收体系。当某一个特定区域受到不利冲击时，其税收收入就会下降，但是联邦支出不会下降。这种反差就对这个货币区的每个地区都起到了缓冲作用。

根据这一评判标准，欧洲货币联盟既缺乏劳动力流动，也不具备财政一体化。因此，它容易受到局部冲击。欧洲人以一种"酸葡萄"的态度拒不接受这些观点，甚至认为这是美国经济学家在嫉妒他们。他们不是设计财政政策确保欧元区内的调整起到缓和冲击的作用，而是傲慢地在《稳定与增长公约》的框架内制定背道而驰的财政政策。规划者们只是担心各国可能会滥用这个体系，却没考虑如果大家都按游戏规则行事，货币会如何发挥作用。为了避免灾难，他们建立了一个没有内部修正功能且根本不可行的体系，从而引发了另一场灾难。

许多观察家都聚焦于希腊的财政赤字，认为这就是希腊发生通货膨胀的原因。他们似乎也因此认为希腊财政松弛是其竞争力削弱的原因。希腊有财政赤字，而且希腊政府还雇用了高盛公司帮助其说谎和欺骗以掩盖赤字，这让大家觉得上面的说法似乎更有说服力了。葡萄牙也出现了巨额的财政赤字，即使葡萄牙没有撒谎和欺骗，这种说法也符合葡萄牙的情况。

但是，西班牙、意大利以及爱尔兰的情况与此不同。希腊和葡萄牙在2008—2009年的金融危机之前，（以其债务占GDP的比例衡量）财政状况就不好。而当时西班牙、爱尔兰和意大利的财政状况都很好。要了解这种对比的意义，就要注意希腊和葡萄牙的GDP总和超过5 000亿美元，而西班牙、爱尔兰和意大利的GDP总和超过35 000亿美元，是前者的7倍。现在陷入麻烦的是遵循稳健财政政策的这几个较大的经济体，其财政政策是在危机之前按照《稳定与增长公约》制定的。尽管这些国家的财政政策是稳健的，但由于欧洲金融体系一体化，这些国家的私人支出过多，而支出的资金皆来自大量的银行贷款。此外，银行贷款实在过于廉价，正如"沃尔特斯批判"提出的原因，"欧猪五国"的实际利率比德国还低。而且，产出的快速增长意味着税收收入的快速增长，因此，即使财政状况很好，实际上也是政府支出迅速增长的财政状况，这进一步加剧了通胀问题。在这些国家，是过度的私人支出导致通货膨胀。这些国家处于内部失衡状态，而财政政策使问题更加严重。

欧洲各国对危机的反应基于财政挥霍是罪魁祸首的假定。希腊可能符合这种假设，但"欧猪五国"中的其他成员并非如此。财政政策本应该抑制"沃尔特斯批判"所说的原因造成的私人支出非正常扩张，帮助这些国家恢复内部平衡状态。但事实并非如此，因为《稳定与增长公约》认定不这样做也没问题。出现这种结果不只是诊断错误，而且预后也是错误的。

现在看来，这些错误令人吃惊，但是我们必须把它们放在当时两个有影响力的意识形态背景中去看。第一个是从美国流行开来的新监管模式，它把市场视为全能的，市场不稳定只是政府干预导致的副产品。第二个背景是欧元区的精英人士，尤其是中央银行的精英人士强烈支持的观点：欧洲货币联盟的创建已消除了各国的国际收支平衡，因此跨境融资已不再是问题。换言之，外部失衡根本就不是问题。两种观点相互交织，导致爱尔兰和西班牙坐视信贷驱动的私人失衡累积带来的扭曲，也导致它们过分相信资本市场有能力提供关于内外失衡需要纠正的一系列信号。此外，这些观点完全没有考虑银行体系的担保和公共债务水平之间有可能存在基于国内的建立国家范围的反馈机制。

这种意识形态也使各国领导人在讨论新货币联盟的意义时没能寻求其选民的帮助。我们论述了一些杰出的经济学家在分析欧元区问题的过程中迷失了方向。普通百姓肯定更难认识到欧元最初十年的繁荣竟然建立在极其脆弱的基础之上。欧元区的架构是欧洲领导人在没有得到广泛支持的情况下建立的，因此需要进行的改革也没有得到普遍的认同和支持。

对于管理这样一个宏观经济体系的困难程度我们不应该抱有任何幻想。确保像西班牙这样的国家取得令人满意的国际收支平衡结果是一项艰巨的任务。事实上，目前欧洲所有外围国家都面临相同的状况。货币联盟的成员国不能改变汇率，因此也就不能通过政策行为改变其竞争力水平。正如我们前面揭示的，在欧洲货币联盟成立的整整十年中，竞争力一直稳定地向一个方向发展。货币联盟建立之初德国处于缺乏竞争力的地位，但随着调整开始，它就持续超出正常水平。在这种情况下，德国这个欧洲霸主国家的领导人并没有充分理解欧洲外围国家遭遇的国际收支难题。

在过去十年的早期阶段，即欧洲货币联盟成立之初，德国的经济如图 5.2 所示，根本不具备竞争力。但财政约束为德国提供了保证，使其朝相反的方向走得太远。德国出现了外部失衡，出口盈余不断增加，并保持在低于其内部平衡的状态，从而经历了低水平的通货膨胀。这种过度反应是"沃尔特斯批判"的本质。2003 年以后，通过大规模削减支出和增加税收，财政政策周期性地加剧了各种问题。这两个政策抵消了竞争力提高对需求的影响。

相比之下，外围经济体（希腊、爱尔兰、意大利、葡萄牙和西班牙）即使不是一开始，也是很快就出现了外部失衡，进口盈余不断增加，并出现了通货膨胀和内部失衡。随着税收收入的增加，积极的财政政策顺周期地刺激政府需求并降低了税率。这两种效应放大了竞争力恶化的影响。这在当时并不总是显而易见，以至于（特别是在爱尔兰和西班牙的）周期性调整的财政余额计算让人对金融繁荣时期实际的财政状况产生了过于乐观的看法，2004 年国际货币基金组织的耶格（Jaeger）和舒克内希特（Schuhknecht），以及同时期的欧洲央行和欧盟委员会都有文件能充分证明这种现象的存在。正如"沃尔特斯批判"预测的那样，这些国家的高需求导致高通胀率。在这些繁荣的经济体中，国家竞争力的损失远远超出货币联盟中的调节机制平稳运行时可预测的正常水平。[18]

因此，总体而言，德国的低通胀率和西班牙以及其他外围国家的高通胀率，逐步推动欧洲货币联盟远离了均衡状态。两国错误的相对通胀率带来的发展势头促使竞争力的调整脱离了它的均衡位置，使外部平衡变得十分严峻。财政政策使这一局面恶化。"欧猪五国"中除了希腊，其他国家的财政状况使其内部需求始终居高不下，内部失衡持续存在。

金融危机以来，这一政策体系强制这些外围国家实行通货紧缩，将需求保持在低于充分就业的水平以重建平衡。正如我们在第三章讨论的，对这类困难的恐惧解释了为什么1941年凯恩斯在给国际货币体系的初步建议中提出了建立"清算联盟"的计划。这一联盟在全世界的作用相当于各国央行在其国内的作用。它会作为最后贷款人，借钱给那些国际收支平衡有困难的国家。凯恩斯认为这些困难可能会长期存在，他的建议旨在帮助各国处理这个问题。索罗斯也为欧洲央行提出过类似的政策手段。[19]

我们的模型可以用来理解凯恩斯关注的问题。欧洲货币联盟成立十年后的今天，西班牙和其他外围国家丧失了竞争力。改变这些国家竞争力状况的任何措施都只能是渐进的。那么，即使德国仍然保持高需求，西班牙要防止外债进一步增加，现在需要进行的财政紧缩就意味着西班牙必须在很多年的时间里保持产量低于产能水平以抑制进口。换句话说，西班牙根本不可能实现内部平衡。

这一问题表明，这样一个欧洲体系可能会导致欧洲的萧条常态化，类似于该地区在第一次世界大战后的情况。面对造成欧洲外围赤字国家实行上述紧缩政策的压力，欧洲货币联盟成员国可能无法就它们之间的相对竞争地位达成内部协议。20世纪60年代，当德国和日本都不愿意提高各自的汇率时，就出现过这种困境。当然，最近人们对中国在当今世界的表现表露出的恐惧如出一辙，我们将在下一章对此进行讨论。在这种情况下，在欧洲货币联盟的外围国家，没有任何约束力量能让它们保持充分就业并纠正外部失衡。

许多人现在认为，由于这种不对称，欧洲货币联盟内部可能面临永久性的通货紧缩压力。

欧洲货币联盟存在的问题与凯恩斯意识到的金本位制的问题一样。不改变名义汇率就很难调整各国的竞争力。此外，欧洲货币联盟存在的问题，在多个方面都比凯恩斯意识到的问题更糟糕。如上所述，自从欧洲货币联盟建立以来，实际利率已经使各国的增长率差异加大，而这些差异又导致竞争力的分化程度越来越高。凯恩斯明确表示，缺乏竞争力的国家需要提高利率吸引资金并抑制其经济活动水平，从而朝着调整的方向推进。而欧元区的情况却恰恰在朝相反的方向发展。因为欧元区内金融体系高度一体化，整个欧元区实行统一的名义利率，困境之中的成员国的实际利率实际上是在向错误方向发展。陷入外部困难的国家，出口下降，就像20世纪最初五年德国遇到的境况一样，这应该带来经济衰退，从而导致工资和价格下降。但这实际上引起了实际利率上升，加剧了经济萧条。"欧猪五国"的情况正好相反。对它们来说，经济景气造成通货膨胀，抑制了实际利率，从而又促进了经济景气。

此外，财政政策也使情况变得更糟，因为德国实行的是紧缩政策，在"欧猪五国"却是扩张性政策。凯恩斯说，没有利率政策的纠正机制，就需要有其他的纠正机制。凯恩斯建议运用财政政策手段。他最有可能主张外部赤字的国家实行紧缩性财政政策（以代替金本位利率反应机制会运用的提高利率的手段），外部盈余的国家实行扩张性财政政策（以代替其反应机制下的降低利率的手段）。这种对比说明了欧洲货币联盟实行的宏观经济政策体系有多糟糕。

所有这些问题的解决方案必须是由多个部分构成的一笔大交易，可以将之视为近70年前"马歇尔计划"领导下的囚徒困境中的合作方案。要理解这样一个合作解决方案的结构，最简单的方式就是回到欧元区只包含德国和西班牙两个国家的简单模型。该解决方案需要通过这两个国家的宏观经济扩张，缓解德国对西班牙的出口势头，允许西班牙走向内部平衡。这当然又与当前的政策南辕北辙。[20]

正如我们之前在介绍这个两国模型时所说的，德国和西班牙需要就它们之间理想的外部平衡达成一致意见。一般认为最无争议的做法就是这两个国家"应该既不跟别人借钱也不借钱给别人"（《哈姆雷特》中的人物波洛尼厄斯的话），但无争议不代表最优。经济史就是一部充斥着长期借贷关系的历史，因为发展中国家的经济发展离不开资本输入或（出口导向型增长下的）资本输出的帮助。因为两国都在欧元区，所以关键是要让它们就理想的均衡局面达成共识。德国出口集中于工业品，而西班牙的出口集中于旅游和度假服务。这两种完全不同的出口产品可能正好相互抵消，但决定彼此理想的进出口水平的因素却很复杂，更可能的是导致资源朝其中某一国单向流动。

一旦就理想的外部平衡达成一致，财政政策就可以用来实现每个国家的内部平衡。货币政策不可用，因为两国的利率相同，国家风险不成问题。因此，财政政策是用来实现内部平衡的工具。德国需要扩张性财政政策以促进国内消费，减少出口盈余。即使在这个非常简单的水平上分析，此结论也一目了然。它显然违反了《稳定与增长公约》，也与德国目前对紧缩措施必要性持有的观点格格不入。

西班牙的财政政策问题更为微妙。欧洲南部显然存在着闲置资源，说明需要实行扩张性的财政政策。然而，扩大消费很可能会增加进口，恶化外部平衡。换言之，国内的扩张必须使进口增长减小到最低限度。我们不可能越过这一层面去看这么做会如何影响总体财政状况，财政政策的结构也很重要。闲置资源提供了一个假设，即西班牙的财政政策可以比现在更具扩张性，但必须要保持已经达成的外部平衡。

除此之外，有必要对竞争力做出调整。对于在南欧削减成本和价格（这种做法被称为"内部贬值"）的必要性已经有很多讨论。但竞争力的调整不能仅仅通过外围国家的通货紧缩实现。在一段时间内，德国的需求水平也需要高于国内平衡时的水平，从而在德国产生某种上行的通胀压力。这对德国必要的财政状况有更深远的影响。此外，为了实现这一竞争力的调整，决定共同利率的欧洲央行需要进入一种温和的通胀模式，以方便资金的转移，满足实现财政政策所有这些变化的需要。如果价格的总体趋势是上涨而不是下跌，就更容易在相对价格的背景下进行调整。欧洲央行仍然应该坚持全球金融危机前行之有效的通胀目标制，但要允许整个欧洲在一段时间内的通胀高于目标水平，以使外围国家的调整更容易。这种变化不是结构性的，它只允许通胀水平在调整过程中高于目标。（虽然原因略有不同，但是自危机发生以来，英国为了提高其竞争力就一直在实行这种通胀率高于目标的政策。）不过，对中央银行来说，能考虑放松管制，哪怕是暂时的放松，也是迈出了一大步。

从简单的两国模型回到现在的实际情况，我们需要承认所有的情况都还不够稳定，不能不考虑这些财政状况和相对竞争力的变化以及短期的财政障碍。前面描述的宏观经济调整需要时间。在这个调整过程中，需要对困难国家的银行进行保护，而这些国家的政府必须能够继续借贷，直至恢复内部平衡，重新开始经济增长。相反，欧洲目前却担心另一次金融危机的爆发。

2011 年末出现过一次巨大的恐慌。面对本章前面描述的货币风险，资金逐步从欧洲外围国家的银行撤出重新存入德国，南欧的银行没有出现真正意义上的挤兑，但正逐渐接近挤兑局面。2011 年 12 月底，欧洲央行开始往欧洲货币联盟的银行体系注入信贷，信贷额是欧元创立 13 年以来最大的一笔。它以 1% 的利率向 523 家银行提供了近 5 000 亿欧元的三年期超长贷款，迄今为止最大的一笔贷款

（3 250 亿欧元）是提供给希腊、爱尔兰、意大利和西班牙银行的。接着在 2012 年 2 月 29 日的一次峰会上，欧洲央行又进一步向 800 家欧元区银行提供了 5 295 亿欧元的低息贷款。这些贷款的数额令人瞠目。

但"欧猪五国"的银行仍然困难重重。2012 年 6 月，西班牙政府被要求在欧洲央行注入信贷之外，再向西班牙银行注入巨额资金，从而削弱了西班牙政府的财政地位。在 6 月 28 日的一次重要峰会上，与会者一致认为银行的资本重组，可能需要由欧洲金融稳定基金（European Financial Stability Facility），以及 2013 年以后的欧洲稳定机制（European Stability Mechanism）在欧洲整体层面进行，但是具体细节仍有待确定。这项协议很重要，因为这意味着解决银行债务的责任将成为全欧洲的责任。这是向前迈出的重要一步。如本章之前所述，建立欧元区的认识基础是银行的问题，由银行所在国政府解决。因此，如果某国的银行发生金融崩溃就会威胁到该国政府的偿债能力，导致银行和政府之间相互作用的偿付能力危机呈恶性循环。因此切断两者之间的联系，是在欧元区创造更稳定金融环境的关键。

两个相关问题依然存在。首先，欧洲金融稳定基金和欧洲稳定机制可能还不够强大。在写作这本书的时候，只有一笔 5 000 亿欧元的数目达成共识。德国、法国和其他成员国需要承担的债务可能远不止这些。

第二，也是更重要的，如果投资者再次受到惊吓，欧洲央行必须成为最后贷款人。欧洲央行需要在欧洲金融稳定基金和欧洲稳定机制的支持下，为欧洲各国政府以及银行提供需要的资金。同时，必须在适当的时候通过发行欧元债券，使欧洲各国政府都能得到所有欧洲国家政府的支持并获得贷款。只有这样，才能安全消除本章之前描述的欧洲货币联盟外围成员国政府面临的，包括主权、货币和金融风险在内的各种风险溢价。这正是索罗斯和其他许多人一直在提倡的思想。只要这些风险溢价还存在，就不可能使"欧猪五国"恢复内部平衡，并恢复其经济增长。[21]

要具备实行这种急救方案的财力，欧盟需要在欧洲央行、欧洲金融稳定基金和欧洲稳定机制的支持下，在其成员国具有征税权。唯有如此才可能使这一行为获得财力保障。当然，这样的权力会带动欧洲货币联盟坚定地走上政治联盟的道路。这一行动现看来已势在必行。这是许多欧洲货币联盟创始人希望的，但他们认为这一目标只能通过货币联盟逐步实现。现在，矛盾的是，如果不能极为迅速地建立起这样威力强大的政治联盟，货币联盟似乎已经难以为继。这个体系跟一体化的经济体极为相似。

上述解决方案是一个整体方案：所有必要元素需要同时发挥作用。概括起来有三个组成部分。首先，财政状况必须调整，德国和其他北欧国家实行财政扩张以补偿"欧猪五国"的财政紧缩。其次，相对竞争力必须调整。这两件事都需要时间。最后，"欧猪五国"的政府和银行在这个调整期内必须能够借到钱。在这一调整期内，借贷的风险溢价必须强行压制到零。就像2008年前做的那样，在货币联盟内强行压制这些风险溢价是明智之举。我们看到的是，只有辅以其他有利于外部和内部平衡的政策，这一切才有可能。[22]

在17个国家构成的复杂的欧元区，为这样一个重大变革举行磋商不是件容易的事。各国必须愿意彼此妥协以达成协议并尊重他人。必须消除德国的疑虑，保证南欧国家不需要那么多的支持，因此不会牺牲德国的利益，而德国需要在调整过程中对该体系给予保证。希腊的情况特殊，其真正问题是政府和税收制度是否有足够的安全性，能对长期的税收和支出做出承诺。相反，对爱尔兰、意大利、西班牙和葡萄牙来说，要让它们确信德国会同意上述财政调整。它们当然需要知道德国不会大力推动财政紧缩使其在可预见的未来始终保持在内部平衡水平之下。德国、西班牙和意大利必须对彼此做出明确的或不言自明的承诺。

德国作为欧元区公认的霸主，必须带头推动这一合作方案的实施。目前，德国决策层的某些人对该整体方案中必要的财政调整持反对意见。在某一层面上，这部分人似乎仍有强烈的恐惧，害怕意大利、西班牙和其他重债国会出现缺乏财政约束的状况。因此，他们不愿意让德国承诺同意上述征税权。但更重要的是，许多德国人似乎反对我们描述的整体方案，拒绝接受把内部和外部平衡作为解决问题的根本，而是认为应该通过促进紧缩和提高竞争力来解决问题。但正如我们所说，这个方案是一个整体：外围国家和德国不做出必要的财政调整，不对竞争力做相对调整，我们认为欧元区无疑将会解体。

当然，事情会如何发展很难预测。但我们认为风险溢价很有可能仍然居高不下，意味着"欧猪五国"的主权和银行将无法借贷。那样银行就有可能发生挤兑，挤兑规模之大可能连欧洲金融稳定基金、欧洲稳定机制和欧洲央行都无法控制。我们认为到那时就不可避免地会爆发大规模危机。

"欧猪五国"也面临巨大挑战。这些外围国家的政策精英和公民都希望留在欧元区，部分原因是他们担心这场危机会造成国家解体。但他们在试图大幅度削减工资和社会福利时，将面临巨大的政治对抗力量。如图5.3所示，要在欧洲货币联盟内部消除竞争力差距，他们就必须做这两方面的削减。希腊和意大利已经爆发了大规模的公众抗议活动，而法国和西班牙也开始抵制财政紧缩。这些国家还需要接受与德国达成必要的政治融合。

我们需要保持清醒。我们认为，如果上述总体方案不被接受，欧元区将瓦解。欧元区解体的代价惊人。即使只有希腊离开欧元区，结果也会是希腊银行体系破产，而且因为希腊公民无法偿还以欧元签约的贷款而导致大面积违约和破产。如果希腊不是主动退出而是被驱逐出欧元区，危机就会蔓延。这可能导致西班牙和葡萄牙野蛮违约和退出。因为大家会明白，欧洲货币联盟不是真正的货币联盟，相反只是一个固定汇率制度，出现投机压力就可以强制成员国退出。这是东亚危机中发生的事情，对此我们将在下一章予以讨论。

德国和北欧其他竞争力强的国家会发现这样的结果极具破坏性，因为它们的银行会受到影响。在新德国马克区的金融机构不仅会持有用已升值的新德国马克结算的负债，还会有欧元的资产需要救助。而留在欧元区的国家很可能会最终分裂，形成各国独立的货币。这样一个分裂过程会给欧盟带来巨大压力，也可能会导致主宰20世纪的那种悲剧性的战争。这样的结果也可能同样拖累大部分的北美银行体系以及其他地区的全球银行体系，导致另一场可能持续多年的全球危机。所以避免解体的要求非常强烈。

然而，确保生存不是件容易的事，甚至是不可能的。最终不论出台什么样的解决方案，只要以保护欧元存在为目的就几乎可以肯定，国际货币基金组织给"欧猪五国"提供贷款这个条件不可缺少。即使德国可以战胜政治上的反对力量，但欧洲央行、欧洲金融稳定基金和欧洲稳定机制这些机构也可能无法满足如此巨额的贷款资金。我们将在下一章讨论国际货币基金组织的作用。

最后，出台解决方案需要做出一些关键选择。解决方案一方面需要欧洲货币联盟的外围国家承担调整的负担，另一方面也需要包括德国在内的核心国家承担起负担。也就是说，"欧猪五国"需要接受紧缩措施。欧洲央行必须成为"欧猪五国"的银行和主权债务的最后贷款人。德国将需要承担很大比例的税收负担以支持欧洲央行的这一行动。此外，德国必须采取更扩张的财政政策。竞争力必须做出调整。这些都是政治决策，而如果欧洲货币联盟要继续生存，现在就必须在这些方面达成一致意见。

# 第六章 恢复世界的国际平衡

本章把论述的重点从欧洲延伸到世界范围。这是一个复杂的努力过程，是我们此次知识之旅的高潮部分。要了解世界经济关系的复杂性，需要采取三个艰难的步骤。

第一步涉及中国与美国的关系。这些关系与欧洲内部的各种关系惊人地相似。我们对于欧洲内部和外部平衡问题指出了两种可能的解决方案：合作会带领我们走上所有国家都达到内部和外部平衡的道路，而不合作的结果难遂人愿。中国和美国之间也是如此，但有一点要加以说明。在欧洲，很明确的是德国必须作为地区霸主带领欧洲走上合作之路。但是中国和美国谁可以促进跨太平洋的合作就没有那么清楚了。

如第五章所述，我们本章要阐明的是，合作对所有参与者都有益处。要在世界范围内明确收益情况比在欧元区更难。都实行固定汇率的亚洲和欧洲，主要是通过美国联系在一起。亚洲以人民币和美元之间的固定汇率与美国相联系。相反，欧元对美元是相对浮动汇率。我们需要了解在弹性汇率之下如何控制外部平衡，才能将我们的分析扩展至世界经济。

因此，我们的第二步是转而分析美国和欧洲之间的各种关系。这些关系有些不同，因为欧元对美元浮动。现在，欧元兑美元的汇率不再是一个政策变量，而是由市场决定。用经济学的术语来说，它是内生的。对实行浮动汇率的两国进行分析，不同于我们对金本位制国家和欧元区国家的讨论。浮动汇率越有灵活性，就越有可能产生好的结果。假设国际资本市场是完美的，在此合理前提下欧洲和美国实行统一的利率标准，而汇率调整是为了让大家都繁荣发展。由于资本市场的完美，短期内不会存在国际债务问题。但如果各国任其外债不受约束，从长期来看它就成了问题。

我们要做的最后一步是把这两个分析结合起来。要做到这一点，就要考虑我们称之为世界经济的"三体问题"。如何能使东亚、美国、欧洲和谐共存？这些经济体之间的相互作用不可能是对称的，因为美元和人民币之间是固定汇率，而美元和欧元之间是浮动汇率。这种不对称使这个"三体问题"变得相当尴尬，但我们会很小心地引导读者认清这个问题。我们通过分析得出结论：全球经济增长需要全球合作政策。潜在的问题还有很多。从零下限利率开始就意味着货币政策受到严重制约。中国可能无法很快改变其经济政策，放弃出口导向型发展战略。欧洲可能不会尽力扩张。在金融观察家宣布即使在利率很低的水平上也已经无法发挥作用之前，美国可能还得被迫继续做受遗赠人市场。而我们预测，到那时会再次爆发全球金融危机。

如同第五章对欧洲合作方案的分析，我们用一个选择来结束本章对合作尝试的分析。本章分析了一个合作解决方案，会让我们想到第一章中提到的失衡的解决方法。然而，如果我们不能实现足够的合作，继续经济苦难的前景便近在眼前。

我们以第二次世界大战刚一结束时的国际经济、东亚的工业化，以及后来 1997 年的东亚金融危机为背景展开分析。那场危机为美国和中国的当代关系发展提供了一个重要的背景。

第二次世界大战结束后的十年中，世界分成三个阵营。第一世界包括欧洲、美国和前盎格鲁 - 撒克逊的殖民地澳大利亚、新西兰和加拿大。第二世界由共产主义国家组成，领导者是苏联和20世纪40年代末开始由毛泽东主席领导的中国。第三世界包括南亚（包括印度、巴基斯坦和印度尼西亚）、拉丁美洲和非洲等后殖民政权，有时候还包括从未成为殖民地的泰国。日本则很难归类于这三个阵营。

第一世界和日本是工业革命唯一光顾的地方，也是18世纪末由英国开始的、生活水平不断提高的这一伟大进程中的参与者。我们在第二章讨论了这一过程，并在第四章描述了这一过程向美国的延伸。1945年，经过了两次世界大战的欧洲已是强弩之末，把自己的任务定位为再创19世纪末那种伟大的扩张时期。而凯恩斯认为这种可能性早已从25年前签订《凡尔赛和约》起就不存在了。这一愿景引导欧洲开始了以德国为核心的重建，这是我们在第四章和第五章讨论过的最初由美国领导的一个项目。后来又有一批也曾是大英帝国殖民地的国家，如澳大利亚、新西兰、加拿大加入该项目，后来日本也加入其中。这是一项巨大的工程。

第二世界认为自己独立于这个第一世界项目之外。这个国家集团致力于按照马克思的思想建设共产主义。这也是一项巨大的工程。但20世纪80年代经济增长停滞，随着1989年柏林墙的倒塌和一年后苏联的解体，共产主义在欧洲分崩离析。与此同时中国开始了它的伟大改革历程。

第三世界认为自己的未来与第一世界和共产主义世界都无关。第三世界的未来将建立在自力更生和独立于其他阵营的基础之上。许多人乐观地认为这第三条道路可能会成功。曾经有一段时间，印度正在进行的内向型工业化模式看似就是这一国家阵营的未来。这个巨大的新国家使用苏联工程师建造的钢铁厂里生产的钢铁自己制造产品。这种生产方式与第二世界不同，也不提倡西方式资本主义的发展。基础设施是印度的前宗主国英国遗留下来的，新的技术将会由在几百年的复杂文化基础之上成长起来的、受过良好教育的中产阶级提供。印度市场会受到严密保护以免受来自外国的竞争。

拉丁美洲也兴起了类似的反对帝国主义的发展方式，其促进增长的政策也是以打造基于国内市场的工业化为理念，保护国内生产免受来自全球的竞争。以坦桑尼亚为首的非洲社会主义国家走的是与南亚和拉丁美洲这些新的发展方式相关的另一条路。但这个第三世界的梦想没能持续，因为内向型工业化发展被证明非常低效。在通胀率很高的 70 年代，美国以很低的实际利率到处放贷，但是在 20 世纪 80 年代初却突然终止了这种做法，于是伴随着拉丁美洲的债务危机，这个梦想最终破灭。

第一世界的黄金时代也在 1971 年结束。同年的宏观经济危机导致布雷顿森林体系崩溃。我们在第五章讨论了宏观经济政策在重建通胀目标制时经历的渐进过程。最初这个制度的重建是在美国的保罗·沃尔克和英国的玛格丽特·撒切尔的领导下进行的，他们共同制定了控制通胀所需要的紧缩的货币政策。20 世纪 80 年代初，这些政策带来的高利率导致拉丁美洲出现债务危机，致使第三世界经济大发展进程推迟了 10 年的时间。

20 世纪 80 年代中期，高增长态势已经开始出现在一个新的世界区域：东亚。20 世纪 90 年代中期，这一新的发展态势变成了"亚洲奇迹"。这一奇迹之所以发生是采用了世界另一个地区的经济增长模式，即外向型工业化模式。这种模式起源于 19 世纪的英国，尤其是 1945 年以后被德国和日本所用。

德国持续采用这一外向型的发展过程已经有近一百年的时间。在这段时间里，德国社会和政治的发展重点都放在以最佳生产方式为世界制造现代工业产品：汽车、其他运输设备、机床、相机和其他先进的技术产品。为了培训这些行业的从业人员，德国制定了有针对性的教育体系。第二次世界大战以后，德国就开始致力于以这种方式重建德国。在国外，充满活力的德国工业通过出口为全球市场服务。在国内，全国人民节衣缩食为未来工业发展投资，并为世界市场生产商品。

日本的发展与此非常类似。19世纪60年代以前这个国家与西方毫无瓜葛。19世纪末被迫开放经济后，日本开始系统地向工业化国家学习。首先是向英国学习，日本最早的工业领导人都是在格拉斯哥大学接受教育，然后是向美国和德国学习。日本出口的产品，最初在世界市场上被视为不合格产品，后来却逐渐走上了领先的地位。到20世纪70年代，日本的汽车工业、交通运输业和其他重工业行业都成了世界领先行业。与德国一样，日本将这些产品销往世界市场，并在国内节衣缩食以保证后续的可持续性。

20世纪80年代中期，东亚也同样采用了出口导向型经济增长模式。东亚经济的这个非凡转变首先发生在新加坡和中国香港这两个贸易中心。不久之后两个人口都在约4 000万的大国——韩国和泰国——紧随其后。然后是印度尼西亚这个具有一系列岛屿，人口近2亿的大国。15年前，亚洲奇迹能发生在这些地方而不是印度，似乎是件令人惊讶的事情。如我们所见，印度理想的发展模式是像拉丁美洲那样基于内向型的工业化模式。

在这几个发生奇迹的东亚国家和地区里，都成立了保护本土行业免于外国竞争的机构，许多受保护的行业最初都把重点放在供应本土市场。但是，保护本土行业免受进口影响，以及通过行业补贴形式提供金融支持，是为了让这些企业发展壮大后最终生产出能向全球市场出口的产品。而且，为达到这个目的，储蓄和投资占GDP的比例创了新高，从而产生了资本设备以促进生产增长。随着资本存量的增长，人口从农村转移到城镇和大城市。之前，工业革命期间的英国、19世纪的美国，以及第二次世界大战后的欧洲和日本也都有过这种相同的发展经历。

东亚这些国家进入全球经济，为全球宏观经济管理带来了新的挑战。包括东亚在内的几乎所有新兴市场经济体都继续维持固定汇率制度。它们开始工业化以后，没有足够开放的资本市场来利用浮动汇率。后布雷顿森林浮动汇率只是在 20 世纪 60 年代末出现在美国和欧洲，经过多年的经济增长和金融发展，在东亚还没有得到充分施展。此外，东亚国家的决策者一直畏惧浮动汇率，就像第五章所述的那种欧洲人的恐惧心理。他们继续以钉住汇率制将其货币与美元挂钩。这一体系被称为"布雷顿森林第二体系"。1997—1998年东亚金融危机以来，在一些国家实施这种体制已显得尤为重要。

我们来详细阐述一下布雷顿森林第二体系。首先要对东亚金融危机进行阐述，这样会更有帮助。那场金融危机发生的时间距今超过 15 年，与过去几年发达经济体出现的危机有相似之处，也为美国和中国的当代关系搭建了平台。

东亚金融市场的欠发达，特别是股票市场的欠发达，意味着在东亚创造奇迹的过程中，企业需要从银行体系借款。因此，在快速增长的出口部门的投资具有较高的杠杆。1996—1997 年，从泰国开始出口增长放缓，企业无法支付其未偿还债务的利息。随着投机行为对泰国泰铢的攻击，东亚危机于 1997 年 7 月 2 日爆发，导致泰铢大幅下跌，只有前值的大约 60%。这一结果导致大面积破产，逐渐蔓延到银行和金融系统。就像最近发生在美国、英国、爱尔兰等国家，以及发生在西班牙的全球金融危机一样，在这场危机中，泰国政府需要接管破产的银行并维持国家金融体系的运转。这一救援行为使公共债务迅速增加。[①]

韩国也遭遇到类似的危机，到 1997 年的圣诞节，韩元的价值下降到前值的 60%。其他亚洲货币在当年年底也猛烈下跌，印尼盾甚至跌至其前值的 1/4。由于外国投资者对工业和银行业的偿付能力有所担忧，所以发生了投机活动。因为这么多的借贷都是以外币计价且没有对冲，汇率的下跌引发了投资者担心的破产浪潮。这些破产反过来又引发了贷款给破产企业的那些银行的倒闭。②

　　所有这些混乱状态的总体影响就是导致投资的大规模崩溃，泰国、印度尼西亚、韩国和新加坡的投资下降额度达到 GDP 的 10% 左右。其结果，至少在最初阶段，造成典型的凯恩斯式经济衰退。投资直线下降，消费也随着收入下降。

　　经济活动的衰退导致税收收入的骤减。由于担心财政体系无法承担大规模银行救援的成本，主权债务也受到了攻击。因此，不仅爆发了金融危机和货币危机，也由此爆发了主权债务危机。如我们在第五章所述，目前欧洲正交织上演着这三种不同类型的危机。③

　　国际货币基金组织在解决亚洲的危机中发挥了很大的作用。它动作迅速，向泰国、韩国和印度尼西亚注入大量的资金。国际货币基金组织的这次行为在危机前后都遭到广泛批评，这些批评值得我们重新回顾。国际货币基金组织要求那些寻求其支持的国家实施积极的财政和货币紧缩政策。正如国际货币基金组织在对此次危机的总结中承认的那样，对那些已经实施了紧缩财政政策的国家，还要求它们紧缩预算是有点过分了。国际货币基金组织属下的独立评估办公室对其在东亚危机中的表现进行评价时，给予了同样的批评。斯坦利·费舍尔（Stanley Fischer）是该组织当时的第一副总裁，他认为这种做法是基于一个过于紧缩的错误政策，想通过增加政府储蓄为经常项目的收支平衡和银行重组所需的成本提供支持，以便给市场发出一个明确信号。费舍尔指出，一旦东亚经济下滑规模明朗，经常项目收支平衡情况有改善，国际货币基金组织就会放松这些要求。④

　　此外，货币政策在试图对货币进行保护时，也会大幅收紧。当然，在提高利率以调节汇率贬值与降低利率以缓解银行体系和依靠国内信贷的企业的压力之间不可避免要做出权衡。但许多观察家认为紧缩要求太过强硬。在当前全球金融危机时期，国际货币基金组织建议的紧缩财政政策和货币政策，与该组织和各国决策者的行为形成鲜明对比。面对目前的危机，各国政府在2009年初开始实施积极的刺激计划。它们在2009年4月伦敦的二十国集团首脑会议上，采取单独和集体的形式互相协调。亚洲决策者对国际货币基金组织在15年前的行为仍然耿耿于怀。国际货币基金组织当时的行为方式和它在最近危机中的行为方式之间存在着明显差异，即此次的行为方式更符合各国的需要，这更加剧了亚洲决策者的不满。⑤

国际货币基金组织在亚洲金融危机期间没有正式宣布止付外债。在企业破产中，债务止付会迫使债权人共同分担危机的成本，并同意对债务进行合理的重组。在货币危机的背景下，止付机制同样会对外国的私有债权人进行"救援"，债务重组也可能会把债务降至可持续水平。在泰国、韩国、印度尼西亚等国家并没有实施止付机制，所以那些债权人便争相从这些国家撤资。韩国和印度尼西亚与债权人进行了谈判，确保了一些短期贷款的过渡，其效果与止付机制类似。但问题是这个做法实施得太晚且不够系统。而在其他国家，根本没实施这种做法。

因为国际货币基金组织没有命令实施止付机制，反而借给这些国家大量资金，试图减轻外国债权人的担忧并遏制资本外逃，这种策略导致其援助项目数额飙升。通过这种方式，国际货币基金组织把东亚从灾难中拯救出来。国际货币基金组织的独立评估办公室写道："没有任何一个国家的政府，也没有任何私营机构，可以发挥如此有效的作用。"但国际货币基金组织只是救助了那些借贷给东亚国家的华尔街银行，而没有鼓励它们延长对亚洲的贷款期限。它没有对东亚各国政府进行救助。相反，是国际货币基金组织的贷款使各国政府得以救助那些公司和借钱给公司的银行。这反过来又救了把钱借给东亚各银行的华尔街银行。结果是，公共资产负债表上对华尔街的欠款变成了对国际货币基金组织的欠款。实际上，这个负担转嫁到纳税人身上，由这些人继续承担了这笔债务负担。当然，第四章和第五章描述过的这同一个过程在当前危机中再次出现。[6]

在 2010—2012 年的欧洲金融危机中无法鼓励私人债权人扩大资产组合仍然是个问题。安妮·克鲁格（Anne Krueger）在 2011 年接任费舍尔在国际货币基金组织中的职位，她为各国提出了一个破产或停滞的程序：主权债务重组机制。美国财政部和金融市场都反对这一提议，理由是，它会产生自由债务人道德风险。在后来被称为"泰勒主义"（以美国财政部负责国际事务的副部长约翰·泰勒命名，他还提出了"泰勒规则"）的指导下，美国政府认为应该让各国自己与它们的债权人谈判。但只有当外部债权人的数目不多时，这种方法才是可行的。[7]

为了帮助解决这一问题，美国支持将集体行动条款引入商业债权人债券合同中。这些条款可以防止恶意债权人在重组谈判中从债券发行人手中获取溢价。如果同意这些条款的债权人比例达到预先规定的最低标准，就将通过强制重组来执行。然而，它们并没有提供用以指导借款人和贷款人之间的损失分配框架，而这是任何重组都不可缺少的部分。没有明确这些损失如何分担的办法，便仍然无法就欠商业债权人的债务举行重新谈判，欧洲目前的金融危机就是这种状况。

面对偿债问题，债务国需要从官方渠道（包括国际货币基金组织，其债务比其他外部负债级别更高且不可调度）借钱偿还私有债权人。因为私有债权人认为这方法可行，泰勒主义的做法进一步推动了债权人的道德风险。我们在前一章的讨论已经表明，尽管提出这一方法是为了减少债务人的道德风险，却使欧洲问题的解决变得更加困难。[8]

亚洲大部分地区的经济复苏，特别是在泰国、韩国和马来西亚，都经历了名义汇率和实际汇率的急剧贬值。这些贬值刺激了出口的快速增长，取代了损失的国内需求。结果是从危机中快速复苏，带来 21 世纪初经济的强劲增长。货币贬值是恢复措施的核心部分。这与我们第五章详细讨论的欧洲从危机中复苏所遭遇的困难形成很大的反差。

对东亚危机的回顾，为讨论中国崛起奠定了基础。中国当然比 1997 年遭受危机的任何一个经济体都要大得多。20 世纪 80 年代末，中国通过发展出口导向型经济开始了工业化进程，并在 20 世纪 90 年代末成为世界舞台上的一个重要角色。中国在金融危机的时候，并没有进行货币贬值，而是始终保持与美元的钉住汇率。然而，从 1998 年开始一直到 2002 年，中国经历了一段明显的通缩时期。通缩导致中国实际汇率急剧贬值。中国随后严格保持钉住汇率，并在竞争中获益。外国直接投资促进了技术的快速进步，进一步增强了这一效应。中国的竞争地位得到极大的改善，带来中国出口的快速增长。[9]

东亚危机爆发后的十年间，东亚发展的显著特点是将出口导向型复苏战略转变为出口导向型增长战略。出口的快速增长使所有这些经济体，特别是中国，产生了大量的生产性就业，吸收农业中大量剩余劳动力进入城市，解决了在发展中遇到的挑战。

一个关键的问题是，为什么快速增加世界市场销售的战略成为首选，而不是选择依赖于建立国内投资和消费的战略？这种选择有几个原因。首先，公共政策鼓励以备未来之需的储备积累，即对抗未来可能发生危机的自我保险战略。这可以解释最初几年的政策，但从长远来看就不是一个令人满意的解释了。亚洲总储蓄率很高，尤其是中国，反映了结构转型缓慢和人口情况，这其中包括相对较弱的社会保障和养老保险制度。尽管危机已经过去十年，但除了中国这个非常重要的例外情况，亚洲那些危机经济体的国内投资率仍然大大低于危机前的水平，部分原因是金融市场不发达。亚洲的一些主要新兴市场国家，尤其是中国，有意追求出口导向型增长战略，因为它们可以运用全球最佳实践技术制造产品，将其销售到有需求的全球市场，而不必建立国内市场。最近的几项研究表明，发展中国家中净出口国的增长记录始终优于净进口国。[10]

建立一个简单的宏观经济模型，有助于我们弄清楚在东亚金融危机之后世界的发展状况。有些国家实施的是类似布雷顿森林体系的钉住汇率制度，即我们熟知的布雷顿森林第二体系，我们想要弄清楚在这种情况下世界是如何运行的。要做到这一点，最好的方法就是将所有的二十国集团中的高收入国家视为一个国家，我们称之为"美国"，把世界上其他的经济体视为一个东亚经济体，我们称之为"中国"。我们利用第五章介绍的简单的两国模型帮助我们思考全球经济问题。当然，世界上的国家数量比欧洲多很多，但是我们设想的只有两个国家的世界可以解释我们要表达的基本思想。本章的分析一共分三个步骤，对这一模型的分析是第一步。

正如我们在前面各章中指出的，经济政策有两个目标：没有通胀的情况下实现充分就业以及保持可持续的国际收支平衡。我们把这两个目标称为内部和外部平衡。现在要用我们想象的世界模型去理解，在亚洲危机之后的十年中，我们设想的两个地区构成的世界如何产生了令人满意的产出水平和经济增长，同时它们之间的外部平衡也能逐渐建立。正如我们第一章所述，有两个因素决定这两个目标是否能达到：经济的竞争力和商品的国内需求。

自布雷顿森林体系崩溃以来国际资本流动性的增长，并不要求各国每年都保持国际收支平衡，因此借贷才能成为可能。但当国际债务变得很庞大时，外国债券持有者可能会担心东道国是否有能力偿还。如果他们认为借款国可能存在还款困难，就可能会尝试抛售自己持有的份额，由此可能引发债务危机。如第五章所述，2010 年的希腊，以及随后的其他南欧国家都出现了这种情况。当这个世界的某一部分遵循的是布雷顿森林第二体系哲学时，类似的情况就会在世界更大范围内存在。

在布雷顿森林第二体系这个简单的模型中，世界只追求两个目标，即美国的产出水平（或者说是产出增长）和中国的产出水平（或者说是产出增长）。我们要探讨如果不以国际收支平衡为目标会是什么局面，我们也会论述出现失衡的原因，然后说明纠正这些失衡需要采取的措施。

在我们的简单模型中存在两个世界层面的政策工具。第一个是中国和美国之间的汇率，这是中国决策者制定的固定汇率，因为他们实施的是布雷顿森林第二体系的运作模式。第二个是世界的利率水平，这是纽约制定的。开放的国际资本市场使这个利率在世界各地的水平即使不完全相同也基本一样。要注意，这个模型是把货币政策而不是财政政策作为第二个政策工具，这与第五章的模型稍有不同。这是因为欧洲货币联盟执行的是完全固定汇率，决策者不可能在不同的国家设置不同的利率。我们第五章讨论的欧元区要对需求做出调整，财政政策成为必要工具。相比之下，在布雷顿森林体系崩溃以后的全球经济中，货币政策正如我们解释的那样已经成为制定经济政策的核心考虑。我们适时加上了财政政策工具，思考如何纠正由此产生的外部失衡问题时它起着很重要的作用。[11]

因此，我们在假设的这个世界中设置了一个条件，汇率被设置为其中一个地区，即中国的政策工具，而利率水平为另一个地区，即美国的政策工具。我们现在来说明如何利用这些工具在东亚危机后的十年中确保美国和中国的内部平衡。[12]

在这个世界中有两个可用的政策工具和两个政策目标。正如第五章讨论的两国模型一样，我们需要将这些放在一起统筹考虑。重要的是要记住，中国汇率的变化会在不引起通货膨胀的情况下改变其竞争力水平。人民币相对于美元的贬值会提高中国的竞争力，也会增加中国对美国的出口，减少从美国的进口。这一系列的事情将促进中国的经济活动，而对美国会产生相反的效果。

在这种情况下，两个国家都会使用自己的宏观经济政策追求自己的内部平衡目标。中国的决策者为了增加就业，就会通过降低汇率、鼓励出口、抑制进口等手段让经济更具竞争力。相反，要减少就业，中国的决策者就可以提升汇率。同样，美国要增加就业，纽约的决策者可以降低利率，鼓励国内消费和投资。美国要减少就业，就可以提高利率。

然而，事情并没有到此结束。中国决策者设定的汇率对美国的就业也会产生影响。人民币的进一步贬值会导致美国出口减少、进口增加，所以会减少美国的就业。即使中国实行资本管制，国际资本市场的跨国整合也会使中国很难游离于纽约设定的较低利率水平之外。因此，美国决策者在纽约设定的利率将影响中国的就业水平，除非通过资本管制消除这一影响。较低的世界利率水平会增加中国的就业，反之亦然。

要想弄清楚这个由两个国家构成的假想世界是如何运行的，最简单的方式就是把这个模型应用到1997—1998年东亚金融危机之后的现实中去。东亚经济最初的国内需求水平很低。它们利用货币贬值使自己变得更具竞争力，并提高了产出水平，也就是说，它们依靠出口导向型增长模式带动自身从危机中复苏。中国不是这种模式，中国是通过国内的通缩和随外国直接投资引进国外的技术，取得了更具优势的竞争地位。正如我们前面所述，东亚国家一直在依赖出口导向型经济增长。

中国的国内需求水平低，表示金融危机后东亚地区的国内需求复苏缓慢，意味着如果中国想要实现资源的充分利用，其汇率就需要贬值。但是，这会降低美国的需求。因此，要想使美国的需求维持在适当的水平，那么相对于根据国内情况设定利率而言，纽约设

定的全球利率就需要降低。这么做最终为美联储提供了方便，因为
当时网络经济正如火如荼，这使在无须提高利率的情况下防止美国
出现通胀热潮成为可能。但是 2001 年底网络经济崩溃之后，情况发
生了变化。这一崩溃意味着美国需要降低利率，以保持经济持续增
长，实现内部平衡。利率的这次下降，被人们熟知为"格林斯潘对
策"。如第四章所述，降低利率与减税政策并存，后来又增加了伊
拉克战争的支出。当然，这个低利率对东亚和中国设定非常低的利
率产生了压力，压力导致这部分地区的消费提高，但资本管制起到
了部分抑制作用。

　　这个简单的过程揭示了自东亚金融危机以来世界出现外部失衡
的原因。我们描述的政策，即东亚实际汇率的贬值，以及低利率加
上美国宽松的财政政策等，意味着美国与东亚地区的经常项目开始
出现赤字。

　　请记住，如果美元对东亚货币贬值，就需要东亚国家将本国
货币升值，而东亚国家在这一时期不愿意这么做。美元贬值将有
助于网络经济崩溃后的美国实现需求的复苏，但这种情况并没有
发生。这就是网络经济崩溃之后，美国的利率如此大幅下降的原
因。人民币不升值（相当于美元不贬值），要降低美国利率以增
加美国国内需求，也意味着中国能够通过出口取得经济增长。这
些决策虽然确保了这两个国家经济的持续增长，并保持了内部平
衡，但是忽略了外部平衡。随着 21 世纪的推移，经常项目失衡状
况恶化。这些日益严重的全球失衡状况，是这两个国家追求内部
平衡的直接结果。

　　2004 年左右形势变得更加困难。东亚国家已经完全从 1997—1998
年的金融危机中复苏。从金融危机中复苏以后，这些国家必须防止
自身的低汇率和极低的世界利率水平导致过度的需求。在资本管制
下，它们通过把利率提高到世界水平之上部分实现了这一目的。虽

然我们可以把它们视为中国继续过着实际汇率低估的生活，尽管美国的利率降幅如此之大，但这些结果还是远非简单的模型能够体现的。这一政策行为使中国继续通过出口带动经济增长，从而进一步加剧了全球失衡。

本来可能出现的是与此不同的结果。21 世纪初取得的结果本可能是鼓励美国和中国双双实现内部和外部平衡。这提醒我们应该回顾第五章讨论的德国和西班牙之间的相互作用。在那个讨论中，我们的模型有可能会确定如果德国和西班牙都实现内部和外部平衡，它们之间需要的真正汇率应该是多少。然后我们可以确定德国（和西班牙）需要的财政状况，我们特别说明了需要在德国怎样进一步纾解这种状况。在这里我们可以用类似的方式思考。

21 世纪初东亚货币进一步升值，东亚地区的内部需求增加，同时美元进一步贬值，这意味着美国要实现内部平衡并不需要把利率降这么低，因为可能会通过改善经常项目状况使经济从网络经济崩盘中复苏。当时的美国经常项目赤字大约是其 GDP 的 4%，是当时历史上前所未有的低水平。通过美元贬值带来的这一外部赤字的大幅下降，有助于缓和网络经济崩溃后的经济形势，而不需要采取这样的低利率政策。

约翰·泰勒认为从 2002 年开始利率设置得太低。他认为如果美国的决策者在制定利率时能遵循类似于他的"泰勒规则"的话，美国的利率就不必降得那么低，而且经济也会比实际情况更快地提升。然而，在美元没有大幅贬值的情况下遵循一个预先设定的"泰勒规则"来制定政策，必将导致经济衰退，也可能导致通货紧缩。它必定会给"大缓和"画上句号。降低利率正是为了避免这种衰退，并使"大缓和"继续下去。也许实际需要的就是一项紧缩性政策。但是很难弄清楚的是，在 2001 年 9 月 11 日之后，通胀仍然在可控范围内，格林斯潘为什么会宣布"这是必须经历的经济衰退"，并故意造成内部失衡。如果美元能够贬值，事情可能会大为不同。[13]

　　美国和其他地区的政策结果互为因果。全球失衡是这两个地区追求充分就业的结果。全球失衡不只是中国的储蓄和中国政策的结果，也不只是"格林斯潘对策"造成的。美国和中国的决策者都在追求各自的充分就业目标，它们共同造成了全球失衡。很显然，这个体系确实导致全球失衡。正如我们第四章讨论的那样，尽管它在后来的几年维持了经济增长，但是它造成了金融的脆弱性，从而导致全球金融危机的爆发。本章的最后我们要讨论恢复内部和外部平衡所需要的政策。

　　我们在第五章强调了中国和美国的发展经历以及与欧洲发展经历之间的关系。两者的轨迹既有实质性也有方法性意义，同样的思考推理之后我们明确了这两个地区所需的政策。要完成我们的分析，需要把这些发展经历结合起来。我们自然而然就会想到美国与欧洲的亲密关系，并因此建立了两者之间的联系。这个联系很复杂，因为即使一些国家遵循布雷顿森林第二体系，另一些国家采用的却是浮动汇率制度。欧洲发达国家之间的汇率是固定的，但它们与世界上其他国家之间却保持了浮动汇率。

　　因此，我们看到以下不对称的情况。在东亚和欧洲，各国彼此都采取固定汇率制度。亚洲遵循的是布雷顿森林第二体系，在欧洲是欧洲货币联盟。美国与这两个体系都有联系，但是方式不同。鉴于中美之间是固定汇率，因此在这个关系中美国就是布雷顿森林第二体系中的一部分。但由于欧洲一直利用货币政策实施通胀目标制，同时与美国之间又实行汇率浮动，因此这两个地区之间的关系就像第五章描述的后布雷顿森林体系。我们需要考虑的是，在这个后布雷顿森林体系中，美国和欧洲的利率水平是为了确保在这两个地区都实现资源充分利用，这两个地区之间的浮动汇率调整是要确保它们的利率基本一致。

这种不对称的关系使世界经济难以理解。然而，我们需要做出这方面的努力，因为这项分析有助于我们了解中美关系的变化对美国和欧洲会产生怎样的影响。虽然这有助于我们理解第五章的分析和本章的分析之间的相似性，但是它们并非存在于平行的宇宙中。它们在同一世界共存，我们需要努力从整体上去理解世界经济。

把当前的讨论视为第五章叙述的欧洲历史的重演可能会有所帮助。我们在欧洲历史上看到了布雷顿森林体系的终结，以及随之而来的汇率混乱。这一阶段在欧洲持续时间不长，但欧元与美元之间的弹性汇率保持不变。在第五章，我们并没有深入探讨欧元的对外关系，只是指出了自1998年欧元创建到目前全球金融危机这段时间内，欧洲央行在稳定欧洲经济和欧元的价值方面做了值得称赞的工作。我们需要更深入地探讨弹性汇率机制的运作情况，以便把这一章和前一章的内容联系起来。

正如在第一章所做的那样，我们这次会更详细解释固定汇率和浮动汇率的不同，将比前一次揭示出更多细节和亮点。对技术细节不感兴趣的读者，可以跳过这部分分析直接看234页的讨论，看我们说的"'大缓和'戛然而止……"的那个句子，那是我们通过下面的分析得出来的结论。

我们要开始用一些复杂的经济推理解释世界经济互相适应成为一体的原理。我们要考虑三个地区，而这些地区之间的联系呈不对称状态。跟以前的模型相比，这些模型并没有增加难度，但对于非经济学专业人士来说，推理的数量却可能令人生畏。简单地说，问题在于欧元与美元之间的名义汇率是不固定的，它不是由政策而是由市场决定的。结果是各国都失去了一个政策工具，一方面令情况更简单，而另一方面却更复杂。[14]接下来的讨论就是基于这种差异，但是论证的要点应该很明确。

在我们开始讨论三个地区的世界之前，先考虑一下只有两国的世界模型中存在的情况，这一次这两个国家是指美国和欧洲，它们之间实行的是浮动汇率。在这个世界里，每个国家都以稳定通胀为目标，在实现这一目标的基础上实现资源的充分利用。在追求这些目标时它们都使用自己的利率政策。对这一模型的分析是本章三步分析中的第二步。

在布雷顿森林体系以后的浮动汇率制度下，人们开始认为国家间（在我们这个简单的示例中指美国和欧洲之间）的国际收支平衡不是政策目标，因为国际资本市场已经变得如此高度一体化，而且实行的是浮动汇率。人们认为最重要的是一个国家的长期偿债能力，因为在短期内，各国都能够借到足够的款项来支付国际资本市场的任何流动性需求。人们认为，在浮动汇率制度下，金融资本的私人持有者总会将汇率推到一个符合该国长期偿债能力的点位上。如果金融市场没有按这种方式进行汇率变动，投资者就会觉得汇率水平不合适，在未来的日子里也得按此改变。这样汇率就会面临压力，要按照资本的私人持有者认为的与该国未来偿债能力相适应的合适水平进行改变。

在这种情况下，每个国家都可以被认为只有一个目标：达到充分就业水平。由于资金的流动和浮动汇率的关系，国际收支水平可以搁置一旁。人们认为，汇率会达到资本的私人持有者认为的与该国未来偿债能力相适应的水平。与欧洲现状不同，或者说也确实与布雷顿森林第二体系不同，汇率是自由浮动的，可以帮助带来任何需要的调整。在这种情况下，外部平衡不再是问题。

尽管只是假想的只有两个国家的体系，但也是一个全球性的体系，现在它只有两个目标：这两个国家都要充分利用资源（即两个国家都实现内部平衡）。鉴于两个国家都可以自己操纵利率，这个体系中很显然就有两个工具。所以看起来这就像有两个工具和两个目标的体系。

由于资本国际流动性很高，因此各国彼此之间的利率不可能有很大的差距。如果它们的利率不同，就会因为寻求最高回报而导致国际资本的大量流动，从而导致汇率的巨大波动。真实的情况必须是改变各国之间的汇率，以使不同国家的利率水平基本相同。因此，对于整个体系来说，实际上只有全球利率这一种货币政策工具，但额外存在一个"自由"变量：各国之间的浮动汇率。

这是一个特殊的有两个工具、两个目标的体系。在这个体系中，模型中的两个国家之间的汇率以蒙代尔和弗莱明提出的一种非常特别的方式与这两个工具相适应。不管怎样，把这个体系想象为两个工具、两个目标的体系会很有帮助。每个国家都有两个目标：充分利用资源和利率。充分理解这些政策目标以及用来影响它们的工具之间的关系非常有益。这个两国式体系的运行机制可以再次被视为第三章和附录中描述的一国式斯旺曲线的翻版。

在这个世界中，有两个可用的政策工具。每个国家都可以使用它自己的宏观经济政策，即利率政策，来追求自己的内部平衡目标。但我们最终得到的结果却是，两个国家要实行同样的利率以避免大量的国际资本流动。我们在前面曾指出汇率会朝着这个结果变化，我们现在来解释为什么会这样。要明白这一点，很重要的是要记住在没有通胀的情况下，一国的汇率变动会导致其竞争力的变化。因此，欧元相对于美元的贬值提高了欧洲的竞争力，增加了对美国的出口，减少了从美国的进口。这会促进欧洲的经济活动，而对美国的影响正好相反。

这个想象出来的两国世界是如何运作的？最简单的理解方式，就是分两个阶段去思考。首先假定美国和欧洲的经济活动水平基本相同，都没有充分发挥其能力。然后，这两个国家的货币当局都想降低利率，降幅也基本一样。反过来，如果美国和欧洲的经济活动水平都太高且有导致通胀的危险，那么这两个国家的货币当局就都会想要提高利率，提高幅度也基本一样。因为这两个国家的利率变动幅度大致相同，这些政策行为就不太可能给美国和欧洲之间的汇率造成任何变化。事情就这么简单。

现在假设美国的经济活动水平太高，而欧洲的经济活动水平太低，但它们的高低幅度基本相同。那么，美国货币当局就希望提高利率，而欧洲则希望降低利率。资本将从欧洲流向美国，这样就会因为浮动汇率导致欧元相对于美元贬值。但我们前面已经提出，这种汇率变动将导致美国的经济活动水平下降，欧洲的水平提升。汇率会调整到一定水平，使商品需求从美国向欧洲转移，而转移的需求量刚好能够满足货币当局为这两个区域设置相同利率的水平。于是我们得出结论：货币政策与欧元对美元汇率的结果是互为因果的。

该体系的运作方式与之前讨论的布雷顿森林第二体系的运作模式有很大不同。在那个体系中，一个国家设定汇率而另一个国家设定利率，两个国家的目标都是要实现内部平衡。而且，因为实行的是固定汇率制度，政策既需要纠正内部需求也要纠正汇率水平，也就是说，既需要支出调整政策，也需要支出转换政策。我们现在谈的是浮动汇率制度下的情况。每个国家都设定自己的利率，目的还是要实现内部平衡，而汇率变动是促成实现该目的过程的一部分。

两国的政策结果互为因果。假如美国的汇率和其他所有因素都保持不变，决策者们设定美国的利率是要确保充分就业，即在美国实现内部平衡。假如欧洲的汇率和其他所有因素都保持不变，决策者就会设定欧元利率以确保欧洲的充分就业。但开放的国际资本市场意味着，这两个地区的利率最终会相同，这是由汇率变动决定的。如果欧洲决策者需要提高目前为实现欧洲内部平衡设定的本地区的利率水平，资本就会从美国流入欧洲，导致欧元对美元升值，使欧洲的竞争力降低而美国的竞争力提高。而只有当升值的欧元降低了欧洲的需求，刺激了美国的需求，欧洲决策者希望设定的利率与美国的利率完全相同的情况下，这样的汇率变动才会停止。

因为要确保两个区域之间达到令人满意的外部平衡状态，这一体系不再受到任何约束。在这样一个体系中，可以通过财政政策纠正外部平衡，浮动汇率会有助于纠正这种赤字状态。在欧洲，或在美国和中国之间都不会出现我们描述的那些困难。在一个有这种外部赤字的国家，可以通过收紧财政政策减少国内需求。这种情况下，降低利率就是货币政策的任务。但是，这会导致货币以前面描述的方式贬值，吸引外国对该国的需求以使外部失衡得到纠正。外国利率下调。世界最终的结果就会像希望的那样，这两个国家都实现内部平衡，但这会使该国变得更有竞争力，并纠正这两国之间的外部失衡。这看起来好像很复杂。设计这个体系的目的是为了说明我们描述的欧洲和布雷顿森林第二体系遭遇的困难为什么没有在汇率浮动的世界里出现。

在这个体系中美国和欧洲的决策者都能够实现他们期望的目标，浮动汇率机制是他们实现这种目标的可用工具。要做到这一点，双方的决策者也不必通过合作的方式。麦克斯·考登（Max Corden）曾经把这个结果形容为国际货币"非体系的体系"，这里的"非体系的体系"是一个赞誉的说法。[15]事实上，在 20 世纪 80 年代初，通货膨胀仍然是一个问题，人们一度对国际宏观经济政策合作很感兴趣。人们担忧，某个国家可能会尝试通过汇率升值的手段，使用紧缩的货币政策来降低通胀率，从而获得更廉价的进口，并通过出口提价向其他国家输出通货膨胀。大家认为合作可能会防止这一情况的发生。但随着全球通胀问题在 20 世纪 90 年代的消失，这一担忧也消失了。[16]

我们现在转向由美国、东亚和欧洲构成的三个区域的体系。我们对这个三体问题模型的分析是本章三步分析法的第三步。在这个世界里，东亚和其他地区之间的关系如布雷顿森林第二体系描述的那样。相比之下，美国和欧洲两个地区之间实行的都是针对通胀目标的货币政策，且实行浮动汇率。

我们勾画出这个三个区域的模型版本。在这个模型中，虽然美国和欧洲设定了不同的利率，但是按照前面讨论的后布雷顿森林的"非体系的体系"方式，通过调整两个区域之间的汇率，会使这些利率最终趋于基本一致。但对于东亚来说，汇率被设定为政策工具，而由于开放的国际资本账户，利率却与美国的利率相同。下面我们用"中国"作为东亚的代名词，这样我们的三个区域就成了美国、欧洲和中国。

现在有了三个政策目标，即这三个地区都要实现内部平衡。有三种工具：美国利率（纽约设定）、欧洲利率（法兰克福设定），以及人民币与美元的汇率（中国设定）。如上所述，我们设定的三区域世界意味着有一个额外的汇率，即欧元与美元的汇率。在两国式的"非体系的体系"中，这个汇率是浮动的。美国和中国之间的汇率就像美国和欧洲之间的汇率一样，现在会影响所有三个地区的产出。与以前一样，每个地区的产出水平都取决于有着地区之间贸易关系的另外两个地区的产出水平。最后，开放的国际资本市场意味着欧洲的利率与美国相同，与中国基本相同。但这属于更大范围内的布雷顿森林第二体系。由于人民币与美元的汇率是固定的，中国和其他地区之间的外部平衡，以及每个地区的产出水平，仍然都是问题。

现在，可以操纵这个体系中的三个工具以使这三个地区的产出水平能够实现各自的充分就业，但前提是美元与欧元的汇率变动能符合要求，保证美国和欧洲的利率相同。除了（有限的）资本管制的影响之外，人民币与美元的固定汇率以及开放的国际资本市场，会使中国的利率与美国的利率基本相同。

东亚危机后，东亚的需求有所减少。我们用这个模型来研究这种背景下的形势。在这种情况下，中国使人民币对美元贬值。这么做降低了美国和欧洲的需求水平，意味着这两个地区的货币当局需要完全按照我们之前讨论的布雷顿森林第二体系的方式降低其利率。东亚地区的贸易平衡和经常项目顺差得到改善，而美国和欧洲在这两方面却都在恶化。

欧元对美元汇率的变动取决于世界的各种不对称性。我们可以想象一种非常对称的情况，欧元对美元的汇率根本不需要改变。同样，如果由于中国竞争力提高造成的对欧洲商品的需求减少，与世界利率水平下降引起的对欧洲商品的需求增加完全匹配的话，也是一种对称。欧洲的贸易平衡也取决于相关的不对称性。如果这个体系就像我们上面想象的那样是对称的，中国贸易平衡的改善将以牺牲美国和欧洲为代价。这个分析说明了出现全球失衡的原因。正如之前叙述的布雷顿森林体系简单的运作过程一样，这些失衡需要加以纠正。

我们可以用这个模型预测，如果作为一个整体的欧洲储蓄增加，情况会怎样。我们在第五章讨论了德国在金融危机之前的十年间实行的紧缩政策如何导致了欧洲储蓄的增加。我们还讨论了"欧猪五国"实施的紧缩政策如何让整个欧洲实行这样一项高储蓄政策。这种储蓄的增加会降低欧洲的利率，欧元会对美元贬值。因此，美国政策当局也需要降低美国的利率，其结果就是欧元贬值，欧洲和美国都降低利率水平。欧洲经常项目盈余，美国经常项目赤字。

在这种情况下，人民币对美元的汇率将如何变动也取决于世界的诸多不对称性。我们可以想象一种非常对称的情况，那就是人民币对美元的汇率根本不需要改变。同样，如果欧洲竞争力的提高造成的对中国商品需求减少，与欧洲和美国利率下降引起的对中国商品需求增加完全匹配的话，也是一种对称。在这种情况下，中国就不需要改变人民币对美元的汇率来确保中国的充分就业。

　　把这两种情况放在一起就会出现所有这三个地区都实现充分就业（和增长），但是全球处于失衡状态。中国的低需求水平导致中国和世界其他地区之间的经常项目盈余。但是欧洲的高储蓄意味着欧洲没有出现赤字。中国的盈余主要是以牺牲美国为代价。这是美国赤字的由来。

　　1998年亚洲金融危机以后到2008年开始的全球金融危机这段时期被称为"大缓和"时期，我们就是对这一时期的世界运行机制做分析性描述。这一时期之所以有这个标签，是因为即使美国的经常项目出现了赤字，一切似乎都还发展得那么好。在这种混合的全球体系中，不需要国际合作来确保所有三个地区资源的持续充分利用，在布雷顿森林第二体系中是这样，在浮动汇率的国际货币非体系中也是这样。这仍然是麦克斯·考登说的"非体系"（我们之前用它描述美国和欧洲之间的关系），这种非体系仍然是一个"好东西"。在这个世界里，利率是美国和欧洲设定的，美国和欧洲之间的汇率调整是为了使两个地区的利率基本一致。但人民币与美元之间的汇率是中国控制的政策工具。这种混合的制度使所有三个地区的产出都可以实现其目标水平。在现实中，这样一个混合制度意味着全球增长可能在所有这三个地区发生。这就是"大缓和"这个词如此恰当的原因。"大缓和"期间，国际货币体系很不协调，世界的部分地区在实行浮动汇率而其他地方则不是。但是2008年以前，宏观经济的产出增长（和通货膨胀）结果还很正常。

　　然而，这个世界体系给美国经常项目带来了庞大的赤字。这也导致全球利率水平非常低，使金融状况不堪一击，最终导致全球金融危机。如第四章所示，许多国家都跟美国一样，其大部分收入增长都在金融部门。有规律的增长看上去更像是向富人转移，因为纳税人不得不偿还危机期间政府承担的债务。[17]

　　缺位国际储备货币体系（以及国际储备以美元持有），对如此

令人满意的增长率来说并没有构成障碍。由于东亚的需求水平低
（在我们的模型中用中国表示）和由此产生的东亚经常项目盈余，
东亚正在积累大量的国际储备。事实上，东亚准备持有越来越多的
美国国债，法国戴高乐将军曾称之为"嚣张的特权"。这是"大缓
和"造成的结果。[18]

随着全球金融危机的到来，"大缓和"戛然而止。决策者现在
的任务是保护世界经济从危机中复苏，如同 1944 年第二次世界大战
后决策者要确保大萧条不再发生一样。现在的全球经济与"大缓
和"时期的经济发展有明显不同。它面临着一系列挑战，对此我们
会进行详细探讨。

这场危机迅速导致全球经济活动发生了一次大衰退。1946 年在
佐治亚州的萨凡纳推出了布雷顿森林体系，当时凯恩斯做了演讲
（见第三章）。这是自那时以来发生的最大一次衰退。事实上，这是
大萧条以来最大的衰退。世界领导人对这一危机的第一政策反应显
示了高水平的国际合作。这次合作从 2009 年 4 月在伦敦召开的二十
国集团首脑会议开始。此次峰会上达成的降低利率和大规模财政扩
张的共识，在防止此次金融危机变成另一次大萧条中起到了重要作
用。1944 年布雷顿森林会议的与会者对这种合作也一定会赞赏
有加。[19]

自 2009 年底开始，从危机中复苏就一直在进行中。这一复苏需
要与 2009 年 4 月伦敦峰会达成的截然不同的宏观经济合作。当时的
任务是刺激世界经济，防止全球经济崩溃，对此很容易达成共识。
现在的任务是在比危机之前更困难的形势下保持全球经济增长。许
多国家的财政政策已经到了极限。世界继续拥有三个目标：美国、
欧洲和东亚的产出增长。但全球利率在 2008 年末达到零的水平，使
现在的形势与前面描述的形势大为不同。已经没有三种政策工具可
用来实现这三项政策目标。全球失衡问题依然存在。要想解决这些

政策挑战，需要实行在"大缓和"时期完全没有必要的国际合作。这就是世界面临的任务。

政策面临的挑战如下。二十国集团中的发达经济体仍在去杠杆，私人支出相应下降。中东政局不稳定和其他一些情况导致油价高企——一度高达每桶 100 美元。第五章介绍了欧洲货币联盟危机如何导致"欧猪五国"和其他国家的财政削减，而德国却没有扩大支出来对冲。在经济合作与发展组织（OECD）的许多其他国家，包括美国和日本，其金融市场和决策者都把重点放在了减少公共赤字和公共债务上。最后，也最关键的是，因为中国消费支出上升缓慢，东亚的经济调整还只是在缓步进行中。需求继续受到出口盈余的支持，导致其他二十国集团国家需求下降。

我们继续用简单模型研究自全球短期利率达到零下限时的经济状况。我们从设想的两地区世界开始，这里的两个地区指美国和中国（代表东亚）。我们用这个模型表明，在零利率的世界里东亚地区低水平的国内需求带来的后果。[20]

想象一下，如果美国的需求因为全球金融危机大幅下降，而中国继续保持低需求水平，结果会怎样？假设美国和中国都需要低于零的利率水平以使资源充分利用。这正是自 2008 年底以来世界面临的问题。

我们生活的世界，其金融体系属于布雷顿森林第二体系，记住这一点非常重要。在我们设想的世界中，这就相当于中国将人民币对美元汇率固定。因为在这个世界中，中国的目标是确保在中国充分利用资源。这意味着，如果要把世界利率降低到足以维持全球需求，中国必须让人民币对美元的汇率比实际下降更多。因此，其结果是美国的资源没有得以利用。所以，在这种情况下，美国的需求水平不足（由于去杠杆和如前所述的其他原因），中国的需求水平也不足（因为它希望以出口带动增长），再加上为满足中国需要设定的汇率政策。中国能够使人民币贬值到以确保资源得到充分利用，但结果显然就是美国出现商品需求不足与失业。

当然，这个模式非常程式化，人们可以考虑用其他可能有助于维持美国国内需求的政策工具（最明显的就是财政政策）。但是，如果需要用财政政策调整确保债务的可持续性，这样的政策可能就不适用。

美联储和世界各国央行现在遇到这种情况时都依赖于一种新的工具：量化宽松。该政策就是中央银行用新创造的货币购买政府和公司债券，以此降低长期利率从而刺激需求，尽管无法降低短期利率。原则上这种做法会推高全球总需求，可以帮助应对全球需求不足的问题。但到目前为止，这一政策工具的效力还不确定。企业和银行还在去杠杆，它们对量化宽松政策的反应不大。[21]

我们如果把第三个地区（即欧洲）加入进来，问题就变得更加严重。在欧洲取得令人满意的产出水平与在美国实现同样的目标互相冲突。当利率趋于零下限，而东亚需求仍不足时，人民币贬值就会使中国以及更广义上的东亚，保持高水平产出。这不仅会导致美国的需求和产出减少，也会导致欧洲出现同样的情况。

在这种情况下没法给出定论。欧洲已经实施了大量的货币宽松政策，可能还会做得更多。这将导致欧洲汇率贬值，从而将余下的本就不充分的需求转向欧洲（在中国已经将汇率固定，以确保其充分就业之后）而不是美国。不过，美国不会坐视不理，或许会实施更多的量化宽松政策做出对抗。因此，我们看到美国和欧洲之间有可能会爆发货币战争。

现在可以用我们简单的内部和外部平衡模型来分析目前的状况。为透彻地分析，我们需要建立一个更为复杂的模型，但我们现在可以揭示一些重要的特征。

有两个问题亟待解决。首先，只考虑内部平衡。带着三个目标

（即三个地区都实现内部平衡）和一组不充分的政策工具，我们可以看到，全球决策者显然处于无法实现愿望的困境中。他们的愿望是确保经济持续复苏，从而使世界恢复到内部平衡状态。包括中国、东亚各国、德国和英国在内的许多国家，都试图追求出口导向型增长。每一个国家都试图以牺牲其他国家为代价实现自己的内部平衡。但并非所有国家都能实行出口导向型增长。决策者和金融市场不允许这种事情发生。通常每个国家都考虑自己的利益，而不会考虑全世界是一个整体。但是这种思想会带来危害，让世界分崩离析。这是一种囚徒困境。

其次，外部平衡使这个问题变得更糟。在欧洲，"欧猪五国"无法相对于德国做出调整。正如我们看到的，对于整个欧洲而言，这一困难导致该地区的需求不足，因此，无论是走向经济衰退还是通过货币贬值追求出口拉动增长，世界其他地区朝着内部平衡的方向发展都更加困难。从更广义上来说，由于人民币与美元之间实行的是钉住汇率，美国也无法做出相对于中国（以及更广义的整个东亚）的调整。如我们已经看到的，因为美国无法扩大需求来弥补其国际收支赤字，从而把整个世界推向了需求不足。美国不能做"格林斯潘对策"时期所做的事情，即通过降低利率扩大需求。虽然正在实行量化宽松政策，但还不够，而且财政扩张受到了限制。

总之，保持世界的需求水平达到实现内部平衡应有的高度困难重重。为确保外部平衡而做出的外部调整非常困难，使这一问题更是难上加难。换言之，它使囚徒困境更为险恶。

美国如果不提高税收且能超预期扩大其刺激消费计划，就能够改善这种囚徒困境。在这种情况下，全球增长至少会部分实现更好的持续发展。但是，这种持续的全球增长必然会导致全球失衡的延续。这种困境解决办法在一段时间内看起来是可行的。但因为这些战略无法解决全球失衡问题，所以由此带来的全球增长将延缓全球性结构调整。再过几年，美国的外债压力可能变得更大，美元可能需要进一步大幅贬值。而因为人民币对美元的固定汇率，这一做法一直无法实现。但是，一旦美元开始下跌，美元资产的持有者就可能被迫大量抛售，因为杠杆作用对国际货币交易者影响很大。他们与那些在全球金融危机前购买抵押贷款支持证券的杠杆借款人一样，都有这个属性。这种杠杆作用可能导致全面的美元危机。因此这一方法的中期影响会非常严重。

此外，美联储对这个囚徒困境做出的回应可能是进一步实施积极的量化宽松政策，以保持美国的长期利率保持低位，并尽早将美元贬值。但如果美元对欧元贬值很快，欧元区国家就要确保欧洲央行继续采取量化宽松政策推动欧元贬值以维护欧洲的经济增长，从而引发我们已经提到过的全球货币战争。因此，这些量化宽松策略可能会合力将我们推到另一个全球低利率泡沫之中。这一结果会对中国以及东亚普遍产生不利影响，因为对于东亚而言，目前的利率水平已经过低。

全球问题的核心是什么？造成全球持续危机的第一个原因是财政。全球财政整合进程正把维持内部平衡的努力推向更困难的境地。当然，财政整合很重要，但进行的时机不对。加入整合进程的国家实现内部平衡更加困难。金融危机爆发后，各国政府马上采取行动，以保持总需求不变，防止金融危机演变成另一次大萧条。它们的办法是增加支出，降低税率，特别是让税收收入随着产出的下降而下降，而不是提高税率抵消对财政收入的影响。这样做的结果是公共部门的财政赤字增加。在许多国家，特别是美国和英国，公共部门的财政赤字一直都非常高。公共部门的债务积累已经岌岌可危。实际上，随着家庭的储蓄增加以及金融领域对其手中的风险资产的去杠杆，公共部门为二者都提供了足够的资产。从中期来看，这种财政局面必须扭转。

从长远来看，这种财政修正行为存在着不能实现的风险，持续的财政松弛也会对全球持续复苏产生危害。持续的财政赤字很可能导致利率上升，颠覆全球复苏。如果再加上对较长时期财政破产的恐惧，这样的局面最终可能导致财政危机。美国的情况也许是所有二十国集团国家中最令人担忧的。美国要稳定其公共债务水平并逐步降低这一债务水平，就需要一个连贯的长期赤字削减战略。但这样的战略并不存在。此外，美国目前的讨论似乎没能将短期财政需要与财政整合的长远的压倒性需求分开。那些希望在短期内保持财政政策扩张的人（例如保罗·克鲁格曼）受到指责，指责他们没能理解长远的财政整顿的必要性。但是，那些（在共和党内部）坚持为了追求长期整顿目标应立即采取财政削减政策的人却在冒险，使财政政策无法落实短期内需要做的事情。[22]

许多经济学家现在怀疑，在世界的许多地方是否有足够的制度能力来运行一个充分的财政体系。长期的财政计划需要确保具备财政偿付能力。为了确保这样的长期偿债能力，同时还能够创造足够的短期灵活性恢复内部平衡，就需要一种全新的财政政策设计，而这一设计在全世界才刚刚起步。

时机很关键。鉴于我们在本章开头回顾的发生在东亚和欧洲的其他事件，这里要注意的问题是，财政决策者是否会因为市场的压力而过快地削减赤字。如果真是这样，那么就有可能出现财政的再平衡使全球增长的再平衡预期目标更难实现。

欧洲计划的财政削减额巨大。英国的计划是在五年内每年减少1.6%，总额占 GDP 的 8%。法国和意大利五年内分别减少 4% 或5%。对于德国来说，这一数字要小得多。但葡萄牙、意大利、希腊和西班牙都计划进行大规模削减计划。[23]

日本出台了一项庞大的整顿计划。美国正在退出经济刺激计划（这正是保罗·克鲁格曼一直反对的）。但是相反，美国还没有出台任何长期的整顿计划。美国的形势可能和别的地方一样糟糕，因为从短期来看经济刺激计划可能退出太快，但从长期来看却又没有连贯的财政稳定计划。[24]

包括美国、日本、英国、法国和印度在内的许多国家都存在长期的财政问题。这些财政问题太快解决会带来风险。过于快速的财政调整会对来自东亚和欧洲的全球总需求施加压力，对此我们已经讨论过。这些情况更有可能使全球经济增长目标难以实现。

造成持续性全球问题的第二个原因就是本书的核心观点：在欧洲以及更大范围的世界中实现外部失衡的调整难度。我们在第五章确定了欧洲的关键问题。德国迫使"欧猪五国"迅速实行了前所未有的紧缩政策调整。但是德国并没有相应快速扩大国内需求。相反，它是利用其竞争地位，通过出口盈余确保自己快速增长。过强的竞争地位和内部需求不足给德国带来了外部盈余，而这一盈余使"欧猪五国"的内部平衡和外部平衡都成为不可能。因为欧洲货币联盟内的汇率无法改变，"欧猪五国"无法根据需要改变其竞争力水平。这也解释了为什么欧洲其他国家都如此热切地希望看到欧元对美元汇率下跌。我们在本章还确定了与此相同性质的东亚问题。过强的竞争地位和内部需求不足给中国和东亚其他国家带来了外部盈余，而这一盈余使美国和欧洲的内部平衡和外部平衡也都成为不可能。因为人民币与美元之间是钉住汇率，这两个地区也无法根据需要改变其竞争力水平。

我们用第五章的模型显示了要使欧洲重新取得均衡状态需要采取的措施。这既需要改善"欧猪五国"相对于德国的竞争地位，也需要德国扩大相对于"欧猪五国"的需求。全球层面上也是如此。要取得全球再平衡，同时又不危及全球复苏，既需要改善欧洲和美国相对于中国和其他东亚国家的竞争地位，也需要这些东亚国家扩大相对于美国和欧洲的需求。

　　只要东亚（特别是中国）继续维持缓慢的调整速度和过低的汇率，美国就可能倾向于继续实行量化宽松，从而引发欧洲实施量化宽松政策。因此，这种糟糕的全球形势必定被视为中国有意缓慢调整带来的必然结果。这种策略不仅不符合全球利益，也不符合中国利益。这样做有把中国带进泡沫的危险，中国政府要想对此局面进行管理极为困难。这种困难已经在中国出现。

　　为什么中国和东亚其他地区的调整不能加快速度？我们已经详细阐述了东亚国家的决策者，特别是中国决策者，决定奉行出口导向战略的原因。改变这种战略现在成为中国政策的中心目标。但改变此战略充满巨大的政治困难。既得利益集团的投资现在被套牢在支持出口的制造业生产领域。这样的再平衡战略也包括通过部分使用财政政策，刺激中国东部地区的需求，而这样的战略面临许多政治困难。

　　中国的发展失衡还有一个结构性原因。中国的储蓄量庞大，国内需求低，部分原因是老牌国有企业和快速增长的民营企业的利润水平都很高。这些利润并没有被分配到家庭，而是进行再投资，因此就不可能刺激应有的消费增长。中国财政刺激计划的大部分资金都用于大幅度增加公共基础设施，而不是投资于提振消费。㉕

　　中国集中于投资的调整过程明显不可持续。额外的投资将创造出额外的生产能力。如果要充分利用这些产能，需求必须进一步增长。如果出口继续下降，私人储蓄居高不下，增加需求的唯一办法就是进一步增加投资。这个过程可能会产生一个不稳定的向上螺旋，最终难免崩溃。

　　另一个互补的论点是把重点放在成本而不是需求上。中国经济失衡的关键决定因素不仅仅是劳动力，而是一些生产要素的价格和成本受到压制。劳动力、资本、土地、资源和环境的市场都严重扭曲。压制要素价格是生产者、投资者和出口商获得的隐性补贴。这种补贴在促进经济增长的同时也增加了投资和出口。以前解决失衡问题的政策努力主要是不可持续的行政措施。解决失衡问题的一个更根本的办法，是更多以市场为导向的生产要素市场改革，实现劳动力、资本、土地和资源价格的自由化。㉖

这两种解释互为补充，因为可持续的再平衡需要国内消费增加，也需要国内成本相对于国外成本有所增加。这两种观点都表明，任何再平衡都是缓慢的过程，与决策者对此有无兴趣没多大关系。这个过程越长，中国决策者越想通过出口寻求增加生产，越推动世界回到不可持续的发展状态，从而全球失衡持续的时间就越长。由于国内的政治原因，中国可能不会快速恢复消费，实现应有的受需求驱动的人民币升值。使用国际货币基金组织的全球经济模型对这种渐进调整的模拟表明，调整步伐将十分缓慢，由此推断出中国的净出口将继续减少，从其他国家未来五年多的需求中，减掉世界 GDP 的近 1%。㉗

此外，人民币升值可能很难实现。目前，人们认为中国的货币低估高达 30% 或 40%。由于中国目前快速的技术进步，名义和实际汇率的升值势头一直很强劲，但人们对汇率的提升幅度还没有明确的认识。㉘人民币低估无法在出口企业不破产的情况下大规模纠正。实际汇率的升值需要一个渐进的过程。但这样一个渐进的升值过程会为投机者提供机会，有可能导致以寻求资本收益为目的的大量资本流入。这会提升人民币升值预期，从而导致人民币大幅升值，形成反向的货币危机。任何想通过设置低利率调节中国资本流入的尝试都不堪一击，都可能刺激国内需求以投资的形式过度增长。㉙

按照正确的方向成功地实现货币升值似乎需要对资本流动进行有效的控制，以防资本流入破坏这个过程的稳定性。很有可能的是，中国金融体系自由化会鼓励中国居民持有国外金融资产，出现起到平衡作用的资本外流，从而对冲所有的资本流入。如果人民币升值，其他亚洲国家货币的价格变动就会容易得多。

因此，在东亚（尤其是在中国），情况有可能会是既抑制国内需求的增长，同时也抑制相对价格的调整。因此东亚仍有兴趣看到通过其出口需求的增长实现需求复苏。这就使美国和欧洲不可能同时实现内部和外部平衡。

把所有这些情况综合起来，很显然全球政策需要维护全球增长。此外，还需要利用政策确保全球再平衡。我们总结了经济增长和再平衡的发展前景，并看到了存在的三大风险。

第一个风险是东亚的调整将是渐进的过程，而在这一过渡时期，东亚为了维持需求会继续保护大量出口盈余。其风险是东亚会通过保持有竞争力的汇率实现这一目标。中国国内的通货膨胀可能会逐渐缓解世界其他地区的压力，而中国的通胀将使其实际汇率提高。如果发生这种情况，中国的贸易平衡会受到侵蚀并最终消失，从而减少对世界其他地区的经济压力。[30]

斯宾塞（Spence）非常乐观地认为中国会重新进行调整，将经济发展转向内需。他认为这是中等收入国家正常的过程，而中国是迄今为止“中等收入国家”中最大的一个。从英国开始，工业化国家都依赖国外需求吸收其扩大的商品供应。最终，国内需求上升，吸收自己的生产能力，而国际贸易的持续使各国能够利用其比较优势，从它们的生产率中获得更大的收益。[31]

我们担心这一宏伟的发展转型得不够快，在这个过程中无法避免经济危机。德国目前还没有做出这一转型。我们在第五章描述了目前德国的政策给欧元区带来的困难和风险。在这样的背景下，我们不能乐观地认为在经济成熟进程中中国会超越德国。斯宾塞希望的中国改革是否能迅速实行以防止发生更多的金融危机，我们只能拭目以待。德国已不再是中等收入国家，它在广泛的经济活动中都表现出了很高的生产力，但还没有准备好转向内需。以德国为例起不到任何鼓舞的作用。

第二个风险是，欧洲的支出增长速度不够快，德国会寻求抑制国内需求，而陷入危机的欧洲外围国家也将被迫抑制需求。风险在于，欧洲作为一个地区会为了维持需求保持出口盈余，而且，会继续保持有竞争力的汇率。

第三个风险是，英国、日本和其他国家会寻求快速的财政调整，并通过追求出口导向的增长维持需求，通过操纵有竞争力的汇率实现目标。

尽管从长远来看财政整顿是必要的，但是财政整顿对解决这一问题无效，因为财政整顿不会导致相对支出水平发生变化。国际收支赤字国家减少财政支出，国际收支盈余国家增加财政支出，两者都能起到相同的作用。但财政整顿本身只会导致实施财政紧缩政策的国家降低消费，在其他国家却没有对冲性的消费上升。结果就是消费的绝对水平下降。

为确保全球经济有合意的增长率，需要全球层面其他需求的快速增长，能够弥补财政整顿以及中国和欧洲需求增长不足带来的影响。如果不是这样，财政整顿就会加剧全球需求不足的问题。世界面临着选择：要么有足够的私营经济增长弥补财政紧缩，要么预期的政策举措将导致世界经济停滞，无法实现再平衡。

我们可以概括本章的内容如下。囚徒困境可以描述为三种可能的结果：[32]

1. 合作，其中

• 盈余国家的消费有足够的提高；

• 赤字国家的消费有足够的削减；

• 欧洲以及东亚与世界其他地区之间都对实际汇率以及相对价格做出调整，以实现支出转换。

这个解决方案会使全世界的三个增长目标都实现，即三个地区都实现内部平衡。这也将使全世界逐步重新平衡需求，也能在同一时间在三个地区之间开始纠正外部失衡局面。

2. "领导者—追随者"，其中

- 盈余国家的消费增加不足；
- 除美国以外的赤字国家实行财政紧缩；
- 美国利用财政和货币手段继续消费，而且再次充当最后消费者。

本书所述的风险如果产生强烈的负面影响，这个结果便成为可能。美国在重建"大缓和"的行动中扮演追随者的角色。这种结果是以持续的全球失衡为代价，朝实现地区内部平衡的方向发展。这些失衡反过来预示了进一步的危机和随之而来的竞争力调整。

3. 非合作，其中

- 赤字国家实施财政紧缩；
- 盈余国家的消费增加不足，无法补偿财政紧缩造成的影响；
- 对美国强制实行紧缩政策，且美国不再充当最后消费者。

本书中所述的风险再次产生更强大的负面影响时，这个结果才有可能出现。这种情况下，试图纠正外部失衡会将所有三个地区的内部失衡置于持续的风险之中，危及全球复苏，并导致一段时期的持续衰退。

第二和第三种结果都不是好结果。如我们指出的，随着美国外债的积累，第二种结果会有转变为第三种非合作结果的危险。现在全世界的投资者都愿意持有几乎没有回报的美国国债。在一个不确定的世界里，这些票据和债券成了安全资产。但如果美国继续借贷，赤字继续扩大，那么投资者可能就不再认为美国国债是低风险的。其结果可能会因为美元的贬值形成软着陆，也可能会因为离散而快速的下降形成硬着陆。不论哪种情形，都会导致我们身陷第三种结果之中。

这种情况还存在一个全球累加问题：全球性的供大于求。在这种情况下，我们可以想见赤字国家会实施以邻为壑的货币贬值，因为各国都试图通过货币贬值追求出口带动的增长。目前，英国作为一个单一的小型开放型经济体，正在实施这一战略。如果世界上的两大区域（即欧洲和美国）同时选择这个选项，我们可以想见重大的冲突就在眼前。

2010 年 6 月国际货币基金组织的《世界经济展望》警告大家要警惕第三种结果的出现。但其并没有透露，如果这一结果是可以避免的，未来会更像第一种（合作）结果还是第二种（领导者—追随者）结果。模拟表明，第二种结果的可能性更大。后续的研究没有改变这一观点。[33]

我们在最后一章将要讨论需要做出的选择，以及推动世界走向第一种理想结果必须具备的领导力。

# 第七章 运用理论汲取历史教训

在前面的章节中，我们已经综合运用经济史和经济理论勾勒出一幅画面，来阐明世界经济破碎的原因，以及怎样对其修复。经济理论为我们提供了一个理解内部和外部平衡的框架，经济史则展示了这些关系重要性的渊源。经济学的这两个子域通常被视为经济学范畴截然不同的两个方面，然而它们紧密相关（就像各国的内部和外部平衡关系一样）。我们必须把理论与历史相结合，才能从 20 世纪发生的险些颠覆政权的罕见危机以及这些年来政客们的失误决策中吸取教训。

对于内外部平衡关系的研究始于 20 世纪 50 年代，斯旺用一个简单的模型，即著名的斯旺曲线（详细解释见附录）对其进行了总结。斯旺曲线显示，内外部的平衡受两个政策工具，即实际汇率以及国内经济刺激的影响。其中，实际汇率是由名义汇率和相对价格决定的，而在金本位制中，欧元、美元与人民币间的固定汇率阻碍了名义汇率的变动，因此，若想将实际汇率作为政策工具，唯一方法就是改变物价。但在工业化世界里，物价易涨不易跌，所以当需要通过下调物价来调整实际汇率时，实际汇率就很难甚至无法作为政策工具使用。工人们因为怀疑自己遭受了不公平待遇，不希望减少名义工资。选民对经济紧缩政策不满，他们通常都会对意欲降低物价和工资的政府投反对票。1926 年的英国大罢工和 20 世纪二三十年代的纳粹扩张，就是下调实际汇率困难的历史实例。

实践证明，欧洲，尤其是南欧，为经济紧缩所做的努力不仅是徒劳，甚至是雪上加霜。与 20 世纪 30 年代一样，好高骛远只会让世界再次陷入大萧条。这场令人沮丧的闹剧并非单个国家所为，而是多数国家在不可避免的经济下滑中为求自保，追求本国利益最大化的结果。

这种国家间以博弈论（战后理论的另一进步）为表现形式的相互作用被诸多经济学家关注。囚徒困境理论（详细解释见附录）指出，当前各国实行的经济紧缩政策，相当于囚徒困境博弈中的非合作对策，意味着参与者在劣势下只谋求个人利益最大化而不考虑合作的情况下会出现的结局。研究发现，如果被困者可以反复博弈，他们会选择通过合作谋求更好的结果。由于存在鼓励合作的策略，而且当事各方彼此信任，因此合作十分稳定。

我们认为，只有在具有霸主地位的国家的带领下，合作才能在国际范围内得以实现。实际上，我们已经将霸主国家定义为一个能够促进其他国家相互合作的国家：19 世纪的英国起到了这个作用；20 世纪是美国扮演这个角色。在 20 世纪中叶，美国对欧洲实施了"马歇尔计划"，这是应用囚徒困境中针锋相对策略的开端。博弈论从可控的实验过渡到复杂的国际互动中，制度取代了反复博弈。

悲哀的是，第一次世界大战结束后，世界再无有力的领导国。英国是 19 世纪的霸主国，但战争及其存在的长期困难耗尽了其人力和财力，它根本不可能在战后承担起领导者的责任。战后各国对英国的种种责难和愤怒间接地导致世界经济的大萧条。对目前的形势有预示作用的是，20 世纪 30 年代初期，大多数工业化国家推行的是紧缩政策。它们是在尝试重新建立外部平衡，而金本位从战前国际金融贸易发展的催化剂，已经转变成战后工业化繁荣的绊脚石。国际合作的缺失导致一系列债务和货币危机，这些危机将世界推向大萧条的深渊。我们把这一系列的事件称作第一次霸权解体危机，它标志着英国世纪的结束和新的美国霸主领导权的到来。

20 世纪 30 年代的经济困难就是众所周知的"大萧条"。政治家和经济学家想努力理清当时的世界形势，但是困难重重。凯恩斯的学术经典以全新的观点对这些困惑做出了阐释。他不仅着眼于单个国家的经济发展。他的名著《通论》无可非议地成为人们思考世界经济重建时的重要驿站。当然，凯恩斯并不是孤军作战，他不仅在政治活动中汲取灵感，剑桥 Circus 团队中很多年轻的经济学家也为他提供了帮助。尽管凯恩斯的成名作解释的是某一个国家的经济萧条，但自第一次世界大战结束后到他去世的 25 年时间里，他主要研究世界经济的稳定。这一点从他对签订《凡尔赛和约》的强烈反应到第二次世界大战期间的布雷顿森林体系谈判中都可以窥见一二。凯恩斯未能在有生之年完成自己的学术研究，他的学生采用当年 Circus 团队的工作方式，发展了他的观点，并在战后以斯旺曲线形式把国际凯恩斯主义思想做了有力的总结。我们在前文已提及这个简单明确的理论。

美国是 20 世纪的霸主。在两次世界大战中，美国均锋芒外露，但直到战争尾声时才表现出自己的潜力。美国开创了第二次世界大战后国际合作的新时代，为后面整整一代人带来了经济增长的黄金时代。我们在下文中将把"马歇尔计划"作为阐述的核心，因为它示范了一个霸主国家应如何带领各国以合作的方式解决共同的难题。这一合作方案包括成立国际货币基金组织、世界银行、关税贸易总协定及若干欧洲合作联盟。这个方案促成一代人辉煌的经济增长，这种增长与第一次世界大战后国际冲突频发，经济陷入萧条的窘境形成惊人对比。

这一合作框架的发展在 20 世纪七八十年代遭遇了经济管理不善的混乱，一直持续到 20 世纪末欧洲货币联盟的成立。1980 年前后，西方在里根和撒切尔夫人的领导下，东方在邓小平的领导下，对经济政策实施了改革。这些新政策使很多国家维持了内部平衡，却掩盖了自21世纪初就不断积聚的不可持续的外部失衡。在欧洲，借助国际向南欧输出贷款的时机，德国实行了出口导向型战略。在太平洋地区，中国通过向美国提供贷款，也开始实行出口导向型战略。尽管欧元设立未足十年，却在协调合作方面树立了样板。但是，欧元区的结构和1997年金融危机后的亚洲政策导致之后十年的外部失衡。

世无定事，战后的经济繁荣随时间消退，最终消失在2008年爆发的全球金融危机中。这一危机始于美国并迅速蔓延至欧洲。大西洋两岸糟糕的政策使欧美经济在金融冲击下脆弱不堪。世界深陷经济低迷的泥沼，不禁让人愈加回想起"大萧条"时代。

我们如何才能进入以合作为特色的经济增长新时期呢？面对这项艰巨的任务，我们可以先对欧元区的结构进行分析。欧洲固定货币的设想最初旨在重现第二次世界大战后经济增长的黄金时代，但它实际上复制了欧洲20世纪20年代的诸多问题。因为在那十年中，欧洲各国十分享受20世纪头十年的内部平衡，却忽视了外部失衡问题。外部失衡导致国际债务，而因为无人对此有所理会，债务便越来越多。世界面临的短期挑战包括解决全球金融危机以来肆虐欧洲各国的债务问题。欧洲长期的问题涉及欧洲货币联盟的架构，这一点我们已经做过详细描述。

内外部平衡的相互作用是我们分析的核心。欧元区设立的政策旨在实现所有成员国的内部平衡。言外之意就是欧洲货币联盟内出现的任何外部失衡都不足以被重视。全球金融危机后由于健康的债务转变为不良债务，而投资者又害怕出现违约，所以这种假想没有实现。迄今为止，欧洲的货币危机暂时避免，但仍存在发生1931年危机的危险。倘若20世纪30年代和大萧条之间的关系就是20世

20 年代欧元和金本位之间关系的延续，那么这一切真的是场悲剧。如果欧元仍想存活，那么在金融危机前制定的《稳定与增长公约》就不可再推行，必须立即废止。

欧洲问题虽然复杂，但也仅是更为复杂的世界问题中的一环。中国和美国之间的固定汇率与欧盟内部的固定汇率如出一辙。它们有着同样的问题，而且已经导致美国对中国欠下了巨额的外债。令人难以置信的是，工业化国家经历了第一次世界大战后金本位的时代，各国领导人并未对两次战争间期的经济历史进行深刻反思，反而重复了相同的错误，导致全球经济变得如此脆弱不堪。目前推行的紧缩政策完全沿袭了 20 世纪 30 年代初金本位的老路。

两个实行固定汇率的地区通过美元与欧元的弹性汇率联系了起来。很难看出这样一个混合的体系如何解决第六章提出的世界的"三体"问题。对复杂的分析做个简单总结，就是中国的出口导向型战略正将美国和欧洲强行推入一个低需求时期。国际失衡导致国家内部失衡。美国和欧洲制定的政策将决定它们如何共同咽下这枚苦果。它们咽下苦果的同时，也埋下了双方冲突的隐患。

决策者们如今面临抉择，这些抉择可能会决定未来十年的全球形势。回顾第二次世界大战后美国的历史，我们认为国际合作能够使世界经济摆脱低迷。如果继续忽视国际失衡，就必定会重现 20 世纪 30 年代的形势，甚至有可能发生 20 世纪 40 年代的军事冲突。

各国如何才能把注意力从国内问题转向彼此合作上来呢？除非有个霸主国家带领它们这么做。当今的境遇与 20 世纪 30 年代如出一辙。老牌霸主英国已无力领导国际社会。美国如今在处理其国内冲突上也显得束手无策，甚至在国家层面上的合作都不可能了，它根本不可能在国际上获得应有的尊重，并成为霸主。德国只可能在欧洲称霸，而中国似乎也把注意力转向了国内。所以当今并没有绝对的霸主国。

将霸主地位问题搁置一旁，要通过合作解决的问题显而易见。美国和欧洲存在的总需求不足的问题需要扩大政府开支来解决。这意味着要暂停财政紧缩政策，甚至需要临时转紧为松。另外，各类债务问题也需要通过管理以保证合作的效果。现在，无论是国际社会，还是在欧元区和美国，都需要强有力的霸主带领我们走上合作之路。德国的减稳政策需要转变为国内扩张政策，以补充欧元区整体的扩张。中国的减稳政策同样需要转变为国内扩张政策，以补充西方的扩张。中国，抛开其国内政策不谈，正在向经济扩张这一目标前进，但是进程很缓慢。

我们迈进了一个重要的决策期，为保证经济步入正轨，我们必须对最终目标和当下政策都做出决策。20 世纪 20 年代的经验显示，各自为营并不是解决经济问题的最好方法。我们需要合作解决国内外的问题，合作的方式要与最终的成功目标看齐，哪怕这些方式暂未紧跟财政紧缩政策，但总有一天会用得上。经济扩张的复兴也许会增加各类债务，但这将和最终的缩减相抵消。如果随着国家的发展，并产生了温和通胀，债务将更加可控。当前，以紧缩政策来减少债务的尝试注定失败。

最终，国际社会不仅需要合作，还需要国家之间保持一种持久的协商方法。这个样板就是第二次世界大战后的黄金时代，它得到了作为霸主和国际组织领导人的美国的大力支持。霸主的缺失容易让人消极地认为这种合作不会再有了。但是，如今由世界各国组成的二十国集团组织或许能够提供一个共同致力于新政策的平台，在这一过程中甚至有可能会出现新的领导者。我们会继续探讨这一情况发生的条件。

2009 年 9 月，全球经济刚刚从金融危机中复苏，在匹兹堡二十国集团峰会上，全球领导者承诺会以合作的方式齐心协力确保可持续增长，并承诺全球经济会重新恢复平衡。他们再次把经常项目赤字问题列入议题。虽然经常项目余额并不是一项政策目标，但是确保适量的结余仍被视为保证政策成果的必要约束条件。

为了推动议程，全球的决策者初步搭建了一个框架，旨在实现强健、持续、平衡的增长。这个框架的搭建不仅要取得上文所述的宏观经济目标，还致力于促进实现金融的稳定、环境的可持续性，以及发展中国家人民生活水平的提升。该框架为一系列宏观经济以外的问题提供了深层讨论的基础。显而易见，这些大范围的讨论对一系列宏观经济以外的全球政策合作有很大启示，如金融政策、气候变化以及全球发展等领域的合作。在此，我们关注的是和宏观经济领域相关的合作。①

在宏观经济领域，在"强劲、可持续、平衡增长"框架的引导下，我们已经开展了旨在推动多边合作的重要经济活动。这些合作活动的关键在于多边进程的创建，二十国集团领导人可以据此对世界经济的一系列宏观目标达成共识，并就相应的宏观经济政策取得一致意见以保证目标的实现。在实现目标的过程中，各国还会受到互相评估的约束。这一相互评估的过程现在被称为"二十国集团相互评估进程"（G20MAP）。

二十国集团相互评估进程已历经多个阶段。初期，该进程由国际货币基金组织提供技术分析支持。如前文所述，强劲、可持续的平衡增长框架不仅致力于取得令人满意的宏观经济成果，它同样关注实现金融稳定、解决环境问题，以及提高发展中国家人民的生活水平。涉猎范围更大的国际讨论由一系列国际机构提供技术投入支持，除国际货币基金组织之外，还包括国际清算银行、世界贸易组织、世界银行和其他国际组织。但在此我们只讨论国际宏观经济政策，所以在全球合作进程中我们将只提及国际货币基金组织的投入。②

二十国集团相互评估进程的建立旨在解决上述问题。2011 年，该机制已经对中国、法国、德国、印度、日本、英国和美国七个国家的政策进行了详尽分析。全面的分析指出了推动世界向合作方向发展需要的政策，与我们在第六章指出的政策完全一致。但出口导向型增长并非在所有国家都能同时实现，因为这种增长模式将会导致全球总供求失衡。我们在第六章已经详细说明了这个问题。二十国集团已委派任务给相应成员国，确保此类问题不会发生。

二十国集团相互评估进程正如火如荼地进行着。国际货币基金组织已经分析了上述七个国家的政策，同时分析了如何在世界范围内实现宏观政策的协调配合。各国领导人已经开始执行一系列已通过的政策。这些政策将摒弃低增长或者一成不变的模式，保证模式调整与经济增长同步进行。

随着二十国集团相互评估进程的逐步应用，国际社会可以从二十国集团的许多国家中学习如何建立通货膨胀目标制度，这是这些国家在过去二十年里的经验。在此类制度中，中央银行在很大程度上免除了政治干预，以极其成功的方式推行其政策。此外，我们可以学习到如何在建立和运营此类制度中提升政策的透明度、提高责任义务和公信力的有效性。当然，与在各国建立通货膨胀目标制度相比，建设二十国集团相互评估进程更具野心，也更具难度。因为后者是在全球范围内，且有全球合作的明确需要。尽管如此，此类国家制度的建立仍对建立长期、持续的二十国集团相互评估进程有借鉴作用。

1944 年，在布雷顿森林，凯恩斯和怀特就认识到对一国有利的政策不仅需要全球支持，还需要一些国际政策的协调配合。这是一个规则导向型的体系，其中包括相互评估国内政策的机制。如今，为解决当前问题，我们需要类似的解决方案。不过，此一时彼一时，有些细节不尽相同。但与布雷顿森林体系一致的是，我们也需要一个多边机制。利用该机制，国家间可以共享一系列规则，防止类似近期固定汇率阻碍必要调整的情况发生。我们需要一个由二十国集团实施，受国际货币基金组织管理和进行政策评估的正式进程。我们需要建立某些特殊限额，在必要的时候，某些一直严格遵守规定的国家可以不遵守太过严苛的要求。最后，我们必须建立一个针对必要政策的决策多边进程，这一进程会确保各国遵守规则，并/或确保一旦发生不遵守规则的情况，能够公示令人信服的破坏原因。

这一议程的要求很高。但是如果全球决策者有决心确保世界经济真正从全球金融危机中持续复苏，再平衡真的能实现，该议程似乎就势在必行。在此议程的应用下，二十国集团相互评估进程对于全球制度设置的重要性不言而喻。最终，我们可能会成立一个由（来自二十国集团和国际货币基金组织）决策者和官员构成的国际共同体，致力于解决全球宏观经济问题，并保持全球经济稳定发展。如果这个方法奏效，二十国集团相互评估进程可以将管理全球经济的共同责任以新的方式制度化。让我们共同期待该进程在将世界再次凝聚起来的过程中起到良好的作用。

二十国集团相互评估进程要起到良好的作用需要良好的领导。二十国集团目前面临着愈发棘手而不能回避的问题，想要达成意见统一存在很多障碍。全球金融危机暴露了各国间及国内的分歧，这需要未来的霸主能够有效地解决这些分歧。正如第四章所述，"马歇尔计划"的通过曾经历重重困难，杜鲁门总统不得不将马歇尔将军置于风口浪尖，以削弱无法避免的反对之声。这个世界还会不会出现这样有远见的领导人，能够指引自己的国家登上霸主地位呢？我们将逐一简要地讨论合适的人选。

德国在欧洲货币联盟中是公认的霸主，但是暂时还没有发挥出应有的作用。2011 年 11 月，德国总理默克尔和时任法国总统萨科齐共同宣布，希腊得退出欧元区。随着欧洲债务危机的深化，一家德国报纸曾报道，虽然默克尔政府公开立场反对接受欧债，但实际上德国正在以某种形式逐步接受欧债。默克尔政党中的一部分人表示，协约的改变需要一定的权衡。一名默克尔联盟的议员告诉记者："我们并没有说永远拒绝，我们说的是在现在的情形下拒绝欧债。"人们都在猜测德国对欧元的强硬态度在软化，但是德国总理默克尔对此给予澄清。同时她再一次表达了对欧元区国家联合发布债券以及对欧洲央行扩大职权行为的强烈反对。她说："我们的立场没有丝毫的改变。"③

幸运的是，默克尔的态度很快发生了软化。同年12月末，欧洲中央银行向欧洲银行体系投入13年里最高的欧元信贷：将近5 000亿欧元的三年超长期贷款，利率只有1%。2012年2月，欧洲央行进一步以低利率向更多的欧元区银行提供了总额达5 000亿欧元的贷款。这些贷款数额惊人，对此德国没有提出反对意见。

我们猜想德国总理似乎从"后视镜"中看到了80年前灾难的重演。如第二章所述，1931年5月，另一位德国总理就曾说过德国不会对欧洲任何国家伸出援手。2011年11月的默克尔与1931年5月的布吕宁采取了相同措施。有几条理由能够说明他们的行为非常重要。这些行为对糟糕的形势都是雪上加霜。而且，两份声明都只提到总理关心的国内事务，忽略了其国际影响。2012年欧洲央行给予默克尔更多时间，并借此消除了欧洲初期的恐慌。但此后她并没有跟上欧洲债券的脚步，与此同时，风险溢价在南欧的一些国家仍然保持在超乎寻常的高度。1月30日，欧元区国家签署了激励德国的条约，该条约旨在以更严格的财政政策支撑欧元。但是在欧洲范围内实施的这些紧缩政策似乎是为了阻碍经济的回暖而设。我们现在还无法确定，默克尔最初的那些观点造成的影响是否会和1931年布吕宁声明造成的影响相同。9月6日，欧洲央行的总裁马里奥·德拉吉通过在二级市场无限量购买主权债券，降低了欧元区解体的风险。德意志银行总裁魏德曼对此表示反对。当时，魏德曼的反对立场似乎孤掌难鸣。但在德国如此明显的反对下，欧洲央行是否能坚持己见仍待观察。德国能否以欧洲霸主国的身份解决欧洲的囚徒困境难题仍是未知数。

1998—2005 年担任德国外交部部长兼副总理的费舍尔（Joschka Fischer）毫不客气地指出："德国在 20 世纪曾两度毁灭过自身，并破坏了欧洲秩序。但之后，德国成功地使西方相信其已经做出了正确的总结。只有这样（最为生动地反映在德国对欧洲项目的拥护上），德国才为其统一赢得了赞同。但如果一个重新恢复元气的德国，以和平方式并满怀善意给欧洲秩序造成第三次毁灭，将极具悲剧性和讽刺含义。"④

美国正在致力于总统竞选，双方候选人都时常极力宣称美国仍然是世界霸主。然而愿望代替不了现实。自 2000 年以来，美国的外债债台高筑，已经失去了别国的支持，无法以霸主身份自居。一位总统候选人提出扩张美国军事力量，这一提法受到美国超级富豪们的支持，这些富豪，如第四章所述，都是在最近十年大发其财的人。但是霸主地位取决于国际合作，而不是军事力量。过去十年中美国在伊拉克和阿富汗的军事冒险，并不意味着美国的军事力量在未来会得到正确的使用。

美国基本上已经不再参加欧洲的谈判，甚至连华盛顿的国际货币基金组织都保持缄默。美国无力影响中国的经济政策。正如第六章所述，美国对于中国的出口政策有过多次探讨，但未见行动。由于中国维持人民币和美元的汇率不变，我们无法预测一向独断的美国会有怎样的举动。

最后，中国似乎更关心国内问题而非世界经济。中国政府面临的难题是如何保持经济增长。曾经，在其他国家都在应对房地产走向衰落时，中国房地产市场的繁荣仍保持强劲势头。现在，经济增长已经放缓，房地产市场已经显现崩溃的迹象。中国政府已经重新恢复扩张的财政政策，这个曾帮助中国渡过全球金融危机的财政政策将帮助中国渡过当前经济增长减缓的困难。

中国的经济问题也许会阻碍中国成为世界霸主，但也可能出现一个相对缓和的替代品。2012年中国经常项目余额急剧下降。正如第六章所述，中国把注意力转向内部能够减轻其他国家的负担。尽管中国并未声明政策变化，其全球领导力也未展现，但中国经济由出口导向型向国内消费的转变仍然有可能是世界经济彻底变革的开端。中国外贸盈余的下降缓解了美国和欧洲共同经济的压力。美国和欧洲与其在需求严重不足的国际竞争中挣扎求存，不如把注意力转回国内，它们也许会发现国内需求正在增加。内需增加会促进美国和欧洲两个大陆的生产，也会缓解现在看来很棘手的政治协商问题。

我们想以积极的态度结尾。的确，全球霸主"缺席"的二十国集团相互评估进程似乎毫无方向，但是中国，尽管并不自知，但很有可能以全球霸主的姿态得到支持。中国会发现旨在调节内部平衡的政策也会促进其外部平衡。中国实现外部平衡而非出口导向型增长的程度越高，世界经济就越健康。自雷曼兄弟破产以来，2008年底中国大规模的财政和货币扩张是全球生产贸易扩张的最大单一来源。从那时起，实际汇率的升值、国内需求的扩张、贸易和经常项目余额的减少都在稳健地进行中。与非技术性劳动力缺口扩大相关的结构性因素可能会对实际汇率继续升高起到支持作用。[⑤]当然，中国并不能修复欧元区，或帮助美国实现内部平衡。但是中国能为欧洲和美国恢复国内的繁荣提供更加有利的环境。

令人叹息的是，美国和欧洲的政治似乎是要在21世纪的第一次全球危机中重复20世纪犯的错误。把焦点集中在公共债务上不禁让人想起第一次世界大战后围绕国债出现的恶语相加，正是这种尖酸刻薄的态度激发了极端左翼和右翼政治的发展。经济紧缩的压力、国内需求的下降，与 20 世纪 30 年代导致大萧条爆发的政策相呼应。而且，由于全球霸主缺失，世界经济很难摆脱这些困境，转而进入类似第二次世界大战后经济发展的黄金时代。我们希望，我们的阐述会帮助各国领导人实施适当的政策，指引我们走上重建国际经济平衡和繁荣的发展之路。

# 附　录

我们在附录中要解释本书中使用的两个模型。斯旺曲线是我们讨论内部和外部平衡之间相互作用的有力支撑。囚徒困境为我们关于国际合作的讨论提供了依据。然后要阐释我们是如何使用这些简单的模型来说明现代宏观经济框架的。

## 斯旺曲线

在这里，我们要解释正文中的基础模型，并显示一个国家内部和外部平衡之间的关系。该模型浓缩了比较详细的国际经济处理方法，而在许多研究中这一点都被忽略了。我们在第三章解释了在大萧条时期宏观经济是如何转向分析封闭经济体的（即没有外部贸易或资本流动的经济体）。这不是偶然的。当时所有工业化国家的国内形势都很糟糕，这便成了需要进行分析的最重要问题。尽管本书揭示了全球金融危机和大萧条之间有太多的相似性，但我们现在所处的世界毕竟不同了，所以需要不同的分析。

我们分析现代世界经济体系时，需要考虑的是开放经济体。就像 18 世纪形成的价格流转机制一样，这种方法探讨的是那些外部平衡和内部平衡一样重要的小国。不论是因为外部关系失衡还是因为它们影响到其他大小国家，总之当外部关系变得很重要时，我们也需要考虑那些大的经济体。这里的阐释集中在小型的开放经济体；更大的经济体的情况，以及它们彼此如何相互作用，在本书中是从总体上来阐释的。

特雷弗·斯旺，是一位澳大利亚经济学家，其著作并没有得到应有的知名度。他画出了一个简单的表示内部和外部平衡相互作用的图表，即人们熟知的斯旺曲线。该曲线图考虑了两个变量的两个市场，给出了两条代表常见的供需曲线的交叉线图表。斯旺曲线与希克斯的 IS/LM 模型很相似，后者用曲线图简化了凯恩斯的《通论》，将其表示成只包含两个变量的两个市场。希克斯说，这两个市场分别是商品市场和货币市场，这两个变量是生产和利率。这种简单的图示让许多人对凯恩斯《通论》蕴含的复杂性的理解变得清楚明了。斯旺曲线指明的同样是开放经济体的运行机制。

为开放经济所建的斯旺曲线与希克斯的 IS/LM 模型还有一个有趣的相似性：它们都简化了至关重要的，却几乎无法理解的詹姆斯·米德的作品！米德在第三章体现出举足轻重的地位。1931 年初年轻的他还在剑桥读研究生，那时，他说明了如何把理查德·卡恩的新的乘数分析与凯恩斯的《通论》相结合，从而促使凯恩斯写出了《通论》。米德说，1931 年他回到牛津时，《通论》的大部分精髓内容都装在了他的头脑之中。在他所谓的"凯恩斯先生系统的简化模型"中，米德用匪夷所思的八个方程体系列出了这些精髓。这些方程隐含了希克斯的 IS/LM 模型。希克斯在还没开始准备写自己的含有这个曲线模型在内的文章时，看到了米德的论文草稿，他在自己的报告中引用了米德的标记法。米德的"简化模型"比希克斯的模型更概括，而且更加深了人们对《通论》的理解。但是米德的模型太想当然了，一个人只有知道自己要找什么答案才能明白其中的奥秘。正是希克斯将全部内容简化成只有两个市场，即商品市场和货币市场的分析，也正是希克斯创立了著名的仅包括两个变量的模型图：生产和利率模型图。①

为了与斯旺曲线对比，这里我们给大家看看 IS/LM 模型是什么样的，见图 A.1。在希克斯体系中，利率对产出水平有影响（图中以向下倾斜的 IS 曲线表示），而产出水平对利率也有影响（图中以向上倾斜的 LM 曲线表示）：产出和利率同时确定。正如我们在第三章所说，这句话概括了一代又一代大学生所学的凯恩斯《通论》的内容。图 A.1 中这两条曲线的交叉点代表均衡。

当希克斯把米德并非很简单的"简化模型"变成 IS/LM 模型的时候，这是米德的职业生涯中第一次碰到这种情况，即米德创立了一条十分具体精确的经济理论后，就会发现别人从他写的文章中提取了简单清晰的观点以后，发表出来，然后成名。后来又发生过许多这种为他人作嫁衣的情况。米德的名著《收支平衡》同样为特雷弗·斯旺做了嫁衣。米德 1951 年出版了这本书，1977 年凭此书获得了诺贝尔奖。米德把他从凯恩斯那里学到的东西写成一本 300 页的艰涩难懂的书，其中也包含了复杂的数学附录。而凯恩斯当时正

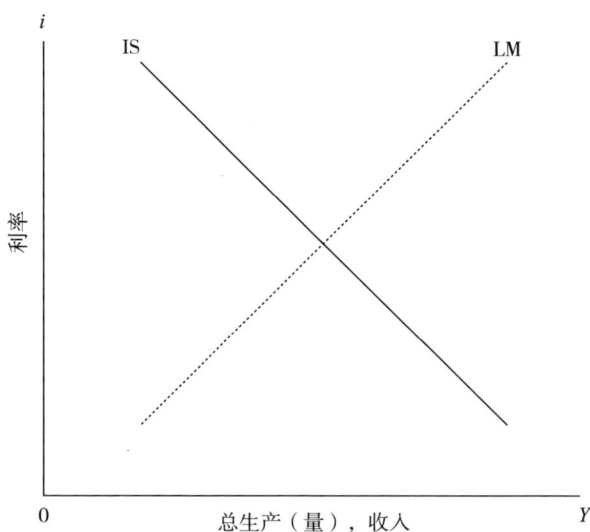

**图 A.1　IS/LM 模型图**

在为布雷顿森林体系做准备。正是斯旺把这本书的主要观点变成一
个简单的曲线图。[②]

图 A.2 所示的是斯旺曲线，来自斯旺的论文。它看起来就像一
个供需图或是 IS/LM 模型，是经济学家最爱的图形。斯旺展示了如
何利用它来了解内部和外部之间的平衡关系，而这正是本书的
重点。[③]

就像 IS/LM 模型一样，斯旺曲线图只涉及两个市场，只包含两
个变量。两个市场指的是为国内生产的商品市场和国际收支市场；
两个变量指的是国内生产和实际汇率。在 IS/LM 模型中，横轴表示
数量，纵轴表示利率。出于我们下面要解释的原因，斯旺曲线图的
横轴表示国内需求，即经济体内产生的对国内商品的需求量。这种
需求通常被视为消费加上投资，加上政府购买，加上净出口。实际
国内需求有时被称为吸收。我们有时会把横轴称为国内刺激，虽然
有时我们认为它是货币政策，但通常都认为是财政政策。在图中横
轴越往右延伸，刺激就越大。纵轴表示实际汇率，即名义汇率乘以

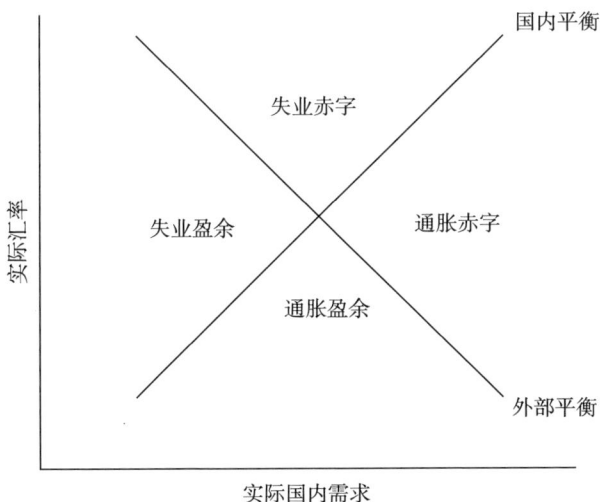

图 A. 2　斯旺曲线图

国内外价格的比率。为了简单起见，我们将实际汇率表示为本国货币在国外的价值，因此，实际汇率的下降，可能是货币贬值或国内成本和价格相对于国外成本和价格的下降引起的。通过这种方式衡量出来的实际汇率的下降，意味着相对于其他国家来说该国正变得更具竞争力。

两个市场中的第一个是国内生产。这是我们熟悉的凯恩斯关于国家生产或收入的定义，通常由 $Y$ 表示。国内生产 $Y$ 等于（国内）消费 $C$，（国内）投资 $I$，政府商品购买和服务 $G$ 和净出口（即出口 $X$ 减去进口 $M$）的总和。简单的等式如下：

$$Y = C + I + G + (X - M)$$

生产将与收入相同，因为收入包括付给商品和服务的生产者的工资。这些款项，连同所有的赋税，将等于产生的价值。一个国家要实现内部平衡，国内生产 $Y$ 就应该达到很大，足以将经济中的所有资源都充分利用起来，即消费、投资、政府购买和净出口的总和与经济所能生产的产出量相等，这意味着劳动力充分就业。

第二个市场是国际收支市场。它是以国民经济核算的经常项目余额 $B$ 来衡量的，它大致相当于出口额 $X$ 减去进口额 $M$。我们可以用下列等式表示经常项目的国际收支平衡 $B$：

$$B = X - M$$

一个国家要取得外部平衡，其出口额就要很大，足以完全支付进口，使对外贸易平衡。这种平衡是指在支付完所有应付的海外利息，允许任何长期资本流入该国或外国直接投资到该国以后实现的平衡。

这些等式已经显示了斯旺曲线图中最重要的核心内容：内部和外部平衡必须同时考虑。国内生产水平 $Y$ 和经常项目的余额 $B$，显然是相互关联的。第一个等式表明，当出口额 $X$ 增加或进口额 $M$ 减少，那么净出口 $(X - M)$ 增加，这会增加国内商品以及国内生产的需求。但国内生产的增长将增加进口需求，我们可以从第二个等式中看到，这会使经常项目的收支平衡恶化。因此，试图通过适当的国内生产水平来实现内部平衡，以及试图通过把经常项目的收支平衡控制在适当水平来实现外部平衡，必须同时考虑。

这个曲线图告诉我们如何能做到同步考虑。首先看外部平衡。随着实际汇率的下降，一个国家的出口商品在国外更具吸引力，而进口产品则更为昂贵。如果没有其他因素的变化，这个国家将进入盈余。（更准确地说，$B$ 将比应有的水平高。如果我们假设最佳的外部均衡是零，这就使行文更流畅。因为我们正在讨论 $B$ 的变化，其初始大小是不相关的。）要恢复均衡，就需要扩大国内需求，以增加进口的需求，增加额足以与由于实际汇率下降而引起的出口增加额持平。换句话说，那条定义外部平衡的线（即最佳 $B$）要向下倾斜。这条线下的国家为盈余，线上的国家为赤字。

现在来看内部平衡。如果我们从均衡线（即在非通胀充分就业）开始，而且在政府购买增加的情况下，形势会如何发展？如果没有别的措施，扩张性财政政策产生的需求上升就会导致通货膨胀。该国会出现内部失衡。然而，如果实际汇率上升，其出口产品在其他国家将变得更加昂贵，出口数量就会下降，进口商品将变得更便宜，进口数量就会增加。如果掌握的信息充足，我们就可以计算出需要提升多少实际汇率以减少出口，增加进口，合在一起以完全抵消政府支出增加而产生的国内需求的增长。这意味着定义为内部平衡的那条线（即非通胀的充分就业状态）具有正斜率。在这条线的右边，会有通货膨胀，它的左边会有失业。

现在我们可以把这两条线放在一起。外部平衡线向下倾斜。内部平衡线向上倾斜。图中显示，双曲线交叉点才是外部和内部同时实现平衡。也就是说，要实现外部和内部平衡，国内需求和实际汇率的值都不能出现偏差。

看起来似乎只有在出口减去进口结果为零的情况下才能实现外

部平衡。但这是不对的。各国可能都想利用正文中所述的出口导向发展战略，通过使出口大于进口来实现工业化。其他国家可能希望通过使进口大于出口来实现工业化，建设公路、铁路以及学校等基础设施来促进产业发展。关于内部平衡，国内生产的最佳水平（即在内部平衡情况下的国内生产水平），在这个曲线图中没有表示。人们通常认为这种内部平衡是指国家在能力范围内尽可能接近充分就业，而不引起有害的通货膨胀。事实上，我们通常将充分就业定义为与稳定的价格一致的最高就业水平。

人们可以建立比我们在这里介绍的更复杂的国际贸易模型，正如人们可以构建一个更复杂的国内收入决定模型一样。这些模型在许多情况下都很有用。在这里我们要从那些仍然会显示内部和外部平衡之间相互关系的最简单模型入手做深入探讨。

在图 A.2 中，我们对经济不平衡时的情况做了标记。这里存在两个维度。外部平衡线以上，国家的经常项目是赤字。内部平衡线左边，表示正在经历失业。有赤字就需要资金，而赤字意味着一个国家积累了外债。如我们在正文深入讨论的，这些债务本身可能就是问题。失业是一个问题，浪费资源，让劳动力失去颜面，甚至导致政治上的麻烦。在报纸和年度报告中，失业的成本不像外债那样有记录可查，但它们一样是真实存在的。

因此各国都想同时实现内部和外部平衡，即图 A.2 中两条曲线的交叉点。我们之所以称之为均衡点，是指各国可以从任意一点来接近它，并尽可能地保持在那点不动。

我们通过研究一个国家的垂直失衡（即在这个均衡点的垂直上或下的位置）的可能性，来考察它失衡之后的情况。如图 A.2 所示，它会带来诸多的问题。发展的轨迹离开了这两条曲线，便会出现失业和国际赤字，或通货膨胀和国际盈余。尽管多种困难并存，但是这种失衡却可以只通过改变实际汇率来修正。因为实际汇率是名义汇率乘以相对价格，它可以通过改变汇率或价格进行调整。我们在正文中针对这一选择已经做过广泛的讨论。

失衡的国家面临着类似的任务。它同样会经历内部和外部的双重问题，但与垂直失衡存在不同的问题组合。实现均衡所需的政策也同样简单，朝某一个方向改变财政政策就可以达到目的。虽然只有财政政策出现在上面给出的简单等式中，但事实上货币政策或财政政策都会起到作用。如果像今天的欧元区那样有充分的资本流动性，那么就没有任何一个国家可以影响利率，货币政策便没有用武之地。在我们的论述中可以看到财政政策（或用更普遍的说法是"吸收"）已经在水平方向改变了各个国家。战争通常会推动各国向图 A.2 的右侧发展，导致内部和外部失衡。在 20 世纪 20 年代和今天，紧缩政策会使各国向左侧推移，在试图消除外部失衡的同时，加剧了内部失衡。

现在我们来看一个更复杂的情况。看一个国家在失衡的时候会出现的局面，先看这样一个国家的情况：它的内部是平衡的，却存在着已经无法承受的国际赤字。这个国家就是处在内部平衡线之上，均衡点右侧的位置上。它必须降低自己的实际汇率并减少财政刺激。通过贬值或通缩来降低实际汇率会刺激出口，从而刺激国内生产。而减少财政刺激的力度就必须很大，足以抵消这种影响，为产品出口创造空间并推动国家走向均衡。缺乏协调会产生失业或通货膨胀。斯旺曲线中的简单图示说明了开放经济中宏观经济政策的核心问题。它的图示方法与 IS/LM 模型相同，后者说明的是封闭经济中的宏观经济问题。

这个模型可以在许多方面扩展。一种方法是在模型中添加资产和债务。虽然在正文中我们也考虑了个人和公共债务，但在这里我们把重点放在国际债务上。存在持续外部失衡的国家其外国资产或债务也在积累。简单添加这两项，斯旺曲线图便可以为本书的论点提供一个分析性总结。

假设有这样一个国家，它经历了多年的战争或消费热潮，从而造成吸收增加。那么，这个国家就会处在图 A.2 中均衡点的右侧。因为这种情况已经持续了一段时间，该国已经积累了外债。现在假设，因为投资者开始怀疑该国是否有能力偿还债务，外债就成了问题。要解决本国的债务问题，该国有两个政策选择。

第一个政策是减少国内吸收，这一政策现在被称为紧缩政策。它会推动国家向图表的左侧移动，该国必须越过均衡点，实现经常项目的盈余，并开始偿还债务。如图所示，这个政策的代价是失业率。这个政策的成功率是多少？由于失业的成本，它似乎不太可能实现令投资者安心和减少外债的目标。失业的增长减少了税收收入，这反过来又降低了政府偿还外债的能力。这也触发了政府的支出，而政府支出也可能与债务偿还冲突。20 世纪 30 年代初的历史表明，紧缩政策并没有减轻而是加剧了外债问题。

第二个政策是货币贬值。这一政策会使该国在图表中向下移动。就像前一个例子一样，该国必须超越外部平衡线上面的均衡点，以产生盈余来偿还外债。如图所示，这项政策的代价是通货膨胀。这个政策的成功率是多少？如果货币贬值会导致通胀上升，从而使实际汇率不降，那么这个政策就不会发挥作用。在这种情况下，试图实施这个政策不会使该国在斯旺曲线上向下移动。如果该政策不会造成太大的通货膨胀，那么它就可以发挥作用。适度的通货膨胀有助于该国偿还债务，因为其债务的实际价值已经降低。第二章和第四章都论述过，虽然欧洲货币联盟不允许这样做，但是这一政策在过去得到了广泛运用。

我们在第五章和第六章对这一模型的扩展，是要了解在相互有贸易往来的两个国家的情况。更正式地说，我们将模型扩展到各个大国，其中的任何国家都不能孤立存在。一个国家可能会通过寻求低水平的国内需求和低汇率来实现内部平衡，而图 A. 2 显示这是完全有可能的。这一战略会使该国取得外部盈余。但这意味着另一个国家的汇率将失去竞争力。从第二个国家的角度来看，汇率就会很高。为第二国绘制的图 A. 2 表明，它只能是通过保持高水平的国内需求和外部赤字来实现内部平衡，它的外部赤字等于第一国的盈余。

第二个国家可能无法维持这样一个外部赤字，因为它可能已经积累了太多的债务。那么，它就可能会寻求改变汇率，以使自己更具竞争力。或者它可能被迫降低其国内需求，这么做就会使它无法实现其内部平衡。我们在第五章和第六章讨论过这两种情况，说明可以通过扩展斯旺曲线对这些情况进行思考。

这样，通过把斯旺曲线用于概括多于一个国家的情况，我们就能够在全球范围内分析宏观经济决策中的问题。这个框架可以帮助我们思考如何解决这些问题。

## 囚徒困境

第二次世界大战之后，美国面临是否为欧洲提供援助的选择。我们以此为例来说明博弈论所分析的人或国家之间的相互作用。更具体地说，把它作为一种特别的著名的"囚徒困境"博弈来思考。在这场博弈中有两个博弈方：美国和西欧。有两种可能的行为：合作（第二次世界大战后的政策立场）和破坏（继续通过非军事手段进行侵略的政策，第一次世界大战之后的灾难性做法）。

这场博弈中的合作意味着美国给予西欧援助，西欧保持民主并与美国进行贸易往来。破坏意味着美国不伸出援手，让西欧走向共产主义。在 20 世纪 40 年代背景下的欧洲敌对表现，与 20 世纪 20 年代有所区别，我们在第二章描述了第一次世界大战后的各种选择。虽然这个博弈可以用来描述每次战争后的选择，但在后面的几章中我们讨论的都是第二次世界大战以后和当前的选择。用图表的形式来表示这个博弈的话，我们把美国设为纵列的博弈方，西欧设为横排的博弈方。每个博弈方获得的回报如表 A.1 和表 A.2 所示，此表中美国选择一列，西欧选择一行。

先看表 A.1 中的美国。假定由美国提供 130 亿美元的援助和贷款给西欧。用博弈的语言来说，将 130 亿美元援助（即差不多等于"马歇尔计划"中要转移的全部资金量）由美国转移给西欧。如果欧洲走向共产主义，美国遭受的损失相当于 200 亿美元。这两种情况反映了不同博弈方的选择。最坏的情况是，美国的损失是 130 亿美元的援助加上 200 亿美元的损失，总额为 330 亿美元。

西欧的收益在表 A.2 中显示。假设西欧走向共产主义，它会获益约 70 亿美元，如果美国提供援助，它还可以另外再收到 130 亿美元，总收益为 200 亿美元。该收益应该被理解为西欧预期收益的等额货币。（我们在这里不涉及西欧工人一直对这个期望极度失望的明显事实。）

为了使这个博弈成为囚徒困境，我们假定，相对于西欧被共产主义接管对美国造成的损失来说，"马歇尔计划"带给美国的损失要少。换句话说，对于美国来说西欧走向共产主义（背叛）的预期成本要大于其援助成本。如果不是这样（即如果战后的美国没有对共产主义势力扩张结果抱有恐惧），从美国的自身利益出发，"马歇

| 表 A.1 | 美国的得与失 | | |
|---|---|---|---|
| | （单位：10 亿美元） | | |
| | | 美国 | |
| | | 援助 | 不援助 |
| | 民主 | −13 | 0 |
| 西欧 | | | |
| | 共产主义 | −33 | −20 |

| 表 A.2 | 西欧的得与失 | | |
|---|---|---|---|
| | （单位：10 亿美元） | | |
| | | 美国 | |
| | | 援助 | 不援助 |
| | 民主 | 13 | 0 |
| 西欧 | | | |
| | 共产主义 | 20 | 7 |

尔计划"就很莫名其妙，只能用利他主义来解释了。

应该指出的是，欧洲走向共产主义获得的收益必须是积极的，且数目合理又不是很大，才能使它处于囚徒困境中。如果欧洲人认为走向共产主义会有损失，那么不管美国做什么它都会保持民主。如果走向共产主义的收益大于"马歇尔计划"的规模，那么欧洲人看到走向共产主义这一转变带来的非凡之处，就不会考虑美国的行为而直接走向共产主义。在这些特殊情况下，"马歇尔计划"是非常无私的。只有这种收益是积极的、在合理范围内又不是很大，美国的行为才有意义。

假设第二次世界大战后的美国注意到西欧走向共产主义得到的收益是积极的，但收益不大这一情况，美国就会意识到虽然西欧存在走向共产主义的可能性，但它走向共产主义的推动力较弱，会受到美国援助的影响。让人感觉西欧还在刀尖上找平衡，很难说它会选择哪个方向，这也反映在法国和意大利的议会存在的极大分歧。如果美国认为西欧无论有没有援助都不会走向共产主义，或虽然有美国的援助它还是会走向共产主义，美国就不会有自我利益的动机去开展援助。

因此，这个博弈是一个设定了适当参数值的囚徒困境。博弈双方都愿意给予和接受援助，不愿意出现没有援助和西欧实行共产主义的情况，但在实现这一最佳结果上存在一个问题。双方在矩阵左上角这个位置上都有欺骗的动机。如果西欧在没有援助的情况下保持民主，对美国来说最好。而西欧更愿意在接受援助的情况下仍然走向共产主义。用博弈论的语言来说，这种结果不是纳什均衡。美国的收益来自不给予援助，而西欧的民主行为保持不变。西欧的收益来自走向共产主义，而美国的援助行为保持不变。

众所周知，如果这个囚徒困境的博弈只玩一次，那么纳什均衡就是没有援助也没有共产主义出现，即表 A.1 和表 A.2 右下角的位

置。这个结果对博弈双方来说都比左上角数字差。对比之下，如果
这个博弈可以重复玩很多次，双方针锋相对的策略就会使双方走到
左上角的位置，即援助和民主的较好位置。在这一战略中只要双方
保持一致就都会选择援助和民主，但如果有一方背叛，就存在着永
远只有一次纳什均衡的危险。这种威胁对合作有促进作用。每个博
弈方都明白，如果选择一次背叛，它可能在接下来的阶段会有所收
益，但之后就要永远接受不太理想的纳什结果。重复博弈方会选择
这一政策和结果的条件是可以衍生出来的。经济学家喜欢的是纳什
均衡明显的合理性，但普通人和政治家们要保持自己的做法是不会
受到非议的。④

## 现代宏观经济框架

在这里，我们会简要地描述现代宏观经济模型以及这些模型是
如何支撑正文观点的。因为本书的读者既有经济学家也有非经济学
家，所以正文中没有明确地对这些比较正式的模型给予说明。相
反，这里只提供了一个简短的说明，为那些经济学家揭示出这些模
型的共同要素。这些人可能会希望对本书中讨论的问题做更正式的
思考。

现代宏观经济理论包括新凯恩斯宏观经济模型、现代经济增长
理论，以及在动态随机一般均衡（DSGE）传统中的模型。这些现
代宏观经济理论都是用理性消费者效用最大化和企业利润最大化为
基础的数学模型来体现的。消费者和企业都被假定对未来的经济发
展有着自己的看法。⑤

本书涉及的情况不太适于用这些类型的模型表示，原因有两
个。第一个是，我们主要讨论的是国际经济危机。当人们对自己持
有的资产能否得到契约的回报改变想法并随之改变他们的行为时，

危机便发生了。这些不是优化个人的长期决定，而是对未来变化的预期的快速转变而产生的结果。正如我们在正文中描述的那样，通常当国家或地区失去内部或外部的平衡，它们的债务从良好变坏时才会发生危机。一个国家或地区，就如一个老式的银行，资源耗尽无法兑现其诺言时，才会发生危机。这些资源可能是黄金、外汇，或是来自其他具有星级声誉机构的担保。就像交易危机模型显示的那样，经济通常不会走到这个边界。相反，那些预见到这种崩溃的投资者，会争先恐后地在第一时间出售棘手的资产从而促成危机的发生。

第二个原因是，我们关注的是利用政府政策来防止这种危机的发生。一些现代宏观经济理论是要讨论正常状态下的最佳政府政策，例如，我们第五章讨论的如何在货币联盟内引入财政政策规则是比较有利的。但如果不改变消费者和公司对未来经济前景的想法，然后突然改变他们的行为，这些政策才是最优的。如果我们试图讨论针对企业和消费者这种行为改变的最优政府政策，我们的政府政策就会变得更加复杂。

尽管如此，我们在本书中还是体现了很多现代宏观经济学的内容。新凯恩斯主义宏观经济学说明了决策者如何能够并应当稳定经济需求的整体水平，防止通货膨胀并且在经济显然处于正常状态的"大缓和"时期保持接近充分就业。我们的方法与这项工作有关。与弗里德曼和宏观经济学的货币主义学派的观点相反的是，那些以通胀为目标的中央银行，如美联储、欧洲央行和英格兰银行等，它们实际实行的政策一直都保持着高度的干预性，旨在稳定经济的需求。"格林斯潘对策"就是这样一个政策的例子，即利率降低的程度完全依赖于保持高需求和经济增长的需要。我们描述了政府以实现内部平衡为目标的情况下其政策在这方面的体现。在本书中，许多讨论都是以政策的这方面为核心。

　　现代宏观经济学也试图了解经济增长的原因。增长模型显示了当需求保持接近充分就业，以及在"大缓和"的平静时期经济增长的结果。经济增长的基本框架，是用索洛增长模型表示的，其中经济供给侧的增长取决于其经济产出当中有多少用于储蓄，有多少用于资本积累，同时还取决于技术的进步率。[6]我们的方法与这项工作有关。我们描述了英国和美国作为霸主期间源于关键创新的技术进步。我们还描述了技术你追我赶的发展过程，因为这些技术先在欧洲大陆发展，然后在东亚得到复制。

　　现代宏观经济学的一个中心任务是把这两种分析结合起来。做到这一点的模型，可以认为是来自新凯恩斯主义宏观经济学的现代的动态随机一般均衡模型。这组拗口的词反映了大多数现代宏观经济学关注的是动态（即随着时间变化的经济的过去和未来），而不是简单的 IS/LM 体系研究的静态变化。"随机"意味着这些模型研究的是冲击的影响。"一般均衡"反映了宏观经济中一切都是互相依存的观点。我们在第三章探讨了这种见解对本书的分析有着怎样的重要性。

　　这些动态随机一般均衡模型清楚地将描述宏观经济短期运行（以通货膨胀为目标的各中央银行实行的那类）的模型与分析长期增长（即其中经济供给侧的增长取决于其经济产出当中有多少用于储蓄，有多少用于资本积累，还取决于技术的进步率）的模型结合在一起。这个结合了两个老传统的动态随机一般均衡传统，在全球金融危机之前的"大缓和"时期就已经成为宏观经济学的主要思考方式。

　　"大缓和"时期的一个重要特征，至少是 2004 年以前那段时间，是全球储蓄相对于全球投资来说处于很高的水平。事后看来，这导致低水平的全球无风险利率，鼓励了利用储蓄进行投资。为了了解发生这种情况的原因，新凯恩斯主义宏观经济学研究了支撑

IS/LM 模型里的 IS 曲线决策类型。这个新凯恩斯主义分析表明，前瞻性的消费者和企业会寻究 IS 曲线确定的静态特征：他们会将自己的决策与长期的经济力量联系起来。在任何时候，无风险利率都取决于决定投资需求的长期力量。如果企业对经济长期增长前景持悲观预期（并且它们预期的技术进步率徘徊不前），那么，它们就会希望减少投资，这又会压低利率。同样，如果储蓄水平很高，也会压低利率。我们在第六章说明了这些特点导致东亚危机后那段时期低利率的原因。这些动态随机一般均衡模型有助于理解这个过程。⑦

在"大缓和"时期，这套经济模型看来对决策者起到了有益的指导作用。在那个时候，许多对于该理论的应用都反映出这种自信。例如，经济受到任何供给侧的冲击以后，认为通胀目标一定会实现的私人企业越多，货币决策者就越容易实现这个目标。卡帕迪亚（Kapadia）的研究正好说明了这其中的缘故。某种傲慢的意味暴露无遗。布兰查德（Blanchard）写道，"宏观的状态是好的……昔日的战斗……都结束了，出现了……一个广泛的观点融合"。⑧

但这些动态随机一般均衡模型完全是从金融行业的问题中概括出来的。事实证明这种概括具有极强的误导作用。动态随机一般均衡模型中的金融调节基本上是无成本的，对经济运行不构成任何障碍。一个有竞争力的金融体系（即银行体系），会推动风险溢价下降到低水平，从而由中央银行有效地设定所有的短期利率，包括对私人债务的利率。这些动态随机一般均衡模型中还包含长期资产的模型，这些资产的价格由一个跨期套利的条件设定，因此，它们的回报与持有一系列的短期资产收益的回报是相等的。所以，设定短期利率的决策者也有效地设定了长期利率。⑨

事实证明现实非常不同。在"大缓和"时期，与高水平储蓄相关的力量导致低利率和大量的私营企业借贷。这些低利率又引发了金融机构对提高收益率的探索，并导致高杠杆率。动态随机一般均衡一类的模型假定这些借款会偿还，杠杆作用也将逐步放松。即使包括金融摩擦和金融加速器功能的模型，也基本没有遇到来自此部分的干扰。我们现在知道，这种杠杆作用破坏了来之不易的"大缓和"时期的稳定。突然之间，杠杆作用开始显得非常有风险了，长期借款利率上升，杠杆金融机构无法从彼此借到贷款。动态随机一般均衡模型没有预测到随后的危机，这些模型也很难显示出这种危机。[10]

在这些动态随机一般均衡模型的国际版本中，汇率要么是固定的，要么是浮动的。在后一种情况下，它是由国际套利条件决定的。改变利率以确保各国的预期收益能趋于相等。改变利率尤其是要带来国际水平的竞争力，从而确保国际借贷得以偿还。在前一种情况下，这些模型假设工资和价格的调整将带来应有的竞争力变化。现在我们知道，世界上实行固定汇率的地区（即欧洲内部以及东亚和世界其他地区），其国际竞争力很难调节，其国际债务也很难纠正，而这些困难都对"大缓和"时期的稳定造成了破坏。我们在第五章和第六章集中探讨了这些困难。动态随机一般均衡模型对于理解这些问题未能起到助力作用。

尝试运用动态随机一般均衡模型对几次主要的萧条时期进行分析后，不免就会得出这样的结论，即产出的下降源自出现了无法解释的负面技术冲击。但是在本书中，我们不是研究基础技术的变化，而是研究导致总需求下降的国际经济受到的冲击。这一观点在最近几年对地方性支出的研究中已经得到了印证。[11]

动态随机一般均衡传统出现的问题源自这些模型的假设，这种假设认为未来的发展变化可以在目前得到正确的理解，认为消费者和企业基于这种理解的表现为最佳，认为政府基于对现状的理解可以设计出最优政策。爆发危机的可能性使这一假设无法令人满意。特别是，消费者和企业可能会把风险溢价加到金融资产的价格中，如果有出现危机的可能性，他们面临消费决策时可能会望而却步。为了自我延续他们可能会降低需求从而引发危机，而这些都是动态随机一般均衡模型难以捕捉到的。

在本书中，我们集中探讨了在偿还债务可能会变得困难的情况下，有可能引发危机（特别是外债的积累）的国际经济的特点。我们重点论述了旨在降低危机爆发可能性的政策。动态随机一般均衡模型框架对我们的分析未能起到很大的帮助作用。

# 注　释

## 第一章　世界经济分崩离析

①金德尔伯格(Kindleberger,1986)是第一个把"霸主"这个术语用于经济活动的人。这个名词已经被很多人引用。包括 Eichengreen(1992),Berenskoetter 和 Williams(2007),Ahrari(2012),Williams et al. (2012)。

②Orwell (1958),p. 59.

③Wolf (2011).

④Hume (1752),part II,"Of the Balance of Trade."

⑤Meade (1951); Swan (1955).

⑥Reinhart and Rogoff (2009).

⑦Koo (2008).

⑧Keynes (1930),vol. 6,pp. 306 – 307.

⑨Marx (1852),p. 1.

## 第二章　英国世纪和经济大萧条

①Dickson (1967); Brewer (1989); O'Brien (2003).

②Allen (2009).

③Mokyr (2009),p. 15.

④Keynes (1930),pp. 306 – 307.

⑤Imlah (1958),p. 75.

⑥Kindleberger (1964).

⑦Ferguson（1999）.

⑧Carr（1966），p. 53.

⑨Harrod（1972），chapter 6；Skidelsky（1983），chapter 15.

⑩Keynes（1919），p. 118.

⑪Ibid. ，p. 142.

⑫Ibid. ，p. 157.

⑬Berger（2004），pp. 118 – 124；Kitchen（2006），p. 223.

⑭Great Britain（1918），p. 5.

⑮Forsyth（1993），p. 238.

⑯Schuker（1976）.

⑰Feldman（1997）；Widdig（2001）.

⑱Feinstein et al.（2008），pp. 60 – 63.

⑲Crafts et al.（1989）.

⑳Clark（1987）；Saxonhouse and Wright（2010）.

㉑Temin（1989）；Eichengreen and Temin（2000）.

㉒Mouré（1991），pp. 55 – 56.

㉓Nurkse（1944），pp. 73 – 75.

㉔Irwin（2010）.

㉕Lewis（1949）；Temin（1971）；Falkus（1975）；Balderston（1983）；McNeil（1986）；Som – mariva and Tullio（1986）.

㉖Borchardt（1979）；Balderston（1983）.

㉗Kindleberger（1986），pp. 295 – 297. Eichengreen（1992）.

㉘Ferguson and Temin（2003）.

㉙扬格计划债券交易很广，但是为巴黎提供的是最完整的系列。

㉚Temin（2008a）.

㉛Eichengreen and Temin（2000,2010）.

㉜Accominotti（2012）.

㉝Sayers（1976），pp. 390 – 391.

㉞Hawtrey（1938），p. 145.

㉟Hoover（1951 – 52）,vol. 3,p. 30.

㊱Mouré（1991）,p. 33.

㊲Friedman and Schwartz（1963）,p. 317.

㊳Warren（1959）,p. 280.

㊴Blackett（1932）,p. 71.

㊵Grossman（1994）.

㊶Orwell（1958）,p. 95；Feinstein et al.（2008）,pp. 115 – 116.

㊷Rothermund（1996）.

㊸Temin and Wigmore（1990）；Eggertsson（2008）.

㊹League of Nations（1933）,p. 193 – 194.

㊺Hamilton（1982）；Childers（1983）.

㊻Tooze（2006）.

㊼Larson（2011）.

㊽Temin（1989,2010）.

㊾Irwin（2011）.

## 第三章　凯恩斯的思想演进

①Quoted in Howson and Moggridge（1990）,p. 158.

②Keynes（1936）,p. 383.

③Keynes（1922）.

④Keynes（1923）；*The Economic Consequences of Mr Churchill and Can Lloyd George Do It?* can be found in Keynes（1972）；Harrod（1972）,p. 445 – 453.

⑤Harrod(1972)；Moggridge(1976,1992)；Skidelsky(1983,1992,2000).

⑥Skidelsky（2000）,chapter 13,pp. 498 – 507. See Harrod（1960）,p. 68,who supports this view,and Vines（2003）.

⑦Keynes（1981）,p. 17.

⑧H. M. Treasury（1931）.

⑨Hayek（1952）,p. 196.

⑩Russell（1967）,p. 72.

⑪Keynes（1981）.

⑫Schumpeter（1946），p. 501.

⑬Keynes（1919），pp. 15,143.

⑭Keynes（1981），p. 39.

⑮Keynes（1981），pp. 39 – 42,49,53.

⑯Ibid. ,pp. 50 – 66.

⑰H. M. Treasury（1931），p. 3339.

⑱Boyle（1967），p. 258.

⑲这段引语和下面的引语都引自凯恩斯(1981)第二章,第76—77 页。

⑳Keynes（1981），p. 93.

㉑Harrod（1972），p. 495.

㉒Skidelsky（1992），p. 358.

㉓Harrod（1972），p. 497.

㉔Skidelsky（1992），p. 361.

㉕Keynes（1973），p. 338.

㉖Ibid. ,p. 339.

㉗Keynes（1973），p. 340.

㉘Kahn（1931）.

㉙Vines（2008）.

㉚Kahn（1984）.

㉛Keynes（1973），pp. 527 – 562.

㉜Ibid.

㉝Vines（2008）.

㉞Skidelsky（2000），p. 20.

㉟Keynes（1940）；Harrod（1972），chapter 12；Skidelsky（2000），part 1.

㊱Lukacs（2000），p. 100. Skidelsky（2000）.

㊲Williamson（1983）；Skidelsky（2000）；Harrod（1972）；Vines（2003）；House et al. (2008）.

㊳Keynes（1980a），pp. 41 – 67. Keynes（1980b）；van Dormael（1978）；Gardner（1956）；Skidelsky（2000）；Harrod（1972）；Vines（2003）.

㊴Nurkse（1947）.

㊵Keynes（1980a）,pp. 1 –67.

㊶Skidelsky（2000）,chapter 4,especially p. 133.

㊷Keynes（1980a）; Skidelsky（2000）,part 2; Harrod（1972）,chapters 12 and 13.

㊸Keynes（1980a）,chapter 1,especially pp. 31,98.

㊹Ibid. ,p. 23,32.

㊺Skidelsky（2000）,especilly pp. 236 –238.

㊻Vines（2008）.

㊼Swan（1955）; Meade（1951）; Buiter and Marsten（1984）; Cooper（1985）; Howson and Moggridge（1990）; Vines（2008）.

㊽Vines（2003）.

㊾Ibid. ; House et al.（2008）.

㊿Keynes（1980a）,p. 216; Harrod（1972）,pp. 747 –749.

## 第四章　美国世纪和全球金融危机

①McCullough（1992）,pp. 564 –565.

②Davis（1983）; Axelrod（2006）.

③Keynes（1919）,section 7. 3; quote on p. 180.

④House et al.（2008）; Machlup（1964a,b）.

⑤Harrod（1972）,p. 639.

⑥Matthews et al.（1982）; Matthews and Bowen（1988）; Temin（2002）; Eichengreen（1995）; Eichengreen（2007）.

⑦Maddison（2007）,p. 381.

⑧Temin（1969）.

⑨Kazin（2006）,p. 61. Friedman and Schwartz（1963）,pp. 7,58 –61; Officer（1981）.

⑩Chandler（1977）.

⑪Carter et al.（2006）,series Eel2; Engerman and Gallman（1996）.

⑫Nelson and Wright（1992）.

⑬Bordo et al.（1999）; Temin（1989）; Obstfeld and Taylor（2004）.

⑭Feinstein et al.（2008）,p. 10.

⑮Temin（1966）.

⑯Irwin（1998）.

⑰Denison（1967）. See also Broadberry（1997）.

⑱Eichengreen and Ritschl（2009）.

⑲Gordon（2000）; Field（2011）.

⑳Atkinson and Piketty（2007）.

㉑Eichengreen（2006）.

㉒Temin and Wigmore（1990）; Eggertsson（2008）.

㉓Gross（1974）.

㉔Freeman（1998）.

㉕Koistinen（2004）.

㉖Lichtenstein（1995）.

㉗United Auto Workers press release,quoted in Lichtenstein（1995）,p. 279.

㉘Lichtenstein（1995）,p. 279. See also Amberg（1994）; Lichtenstein（1987）.

㉙Brody（1980）; Kochan（1980）; Weinstein and Kochan（1995）.

㉚Stein（2010）.

㉛Carter（1978）; Cowan（1978）; Stein（2010）.

㉜Haskel et al.（2012）.

㉝Blair（1989）; Jensen（1997）; Blair and Shary（1993）; Holmström and Kaplan（2001）;Philippon（2008）; Wigmore 1997）; Levy and Temin（2007）; Stiglitz（2012）.

㉞Lewis（1989）,p. 126.

㉟Jensen（1997）.

㊱Friedman and Friedman（1980）.

㊲Levy and Temin（2007）.

㊳Autor et al.（2012）.

㊴See the Appendix for more details.

㊵Friedman and Friedman（1980）; Brewer（1989）.

㊶Kane（1989）; White（1991）.

㊷Morris (2008).

㊸Fisher (1933).

㊹Goldin (2001); Goldin and Katz (2008).

㊺Darling – Hammond (2010), chapter 1.

㊻Blanchard and Milesi – Ferretti (2009).

㊼Chinn and Frieden (2011).

㊽Coral et al. (2009); Benmelech and Dlugosz (2009).

㊾Reinhart (2011).

㊿Morgenson (2012a, b); Stiglitz (2012), pp. 191 – 202.

(51)Koppell (2003).

(52)Hall (2010); Krugman (2012).

第五章 恢复欧洲的国际平衡

①EUROPA (1950).

②Temin (2002).

③These features were identified by Corden (1993).

④Williamson (1977).

⑤Fleming (1962); Mundell (1963).

⑥European Commission (2011).

⑦Alesina et al. (2001).

⑧European Commission (1992).

⑨European Commission (1997).

⑩Issing (2002). See also Issing (2006).

⑪This criticism of the Stability and Growth Pact was elaborated in Britain; see H. M. Treasury (2003); Westaway (2003); Allsopp and Vines (2007, 2010).

⑫European Commission (2008), p. 6; Sapir (2011).

⑬European Commission (2006).

⑭Krugman (2011C).

⑮This criticism is developed in Allsopp and Vines (2007, 2010).

⑯Miller and Sutherland (1990); Allsop and Vines (2007, 2010).

⑰Mundell（1961）；Kenen（1969）.

⑱Jaeger and Schuhknecht（2004）；Martinez – Mongay et al.（2007）.

⑲Keynes（1980a）；Soros（2012）.

⑳Kirsanova et al.（2007）；Allsopp and Vines（2007,2010）；Vines（2011a）.

㉑Soros（2012）.

㉒Vines（2011a）.

## 第六章　恢复世界的国际平衡

①Bluestein（2001）；Corbett and Vines（1999a, b）；Corbett et al.（1999）；Vines and Warr（2003）.

②Chung and Eichengreen（2003）.

③Irwin and Vines（2003）.

④House et al.（2008）；Lane et al.（1999）；IMF（2003）；Fischer（2004）；Boorman et al.（2000）；Corden（2007）.

⑤Stiglitz（2002）.

⑥IMF（2003）,p.115.

⑦Krueger（2002）.

⑧House et al.（2008）.

⑨Lin（2004）.

⑩Adam and Vines（2009）；Eichengreen（2004）；Portes（2009）；Prasad（2009）；Wei and Zhang（2009）；Caballero et al.（2008）；Mendoza et al.（2007）；Aizenman et al.（2004）；Dooley et al.（2004a,b）.

⑪这个不同其实是更细微的。欧洲央行可以设定利率,但它还有另一个政策目标,如第五章所述。利率不能用于在欧洲货币联盟内分配支出。

⑫Blanchard 和 Milesi – Ferretti（2011）。我们在以下的几段文字中使用了他们的方法。为简单起见,他们认为利率在所有地区都是相同的,但我们不需要这样做。

⑬Taylor（2008）.

⑭本推论是对第五章讨论的 20 世纪 60 年代的蒙代尔—弗莱明模型的扩展,罗伯特·蒙代尔凭此模型获得了 1999 年度诺贝尔经济学奖。Fleming

（1962）、Mundell（1963）、Dornbusch（1976）。

⑮Corden（1994）.

⑯Oudiz and Sachs（1984）是源自那一短暂插曲中最著名的论文。

⑰Kane（forthcoming）.

⑱Eichengreen（2011）.

⑲Eichengreen and O'Rourke（2010）；Adam and Vines（2009）.

⑳Blanchard and Milesi－Ferretti（2011）.

㉑Koo（2008）；*The Economist*（2012）.

㉒Altshuler and Bosworth（2010）.

㉓IMF（2010a）.

㉔Krugman（2010）.

㉕Yu（2009,2011）.

㉖Huang and Wang（2010）.

㉗Blanchard and Milesi－Ferretti（2009）；IMF（2012）.

㉘Ma et al.（2012）；Yu（2009,2011）.

㉙Obstfeld and Rogoff（2009）.

㉚Rabinovitch（2012）.

㉛Spence（2011）.

㉜Vines（2011b）.

㉝IMF（2010b,2011C,2012）.

## 第七章　运用理论汲取历史教训

①IMF（2011a）；G24（2011）；Qureshi（2011）；Brown（2010）.

②IMF（2011a,b）.

③Erlanger and Kulish（2011）.

④Fischer（2011）.

⑤Garnaut and Llewellyn Smith（2009）,pp.182－183；Garnaut（2010）；Ma et al.
（2012）.

## 附　录

①Keynes（1973）,p.342；Meade（1937）；Hicks（1937）；Young（1987）；

Vines（2008）.

②Vines（2008,2011b）.

③Swan（1955）.

④Davis（1983）; Axelrod（2006）.

⑤Woodford（2003）.

⑥Solow（1956）.

⑦Bernanke（2005）.

⑧Kapadia（2005）; Blanchard（2008）,p.1.

⑨Blanchard et al.（2010）.

⑩Bernanke et al.（1999）.

⑪Kehoe and Prescott（2007）; Temin（2008b）; Mian and Sufi（2012）.

# 参考文献

All citations to Keynes are from *The Collected Writings of John Maynard Keynes*, edited by Donald E. Moggridge (London: Macmillan, 1971–86). The original date of publication is given, and the references supply the volume numbers.

Accominotti, Olivier (2012) "London Merchant Banks, the Central European Panic, and the Sterling Crisis of 1931," *Journal of Economic History*, Vol. 72, No. 1, pp. 1–43.

Adam, Christopher, and David Vines (2009) "Remaking Macroeconomic Policy after the Global Financial Crisis: A Balance-Sheet Approach," *Oxford Review of Economic Policy*, Vol. 25, No. 4, pp. 507–552.

Ahrari, Mohammed (2012) *The Great Powers versus the Hegemon.* New York: Palgrave Macmillan.

Aizenman, J., B. Pinto, and A. Radziwill (2004) "Sources for Financing Domestic Capital —Is Foreign Saving a Viable Option for Developing Countries?" NBER Working Paper 10624. Cambridge, MA: National Bureau of Economic Research.

Alesina, A., O. Blanchard, J. Gali, F. Giavazzi, and H. Uhlig (2001) *Defining a Macroeconomic Framework for the Euro Area.* London: Centre for Economic Policy Research.

Allen, Robert C. (2009) *The British Industrialization in Global Perspective.* Cambridge: Cambridge University Press.

Allsopp, Christopher, and David Vines (2007) "Fiscal Policy, Labour Markets, and the Difficulties of Intercountry Adjustment within EMU," in David Cobham (ed.), *The Travails of the Eurozone.* London: Palgrave-Macmillan, pp. 95–119.

——— (2010) "Fiscal Policy, Intercountry Adjustment and the Real Exchange Rate," in Marco Buti, Servaas Deroose, Vitor Gaspar, and João Nogueira Martins (eds.), *The Euro: The First Decade.* Cambridge: Cambridge University Press, pp. 511–551. Initially published in European Commission (2008) "EMU@10: Successes and Challenges after Ten Years of Economic and Monetary Union," *European Economy.* Available at http://ec.europa.eu/economy_finance/publications/publication12682_en.pdf.

Altshuler, Rosanne, and Barry Bosworth (2010) "Fiscal Consolidation in America: The Policy Options," paper presented at the Macro Economy Research Conference on Fiscal Policy in the Post-Crisis World, Tokyo, November 16.

Amberg, Stephen (1994) *The Union Inspiration in American Politics*. Philadelphia: Temple University Press.

Atkinson, Anthony B., and Thomas Piketty (2007) *Top Incomes over the Twentieth Century: A Contrast between Continental European and English-Speaking Countries*. Oxford: Oxford University Press.

Autor, David H., David Dorn, and Gordon H. Hanson (2012) "The China Syndrome: Local Labor Effects of Import Competition in the United States," Massachusetts Institute of Technology, Economics Department working paper, May.

Axelrod, Robert (2006) *The Evolution of Cooperation*. New York: Basic Books.

Balderston, Theodore (1983) "The Beginning of the Depression in Germany, 1927–30: Investment and the Capital Market," *Economic History Review*, Vol. 36, pp. 395–415.

Benmelech, Efriam, and Jennifer Dlugosz (2009) "The Alchemy of CDOs' Credit Ratings," *Journal of Monetary Economics*, Vol. 56, No. 5, pp. 617–634.

Berenskoetter, Felix, and M. J. Williams (eds.) (2007) *Power in World Politics*. London: Routledge.

Berger, Stefan (2004) *Germany*. London: Arnold.

Bernanke, Ben S. (2005)"The Global Saving Glut and the U.S. Current Account Deficit," Sandridge Lecture to the Association of Economics, Richmond, Virginia, March 10. Available at http://www.federalreserve.gov/boarddocs/speeches/2005/200503102/.

Bernanke, Ben S., Mark Gertler, and Simon Gilchrist (1999) "The Financial Accelerator in a Quantitative Business Cycle Framework," J. B. Taylor and M. Woodford (eds.), *Handbook of Macroeconomics*, Vol. 1. Amsterdam: Elsevier, pp. 1341–1393.

Blackett, Basil P. (1932) *Planned Money*. London: Constable.

Blair, Margaret M. (1989) "Theory and Evidence on the Causes of Merger Waves," PhD dissertation, Yale University, New Haven, CT.

Blair, Margaret M., and Martha A. Shary (1993) "Industry-Level Pressures to Restructure," in Margaret M. Blair (ed.), *The Deal Decade*. Washington, DC: Brookings Institution Press, pp. 149–191.

Blanchard, Olivier (2008) "The State of Macro," NBER Working Paper 14259. Cambridge, MA: National Bureau of Economic Research.

Blanchard, Olivier, and Gian Maria Milesi-Ferretti (2009) "Global Imbalances—in Midstream?" IMF Staff Position Note SPN/09/29. Washington, DC: International Monetary Fund.

—— (2011) "(Why) Should Current Account Imbalances be Reduced?" IMF Staff Discussion Note SDN/11/03. Washington, DC: International Monetary Fund.

Blanchard, Olivier, Giovanni Dell'Ariccia, and Paolo Mauro (2010) "Rethinking Macroeconomic Policy," IMF Staff Position Note SPN/10/03. Washington, DC: International Monetary Fund.

Bluestein, Paul (2001) *The Chastening: Inside the Crisis That Rocked the Global Financial System and Humbled the IMF*. Cambridge, MA: Public Affairs.

Boorman, Jack, Timothy Lane, Marianne Schulze-Ghattas, Ales Bulir, Atish Ghosh, Javier Hamann, Alex Mourmouras, and Steven Phillips (2000) "Managing Financial Crises:

The Experience in East Asia," IMF Working Paper 00/107. Washington, DC: International Monetary Fund.

Borchardt, Knut (1979, English translation 1991) "Constraints and Room for Manoeuvre in the Great Depression of the Early Thirties: Towards a Revision of the Received Historical Picture," in Knut Borchardt, *Perspectives on Modern German Economic History and Policy*. Cambridge: Cambridge University Press, pp. 143–160.

Bordo, Michael, Barry Eichengreen, and Douglas Irwin (1999) "Is Globalization Today Really Different from Globalization a Hundred Years Ago?" *Brookings Trade Forum*. Washington, DC: Brookings Institution, pp. 1–50.

Boyle, Andrew (1967) *Montagu Norman*. London: Cassell.

Brewer, John (1989) *The Sinews of Power: Money and the English State, 1688–1783*. London: Unwin Hyman.

Broadberry, Stephen N. (1997) "Anglo-German Productivity Differences, 1870–1990," *European Review of Economic History*, Vol. 1, pp. 247–267.

Brody, David (1980) *Workers in Industrial America*. Oxford: Oxford University Press.

Brown, Gordon (2010) *Beyond the Crash: Overcoming the First Crisis of Globalisation*, London: Simon and Schuster.

Buiter, Willem, and Richard Marsten (1984) *International Policy Coordination*. Cambridge: Cambridge University Press.

Caballero, Ricardo, Emmanuel Farhi, and Pierre-Olivier Gourinchas (2008) "An Equilibrium Model of 'Global Imbalances' and Low Interest Rates," *American Economic Review*, Vol. 98, No. 1, pp. 358–393.

Carr, Edward H. (1966) *International Relations between the Two World Wars, 1919–39*. London: Macmillan. First published in 1937 under the title *International Relations since the Peace Treaties*.

Carter, Jimmy (1978) "Transcript of the President's Address on Inflation," *New York Times*, April 12, 1978.

Carter, Susan B., Scott Gartner, Michael Haines, Alan Olmstead, Richard Sutch, and Gavin Wright (2006) *Historical Statistics of the United States: Earliest Times to the Present*. New York: Cambridge University Press.

Cecchetti, Stephen G. (2009) "Crisis and Responses: The Federal Reserve in the Early Stages of the Financial Crisis," *Journal of Economic Perspectives*, Vol. 23, No. 1, pp. 51–75.

Chandler, Alfred (1977) *The Visible Hand*. Cambridge, MA: Harvard University Press.

Childers, Thomas (1983) *The Nazi Voter: The Social Foundations of Fascism in Germany, 1919–1933*. Chapel Hill: University of North Carolina Press.

Chinn, Menzie D., and Jeffrey A. Frieden (2011) *Lost Decades: The Making of America's Debt Crisis and the Long Recovery*. New York: W. W. Norton.

Chung, Duck-Koo, and Barry Eichengreen (eds.) (2003) *The Korean Economy beyond the Crisis*. Cheltenham: Edward Elgar.

Clark, Gregory (1987) "Why Isn't the Whole World Developed? Lessons from the Cotton Mills," *Journal of Economic History*, Vol. 47, No. 1, pp. 141–173.

Congressional Budget Office (2011) "Trends in the Distribution of Household Income between 1979 and 2007." Washington, DC. Available at http://www.cbo.gov/sites/default/files/cbofiles/attachments/10-25-HouseholdIncome.pdf.

Cooper, Richard (1985) "Economic Interdependence and Coordination of Economic Policies," in R. Jones and P. Kenen (eds.), *Handbook of International Economics*, Vol. 2. Amsterdam: North-Holland, pp. 1195–1234.

Corbett, Jenny, and David Vines (1999a) "Asian Currency and Financial Crises: Lessons from Vulnerability, Crisis, and Collapse," *World Economy*, Vol. 22, No. 2, pp. 155–177.

——— (1999b) "The Asian Financial Crisis: Lessons from the Collapse of Financial Systems, Currencies, and Macroeconomic Policy," in Pierre-Richard Agénor, Marcus Miller, David Vines, and Axel Weber (eds.), *The Asian Financial Crisis. Causes, Contagion and Consequences*. Cambridge: Cambridge University Press, pp. 67–110.

Corbett, Jenny, Gregor Irwin, and David Vines (1999) "From Asian Miracle to Asian Crisis: Why Vulnerability, Why Collapse?" in David Gruen and Luke Gower (eds.), *Capital Flows and the International Financial System*. Sydney: Reserve Bank of Australia, pp. 190–213.

Corden, W. Max (1993) "Why Did the Bretton Woods System Break Down?" in Michael Bordo and Barry Eichengreen (eds.), *A Retrospective on the Bretton Woods System*. Chicago: University of Chicago Press, pp. 504–509.

——— (1994) *Economic Policy, Exchange Rates, and the International System*. Oxford: Oxford University Press.

——— (2007) "The Asian Crisis: a Perspective after Ten Years," *Asian Pacific Economic Literature*, Vol. 21, No. 2, pp. 1–12.

Coval, Joshua, Jakob Jurek, and Erik Stafford (2009) "The Economics of Structured Finance," *Journal of Economic Perspectives*, Vol. 23, No. 1, pp. 3–25.

Cowan, Edward (1978) "Can Kahn Contain Wage-Price Spiral?" *New York Times*, November 12.

Crafts, N.F.R., S. J. Leybourne, and T. C. Mills (1989) "The Climacteric in Late Victorian Britain and France: A Reappraisal of the Evidence," *Journal of Applied Econometrics*, Vol. 4, No. 2, pp. 103–117.

Darling-Hammond, Linda. 2010. *The Flat World and Education: How America's Commitment to Equity Will Determine Our Future*. New York: Teachers College Press.

Davis, Morton (1983) *Game Theory: A Non-Technical Introduction*. New York: Basic Books.

Denison, Edward (1967) *Why Growth Rates Differ*. Washington, DC: Brookings Institution.

Dickson, P.G.M. (1967) *The Financial Revolution in England: A Study in the Development of Public Credit, 1688–1756*. New York: Macmillan, St. Martin's Press.

Dooley, Michael, David Folkerts-Landau, and Peter Garber (2004a) "The Revised Bretton Woods System," *International Journal of Finance and Economics*, Vol. 9, No. 4, pp. 307–313.

——— (2004b) "Direct Investment, Rising Real Wages and the Absorption of Excess Labor in the Periphery," NBER Working Paper 10626. Cambridge, MA: National Bureau of Economic Research.

Dornbusch, Rudiger (1976) "Expectations and Exchange Rate Dynamics," *Journal of Political Economy*, Vol. 84, No. 6, pp. l161–1176.

*The Economist* (2012). "QE or Not QE?" July 14.

Eggertsson, Gaudi B. (2008) "Great Expectations and the End of the Depression," *American Economic Review*, Vol. 98, No. 4, pp. 1476–1516.

Eichengreen, Barry (1992) *Golden Fetters: The Gold Standard and the Great Depression, 1919–1939.* New York: Oxford University Press.

—— (ed.) (1995) *Europe's Postwar Growth.* New York: Cambridge University Press.

—— (2004) "The Dollar and the New Bretton Woods System," Henry Thornton Lecture, London, December 15. Available at http://emlab.berkeley.edu/~eichengr/policy/cityuniversitylecture2jan3-05.pdf.

—— (2006) "Institutions and Economic Growth in Europe after World War II," in Nicholas Crafts and Gianni Toniolo (eds.), *Economic Growth in Europe since 1945.* Cambridge: Cambridge University Press, pp. 38–72.

—— (2007) *The European Economy since 1945: Coordinated Capitalism and Beyond.* Princeton, NJ: Princeton University Press.

—— (2011) *Exorbitant Privilege: The Rise and Fall of the Dollar and the Future of the International Monetary System.* New York: Oxford University Press.

Eichengreen, Barry, and Kevin O'Rourke (2010) "What Do the New Data Tell Us?" *VoxEU.* Available at http://www.voxeu.org/article/tale-two-depressions-what-do-new-data-tell-us-february-2010-update.

Eichengreen, Barry, and Albrecht Ritschl (2009) "Understanding West German Economic Growth in the 1950s," *Cliometrica*, Vol. 3, No. 3, pp. 191–219.

Eichengreen, Barry, and Peter Temin (2000) "The Gold Standard and the Great Depression," *Contemporary European History*, Vol. 9, No. 2, pp. 183–207.

—— (2010) "Fetters of Gold and Paper," *Oxford Review of Economic Policy*, Vol. 26, No. 3, pp. 370–384.

Engerman, Stanley L., and Robert E. Gallman (eds.). 1996. *The Cambridge Economic History of the United States.* Cambridge: Cambridge University Press.

Erlanger, Steven, and Nicholas Kulish (2011) "German Leader Rules out Rapid Action on the Euro," *New York Times*, November 24.

EUROPA (1950) *The Declaration of 9 May 1950.* Available at http://europa.eu/abc/symbols/9-may/decl_en.htm.

European Commission (1992) Treaty on Monetary Union. Available at http://eur-lex.europa.eu/en/treaties/dat/11992M/htm/11992M.html.

—— (1997) Stability and Growth Pact. Available at http://europa.eu/legislation_summaries/economic_and_monetary_affairs/stability_and_growth_pact/l25021_en.htm.

—— (2006). *The EU Economy: 2006 Review: Adjustment Dynamics in the Euro Area—Experiences and Challenges.* Available at http://ec.europa.eu/economy_finance/publications/publication425_en.pdf.

—— (2008) "EMU@10: Successes and Challenges after Ten Years of Economic and

Monetary Union," *European Economy*. Available at http://ec.europa.eu/economy_finance/publications/publication12682_en.pdf.

European Commission (2011) "European Semester: A New Architecture for the New EU Economic Governance." Available at http://europa.eu/rapid/pressReleasesAction.do?reference=MEMO/11/14.

Falkus, Malcolm E. (1975) "The German Business Cycle in the 1920s," *Economic History Review*, Vol. 28, No. 3, pp. 451–465.

Feinstein, Charles, and Katherine Watson (1995) "Private International Capital Flows in the Inter-War Period," in Charles Feinstein (ed.), *Banking, Currency, and Finance in Europe between the Wars*. Oxford: Oxford University Press, pp. 94–130.

Feinstein, Charles, Peter Temin, and Gianni Toniolo (2008) *The World Economy between the Wars*. Oxford: Oxford University Press.

Feldman, Gerald (1997) *The Great Disorder: Politics, Economics and Society in the German Hyperinflation, 1914–1924*. New York: Oxford University Press.

Ferguson, Niall (1999) *The Pity of War*. New York: Basic Books.

Ferguson, Thomas, and Peter Temin (2003) "Made in Germany: The German Currency Crisis of 1931," *Research in Economic History*, Vol. 21, pp. 1–53.

———— (2004) "Comment on the 'The German Twin Crisis of 1931,'" *Journal of Economic History*, Vol. 64, No. 3, pp. 872–876.

Field, Alexander J. (2011) *A Great Leap Forward: 1930s Depression and U.S. Economic Growth*. New Haven, CT: Yale University Press.

Fischer, Joschka (2011) "The Threat of German Amnesia," *Project Syndicate*. Available at http://www.project-syndicate.org/commentary/the-threat-of-german-amnesia.

Fischer, Stanley (2004) *IMF Essays from a Time of Crisis: The International Financial System, Stabilization, and Development*. Cambridge, MA: MIT Press.

Fisher, Irving (1933) "The Debt-Deflation Theory of Great Depressions," *Econometrica*, Vol. 1, No. 4, pp. 337–357.

Fleming, J. M. (1962) "Domestic Financial Policy under Fixed and Floating Exchange Rates," *IMF Staff Papers*, Vol. 9, pp. 369–379.

Forsyth, Douglas J. (1993) *The Crisis of Liberal Italy: Monetary and Financial Policy, 1914–1922*. Cambridge: Cambridge University Press.

Freeman, Richard B. (1998) "Spurts in Union Growth: Defining Moments and Social Processes," in Michael D. Bordo, Claudia Goldin, and Eugene N. White (eds.), *The Defining Moment: The Great Depression and the American Economy in the Twentieth Century*. Chicago: University of Chicago Press, pp. 265–295.

Friedman, Milton, and Rose Friedman (1980) *Free to Choose*. New York: Harcourt Brace Jovanovich.

Friedman, Milton, and Anna Schwartz (1963) *A Monetary History of the United States, 1860–1963*. Princeton, NJ: Princeton University Press.

G24 (2011) "Issues for Discussion," G24 Technical Group Meeting, Pretoria, South Africa, March 17–18. Available at http://www.g24.org/ino311.pdf.

Gardner, Richard (1956) *Sterling Dollar Diplomacy*. Oxford: Oxford University Press.

Garnaut, Ross (2010) "Macro-economic Implications of the Turning Point," *China Economic Journal*, Vol. 3, No. 2, pp. 181–190.

Garnaut, Ross, and David Llewellyn Smith (2009) *The Great Crash of 2008*. Melbourne: Melbourne University Publishing.

Goldin, Claudia (2001) "The Human-Capital Century and American Leadership Virtues of the Past," *Journal of Economic History*, Vol. 61, No. 2, pp. 263–292.

Goldin, Claudia, and Lawrence F. Katz (2008) *The Race between Education and Technology*. Cambridge, MA: Harvard University Press.

Gordon, Robert J. (2000) "Interpreting the 'One Big Wave' in U.S. Long-Term Productivity Growth," in Bart van Ark, Simon Kuipers, and Gerard Kuper (eds.), *Productivity, Technology, and Economic Growth*. Boston: Kluwer, pp. 19–65.

Great Britain (1918) *First Interim Report of the Commission on Currency and Foreign Exchanges After the War*. Cd. 9182: 1918, Vol. VII, p. 853.

Gross, James A. (1974) *The Making of the National Labor Relations Board*. Albany: State University of New York Press.

Grossman, Richard (1994) "The Shoe That Didn't Drop: Explaining Banking Stability during the Great Depression," *Journal of Economic History*, Vol. 54, No. 3, pp. 654–682.

Hall, Robert E. (2010) "Fiscal Stimulus," *Daedalus*, Vol. 139, No. 4, pp. 83–94.

Hamilton, Richard (1982) *Who Voted for Hitler?* Princeton, NJ: Princeton University Press.

Harrod, Roy (1960) "Keynes, the Economist," in S. Harris (ed.), *The New Economics: Keynes' Influence on Theory and Public Policy*. London: Denis Dobson, pp. 65–72.

—— (1972) *The Life of John Maynard Keynes*. London: Penguin. First published by Macmillan in 1951.

Haskel, Jonathan, Robert Z. Lawrence, Edward E. Leamer, and Matthew J. Slaughter (2012) "Globalization and U.S. Wages: Modifying Classic Theory to Explain Recent Facts," *Journal of Economic Perspectives*, Vol. 26, No. 2, pp. 119–139.

Hawtrey, Ralph G. (1938) *A Century of Bank Rate*. London: Longmans, Green.

Hayek, Friedrich (1952) "Review of R. F. Harrod, *The Life of John Maynard Keynes*," *Journal of Modern History*, Vol. 24, No. 2, pp. 195–198.

H. M. Treasury (1931) *Report of the Committee on Finance and Industry* [Macmillan Committee]. Cmd 2897. Minutes of Evidence, 2 vols.

—— (2003) "Fiscal Stabilisation and EMU: A Discussion Paper." London. Available at http://www4.fe.uc.pt/jasa/m_i_2010_2011/fiscalstabilizationandemu_section234_and_567.pdf.

Hicks, John (1937) "Mr. Keynes and the 'Classics'; A Suggested Interpretation," *Econometrica*, Vol. 5, No. 2, pp. 147–159.

Holmström, Bengt, and Steven N. Kaplan (2001) "Corporate Governance and Merger Activity in the United States: Making Sense of the 1980s and 1990s," *Journal of Economic Perspectives*, Vol. 15, No. 2, pp. 121–144.

Hoover, Herbert (1951–52) *The Memoirs of Herbert Hoover: The Great Depression, 1929–1941*. New York: Macmillan.

House, Brett, David Vines, and W. Max Corden (2008) "The International Monetary Fund," in Steven Durlauf and Lawrence Blume (eds.), *New Palgrave Dictionary of Economics,* Second Edition, Vol. 4. London: Macmillan, pp. 463–479.

Howson, Sue, and Donald Moggridge (1990) *The Wartime Diaries of Lionel Robbins and James Meade, 1943–1945.* London: Macmillan.

Huang, Yiping, and Bijun Wang (2010) "Cost Distortions and Structural Imbalances in China," *China and the World Economy,* Vol. 18, No. 4, pp. 1–17.

Hume, David (1752) *Essays Moral, Political and Literary.* London.

Imlah, Albert H. (1958) *Economic Elements in the Pax Britannica: Studies in British Foreign Trade in the Nineteenth Century.* Cambridge: Harvard University Press.

IMF (International Monetary Fund) (2003) "The IMF and Recent Capital Account Crises: Indonesia, Korea, Brazil," Report of the Independent Evaluation Office of the IMF. Washington, DC. Available at http://www.imf.org/external/np/ieo/2003/cac/pdf/main.pdf.

—— (2010a) "Strategies for Fiscal Consolidation in the Post-Crisis World," paper prepared by the Fiscal Affairs Department. Washington, DC. Available at http://www.imf.org/external/np/pp/eng/2010/020410a.pdf.

—— (2010b) "World Economic Outlook." Washington, DC. Available at http://www.imf.org/external/pubs/ft/weo/2010/01/index.htm.

—— (2011a) "The G-20 Mutual Assessment Process (MAP)," International Monetary Fund Factsheet. Washington, DC. Available at http://www.imf.org/external/np/exr/facts/g20map.htm.

—— (2011b) *IMF Staff Reports for the G-20 Mutual Assessment Process.* Washington, DC. Available at http://www.imf.org/external/np/g20/pdf/110411.pdf.

—— (2011c) "World Economic Outlook." Washington, DC. Available at http://www.imf.org/external/pubs/ft/weo/2011/01/index.htm.

—— (2012) "World Economic Outlook." Washington, DC. Available at http://www.imf.org/external/pubs/ft/weo/2012/01/index.htm.

Irwin, Douglas (1998) "From Smoot-Hawley to Reciprocal Trade Agreements: Changing the Course of U.S. Trade Policy in the 1930s," in Michael Bordo, Claudia Goldin, and Eugene White (eds.), *The Defining Moment: The Great Depression and the American Economy.* Chicago: University of Chicago Press, pp. 325–352.

—— (2010) "Did France Cause the Great Depression?" NBER Working Paper 16350. Cambridge, MA: National Bureau of Economic Research.

—— (2011) "Gold Sterilization and the Recession of 1937–38," NBER Working Paper 17595. Cambridge, MA: National Bureau of Economic Research.

Irwin, Gregor, and David Vines (2003) "Government Guarantees, Investment, and Vulnerability to Financial Crises," *Review of International Economics,* Vol. 11, No. 5, pp. 860–874.

Issing, Otmar (2002) "On Macroeconomic Policy Coordination in EMU," *Journal of Common Market Studies,* Vol. 40, No 2, pp. 345–358.

—— (2006) "The Euro: A Currency without a State," BIS Review 23/2006. Basel: Bank for International Settlement.

Jaeger, Albert, and Ludger Schuhknecht (2004) "Boom-Bust Phases in Asset Prices and Fiscal Policy Behavior," Working Paper 04/54. Washington, DC: International Monetary Fund.

Jensen, Michael C. (1997) "Eclipse of the Public Corporation" (revised version). Available at http://papers.ssrn.com/abstract=146149. Paper originally published in *Harvard Business Review*, September–October 1989.

Kahn, Richard (1931) "The Relation of Home Investment to Unemployment," *Economic Journal*, Vol. 41, No. 162, pp. 173–198.

—— (1984) *The Making of Keynes' General Theory*. Cambridge: Cambridge University Press.

Kane, Edward J. (1989) *The S&L Mess: How Did It Happen?* Washington, DC: Urban Institute.

—— (forthcoming) "Bankers and Brokers First: Loose Ends in the Theory of Central Bank Policy Making," in Doug Evanoff (ed.), *The Role of Central Banks in Financial Stability: How Has It Changed?* Singapore: World Scientific.

Kapadia, Sujit (2005) "Inflation-Target Expectations and Optimal Monetary Policy," Economics Series Working Paper 227. Oxford: University of Oxford, Department of Economics.

Kazin, Michael (2006) *A Godly Hero: The Life of William Jennings Bryan*. New York: Knopf.

Kehoe, Timothy J., and Edward C. Prescott (2007) *Great Depressions of the Twentieth Century*. Minneapolis, MN: Federal Reserve Bank of Minneapolis, Research Department.

Kenen, Peter (1969) "The Theory of Optimum Currency Areas: An Eclectic View," in Robert Mundell and Alexander Swoboda (eds.), *Monetary Problems in the International Economy*. University of Chicago Press, Chicago, pp. 41–60.

Keynes, John Maynard (1919) *The Economic Consequences of the Peace. Collected Writings of J. M. Keynes*, Vol. II.

—— (1922) *A Revision of the Treaty. Collected Writings of J. M. Keynes*, Vol. III.

—— (1923) *A Tract on Monetary Reform. Collected Writings of J. M. Keynes*, Vol. IV.

—— (1930) *A Treatise on Money, Volumes 1 and 2. Collected Writings of J. M. Keynes*, Vols. V and VI.

—— (1936) *The General Theory of Employment, Interest and Money Collected Writings of J. M. Keynes*, Vol. VII.

—— (1940) *How to Pay for the War. Collected Writings of J. M. Keynes*, Vol. IX.

—— (1972) *Essays in Persuasion. Collected Writings of J. M. Keynes*, Vol. IX.

—— (1973) *The General Theory and After: Part I, Preparation, Collected Writings of J. M. Keynes*, Vol. XIII.

—— (1980a) *Activities 1940–1944 Shaping the Post War World: The Clearing Union. Collected Writings of J. M. Keynes*, Vol. XXV.

—— (1980b) *Activities 1941–1946 Shaping the Post War World: The Clearing Union. Collected Writings of J. M. Keynes*, Vol. XXVI.

—— (1981) *Activities 1929–1931: Rethinking Employment and Unemployment Policy. Collected Writings of J. M. Keynes*, Vol. XX.

Kindleberger, Charles P. (1964) *Economic Growth in France and Britain*. Cambridge, MA: Harvard University Press.

—— (1986) *The World in Depression, 1919–1939*, Second Edition. London: Allen Lane. First edition published in 1973.

Kirsanova, T., M. Satchi, D. Vines, and S. Wren-Lewis (2007) "Optimal Fiscal Policy Rules in a Monetary Union," *Journal of Money, Credit and Banking*, Vol. 39, No. 7, pp. 1759–1784.

Kitchen, Martin. 2006. *A History of Modern Germany*. Oxford: Blackwell.

Kochan, Thomas A. (1980) *Collective Bargaining and Industrial Relations*. Homewood, IL: Irwin.

Koistinen, Paul A. C. (2004) *Arsenal of World War II: The Political Economy of American Warfare, 1940–1945*. Lawrence: University Press of Kansas.

Koo, Richard (2008) *The Holy Grail of Macroeconomics: Lessons from Japan's Great Recession*. Singapore: Wiley.

Koppell, Jonathan (2003) *The Politics of Quasi-Government: Hybrid Organizations and the Dynamics of Bureaucratic Control*. Cambridge: Cambridge University Press.

Krueger, Anne (2002) *A New Approach to Sovereign Debt Restructuring*. Washington, DC: International Monetary Fund. Available at www.imf.orghttp://www.imf.org/external/pubs/ft/exrp/sdrm/eng/sdrm.pdf.

Krugman, Paul (2010) "1938 in 2010," *New York Times*, September 5.

—— (2011a) "Inequality Trends in One Picture," *The Conscience of a Liberal*, November 3. Available at krugman.blogs.nytimes.com.

—— (2011b) "Wishful Thinking and the Road to Eurogeddon," *The Conscience of a Liberal*, November 7. Available at krugman.blogs.nytimes.com.

—— (2011c) "Mysterious Europe," *New York Times*, November 26.

—— (2012) *End This Depression Now!* New York: W. W. Norton.

Lane, Timothy, Atish Ghosh, Javier Hamann, Steven Phillips, Marianne Schulze-Ghattas, and Tsidi Tsikata (1999) "IMF-Supported Programs in Indonesia, Korea and Thailand: A Preliminary Assessment," IMF Occasional Paper 178. Washington, DC: International Monetary Fund.

Larson, Eric (2011) *In the Garden of Beasts: Love, Terror, and an American Family in Hitler's Berlin*. New York: Crown.

League of Nations (1933) *World Economic Survey 1932/33*. Geneva: League of Nations.

Levy, Frank, and Peter Temin (2007) "Inequality and Institutions in 20th Century America," NBER Working Paper 13106. Cambridge, MA: National Bureau of Economic Research.

Lewis, Michael (1989) *Liar's Poker: Rising through the Wreckage on Wall Street*. New York: W. W. Norton.

Lewis, W. Arthur (1949) *Economic Survey*. London: Allen and Unwin.

Lichtenstein, Nelson (1987) "Reutherism on the Shop Floor: Union Strategy and Shop-Floor Conflict in the USA 1946–1970," in Steven Tolliday and Jonathan Zeitlin (eds.), *The Automobile Industry and Its Workers: Between Fordism and Flexibility*. New York: St. Martin's Press, pp. 121–143.

—— (1995) *Walter Reuther: The Most Dangerous Man in Detroit.* Urbana and Chicago: University of Illinois Press.

Lin, Justin (2004) "Is China's Growth Real and Sustainable?" mimeo, China Centre for Economics Research, Peking University. Available at http://en.ccer.edu.cn/download/3024-1.pdf.

Lukacs, John (2000) *Five Days in London, May 1940.* New Haven, CT: Yale University Press.

Ma, Guonan, Robert McCauley, and Lillie Lam (2012) "Narrowing China's Current Account Surplus: The Role of Saving, Investment and the Renminbi," in Huw McKay and Ligang Song (eds.), *Rebalancing and Sustaining Growth in China.* Canberra and Beijing: Australian National University E Press and Social Sciences Academic Press, pp. 65–91.

Machlup, Fritz (1964a) *International Monetary Arrangements: The Problem of Choice.* Princeton, NJ: Princeton University, International Finance Section.

—— (1964b) "Plans for Reform of the International Monetary System," Special Papers in International Economics No. 3. Princeton, NJ: Princeton University, International Finance Section.

Maddison, Angus (2007) *Contours of the World Economy, 1–2003 AD.* Oxford: Oxford University Press.

Martinez-Mongay, Carlos, Luis-Angel Maza Lasierra, and Javier Yaniz Igal (2007) "Asset Booms and Tax Receipts: The Case of Spain, 1995–2006," Occasional Papers 293. Brussels: European Commission Directorate General for Economics and Financial Affairs.

Marx, Karl (1852) *The Eighteenth Brumaire of Louis Bonaparte.* New York: International.

Matthews, R.C.O., and A. Bowen (1988) "Keynesian and Other Explanations of Postwar Macroeconomic Trends," in W. A. Eltis and P.J.N. Sinclair (eds.), *Keynes and Economic Policy.* London: National Economic Development Office, pp. 354–388.

Matthews, Robin, Charles Feinstein, and John Odling-Smee (1982) *British Economic Growth, 1856–1973.* Oxford: Oxford University Press.

McCullough, David G. 1992. *Truman.* New York: Simon and Schuster.

McNeil, William C. (1986) *American Money and the Weimar Republic.* New York: Columbia University Press.

Meade, J. E. (1937) "A Simplified Model of Mr. Keynes' System," *Review of Economic Studies,* Vol. 4, No. 2, pp. 98–107.

—— (1951) *The Theory of International Economic Policy,* Vol. 1: *The Balance of Payments.* London and New York: Oxford University Press.

Mendoza, Enrique, Vincenzo Quadrini, and José Ríos-Rull (2007) "Financial Integration, Financial Deepness, and Global Imbalances," CEPR Discussion Paper 6149. London: Centre for Economic Policy Research.

Mian, Atif R., and Amir Sufi (2012) "What Explains High Unemployment? The Aggregate Demand Channel," NBER Working Paper 17830. Cambridge, MA: National Bureau of Economic Research.

Miller, Marcus, and Alan Sutherland (1990) "The 'Walters Critique' of the EMS: A Case of Inconsistent Expectations," CEPR Discussion Paper 480. London: Centre for Economic Policy Research.

Moggridge, Donald (1976) *Keynes.* London: Fontana.

—— (1992) *Maynard Keynes: An Economist's Biography.* London: Routledge

Mokyr, Joel (2009) *The Enlightened Economy: An Economic History of Britain, 1700–1850.* New Haven, CT: Yale University Press.

Morgenson, Gretchen (2012a) "Company Faces Forgery Charges in Mo. Foreclosures," *New York Times*, February 6.

—— (2012b) "Audit Uncovers Extensive Flaws in Foreclosures," *New York Times*, February 15.

Morris, Charles R. (2008) *Two Trillion Dollar Meltdown.* New York: Public Affairs.

Mouré, Kenneth (1991) *Managing the franc Poincaré: Economic Understanding and Political Constraint in French Monetary Policy, 1928–1936.* Cambridge: Cambridge University Press.

Mundell, Robert (1961) "A Theory of Optimum Currency Areas," *American Economic Review*, Vol. 51, No. 4, pp. 657–665.

—— (1963) "Capital Mobility and Stabilization Policy under Fixed and Flexible Exchange Rates," *Canadian Journal of Economics and Political Science*, Vol. 29, No. 4, pp. 475–485.

Nelson, Richard R., and Gavin Wright (1992) "The Rise and Fall of American Technological Leadership: The Postwar Era in Historical Perspective," *Journal of Economic Literature*, Vol. 30, No. 4, pp. 1931–1964.

Nurkse, Ragnar (1944) *International Currency Experience: Lessons of the Inter-war Period.* Geneva: League of Nations.

—— (1947) "Conditions of International Monetary Equilibrium." Princeton Essays in International Finance No. 4. Princeton NJ: Princeton University, International Finance Section. Reprinted in S. Harris (ed.) (1947) *The New Economics: Keynes' Influence on Theory and Public Policy.* New York: Knopf, pp. 264–292.

O'Brien, Patrick (2003) "Political Structures and Grand Strategies for the Growth of the British Economy, 1688–1815," in Alice Teichova and H. Matis (eds.), *Nation, State and the Economy in History.* Cambridge: Cambridge University Press, pp. 11–33.

Obstfeld, Maurice, and Kenneth Rogoff (2009) "Global Imbalances and the Financial Crisis: Products of Common Causes." Available at http://elsa.berkeley.edu/~obstfeld/santabarbara.pdf.

Obstfeld, Maurice, and Alan M. Taylor. 2004. *Global Capital Markets: Integration, Crisis, and Growth.* Cambridge: Cambridge University Press.

Officer, Lawrence H. 1981. "A Test of Theories of Exchange-Rate Determination," *Journal of Economic History*, Vol. 41, No. 3, pp. 629–650.

Orwell, George (1958) *The Road to Wigan Pier.* San Diego: Harcourt Brace. First published in 1937.

Oudiz, Gilles, and Jeffrey Sachs (1984) "Macroeconomic Policy Coordination among the Industrial Economies," *Brookings Papers on Economic Activity*, No. 1, pp. 1–64.

Oxford Economics / Haver Analytics, *Haver Analytics.* Available at http://www.haver.com/databaseprofiles.html.

Philippon, Thomas (2008) "Why Has the Financial Sector Grown So Much? The Role of Corporate Finance," working paper. New York: New York University, Stern School of Business.

Portes, Richard (2009) "Global Imbalances," mimeo. London: London Business School.

Prasad, Eswar (2009) "Rebalancing Growth in Asia," NBER Working Paper 15169. Cambridge, MA: National Bureau of Economic Research.

Qureshi, Zia (2011) "G20 MAP: Growth, Rebalancing, and Development," presentation to the G24 meeting, Pretoria, March 17. Available at http://www.g24.org/zqu0311.pdf.

Rabinovitch, Simon (2012) "China's FX Reserves: The Coming Peak," *Financial Times,* June 1.

Reinhart, Carmen M., and Kenneth S. Rogoff (2009) *This Time Is Different: Eight Centuries of Financial Folly.* Princeton, NJ: Princeton University Press.

Reinhart, Vincent (2011) "A Year of Living Dangerously: The Management of Financial Crisis in 2008," *Journal of Economic Perspectives,* Vol. 25, No. 1, pp. 71–90.

Rothermund, Dieter (1996) *The Global Impact of the Great Depression, 1929–1939.* London: Routledge.

Russell, B. (1967) *The Autobiography of Bertrand Russell: 1872–1914.* London: George Allen and Unwin.

Sapir, A. (2011) "Europe after the Crisis: Less or More Role for Nation States in Money and Finance?" *Oxford Review of Economic Policy,* Vol. 27, No. 4, pp. 608–619.

Saxonhouse, Gary R., and Gavin Wright (2010) "National Leadership and Competing Paradigms: The Globalization of Cotton Spinning, 1878–1933," *Journal of Economic History,* Vol. 70, No. 3, pp. 535–566.

Sayers, Richard S. (1976) *The Bank of England, 1891–1944.* Cambridge: Cambridge University Press.

Schuker, Stephen A. (1976) *The End of French Predominance in Europe: The Financial Crisis of 1924 and the Adoption of the Dawes Plan.* Chapel Hill: University of North Carolina Press.

Schumpeter, Joseph (1946) "John Maynard Keynes 1883–1946," *American Economic Review,* Vol. 36, No. 4, pp. 495–518. Reprinted as "Keynes the Economist," in S. Harris (ed.) (1947) *The New Economics: Keynes' Influence on Theory and Public Policy.* New York: Knopf, pp. 73–101.

Skidelsky, Robert (1983) *John Maynard Keynes: Hopes Betrayed: 1883–1920.* London: Macmillan.

—— (1992) *John Maynard Keynes: The Economist as Saviour, 1920–1937.* London: Macmillan.

—— (2000) *John Maynard Keynes: Fighting for Britain, 1937–1946.* London: Macmillan.

Solow, Robert (1956) "A Contribution to the Theory of Economic Growth," *Quarterly Journal of Economics,* Vol. 70, No. 1, pp. 65–94.

Sommariva, Andrea, and Giuseppe Tullio (1986) *German Macroeconomic History, 1880–1979.* London: Macmillan.

Soros, George (2012) "How to Save the Euro," *New York Review of Books,* February.

Spence, Michael (2011) *The Next Convergence: The Future of Economic Growth in a Multi-speed World.* New York: Farrar, Straus and Giroux.

Stein, Judith (2010) *Pivotal Decade.* New Haven, CT: Yale University Press.

Stiglitz, Joseph (2002) *Globalization and Its Discontents.* New York: W. W. Norton.

——— (2012) *The Price of Inequality.* New York: W. W. Norton.

Swan, Trevor (1955) "Longer Run Problems of the Balance of Payments," paper presented to the Annual Conference of the Australian and New Zealand Association for the Advancement of Science. Published in H. W. Arndt and W. M. Corden (eds.) (1963) *The Australian Economy.* Melbourne: Cheshire Press, pp. 384–395. Reprinted in R. Caves and H. Johnson (eds.) (1968) *Readings in International Economics.* Homewood, IL: Irwin, pp. 455–464.

Taylor, John (2008) "The Financial Crisis and the Policy Responses: An Empirical Analysis of What Went Wrong." Available at http://www.stanford.edu/~johntayl/~johntayl/.

Temin, Peter (1966) "The Relative Decline of the British Steel Industry, 1880–1913," in H. Rosovsky (ed.), *Industrialization in Two Systems: Essays in Honor of Alexander Gerschenkron.* New York: John Wiley and Sons, pp. 140–155.

——— (1969) *The Jacksonian Economy.* New York: W. W. Norton.

——— (1971) "The Beginning of the Depression in Germany," *Economic History Review,* Vol. 24, No. 2, pp. 240–248.

——— (1989) *Lessons from the Great Depression.* Cambridge, MA: MIT Press.

——— (2002) "The Golden Age of Economic Growth Reconsidered," *European Review of Economic History,* Vol. 6, No. 1, pp. 3–22.

——— (2008a) "The German Crisis of 1931: Evidence and Tradition," *Cliometrica,* Vol. 2, No. 1, pp. 5–17.

——— (2008b) "Real Business Cycle Views of the Great Depression and Recent Events: A Review of Timothy J. Kehoe and Edward C. Prescott's *Great Depressions of the Twentieth Century*," *Journal of Economic Literature,* Vol. 46 (September), pp. 669–684; "Corrigendum," *Journal of Economic Literature,* Vol. 47 (March 2009), p. 3.

——— (2010) "The Great Recession and the Great Depression," *Daedalus,* Vol. 139, No. 4, pp. 115–124.

Temin, Peter, and Barrie A. Wigmore (1990) "The End of One Big Deflation," *Explorations in Economic History,* Vol. 27, No. 4, pp. 483–502.

Tooze, J. Adam (2006) *The Wages of Destruction: The Making and Breaking of the German Economy.* New York: Allen Lane.

van Dormael, Armand (1978) *Bretton Woods: Birth of an International Monetary System.* Basingstoke, UK: Macmillan.

Vines, David (2003) "John Maynard Keynes 1937–1946: The Creation of International Macroeconomics." Review of *John Maynard Keynes 1937–1946: Fighting for Britain,* by Robert Skidelsky. *Economic Journal,* Vol. 113, pp. F338–F360.

——— (2008) "Meade, J. E." in Steven Durlauf and Lawrence Blume (eds.), *New Palgrave Dictionary of Economics,* Second Edition, Vol. 5. London: Macmillan, pp. 485–503.

——— (2011a) "Recasting the Macroeconomic Policymaking System in Europe," *Zeitschrift für Staats- und Europeawissenschaften,* November.

—— (2011b) "After Cannes: The G20MAP, Global Rebalancing, and Sustaining Global Economic Growth." Available at http://www.bruegel.org/fileadmin/bruegel_files/ Events/Event_materials/AEEF_Dec_2011/David_Vines_PRESENTATION_UPDATE.pdf.

Vines, David, and Peter Warr (2003) "Thailand's Investment-Driven Boom and Crisis," *Oxford Economic Papers*, Vol. 55, No. 3, pp. 440–446.

Warren, Harris G. (1959) *Herbert Hoover and the Great Depression*. New York: Oxford University Press.

Wei, S.-J., and X. Zhang (2009) "The Competitive Saving Motive: Evidence from Rising Sex Ratios and Savings Rates in China," NBER Working Paper 15093. Cambridge, MA: National Bureau of Economic Research.

Weinstein, Marc, and Thomas Kochan (1995) "The Limits of Diffusion: Recent Developments in Industrial Relations and Human Resource Practices in the United States," in Richard Locke, Thomas Kochan, and Michael Piore (eds.), *Employment Relations in a Changing World Economy*. Cambridge, MA: MIT Press, pp. 1–31.

Westaway, Peter (2003) *Modelling the Transition to EMU*. London: H. M. Treasury. Available at http://www.hm-treasury.gov.uk/d/adwiltshire03_123_452.pdf.

White, Lawrence J. (1991) *The S&L Debacle: Public Lessons for Bank and Thrift Regulation*. New York: Oxford University Press.

Widdig, Bernd (2001) *Culture and Inflation in Weimar Germany*. Berkeley: University of California Press.

Wigmore, Barrie. 1997. *Securities Markets in the 1980s: The New Regime, 1979–1984*. New York: Oxford University Press.

Williams, Kristen P., Steven E. Lobell, and Neal G. Jesse. 2012. *Beyond Great Powers and Hegemons*. Stanford, CA: Stanford University Press.

Williamson, John (1977) *The Failure of World Monetary Reform 1971–1974*. New York: New York University Press.

—— (1983) "Keynes and the International Economic Order," in G.D.N. Worswick and J. Trevithic (eds.), *Keynes and the Modern World*. Cambridge: Cambridge University Press, pp. 87–113.

Wolf, Martin (2011) "Creditors Can Huff But They Need Debtors," *Financial Times*, November 2.

Woodford, Michael (2003) *Interest and Prices: Foundations of a Theory of Monetary Policy*. Princeton, NJ: Princeton University Press.

Young, Warren (1987) *Interpreting Mr. Keynes: The IS-LM Enigma*. Cambridge: Policy Press.

Yu, Yongding (2009) "China's Policy Responses to the Global Financial Crisis," Richard Snape Lecture, Melbourne, November 25. Available at http://www.relooney.info/0_New_6189.pdf.

—— (2011) "Rebalancing the Chinese Economy," Exim Bank Annual Commencement Day Lecture, Mumbai, India, July 27. Available at http://www.eximbankindia.in/lecture11.pdf.